ENTRE DIOSES Y MONSTRUOS

Historias de Cine y Vida

Joan Lluís Goas

ALREVÉS
Barcelona - 2016

A mis Lucrecias: cada punto,
cada coma, cada palabra

«To a New World of Gods and Monsters.»

Bride of Frankenstein (James Whale, 1935)

Primera edición: septiembre de 2016

EDITORIAL ALREVÉS, S.L.
Passeig de Manuel Girona, 52 5è 5a
08034 Barcelona
info@alreveseditorial.com
www.alreveseditorial.com

Printed in Spain
ISBN: 978-84-16328-70-3
Código IBIC: APF
Depósito legal: B 15923-2016

Diseño: Ernest Mateu
Impresión: QPprint

Índice

Prólogo
Una presentación necesaria

«Lo que solemos llamar escribir bien no es más que irresistible capacidad persuasiva.»

Carlos Pujol,
Cuaderno de escritura.

—*Has de escribir un libro.*

—*Eso has de contarlo.*

Durante muchos años he estado oyendo frases como esas o similares cada vez que, junto a amigos, comentaba cualquier anécdota sobre mi vida profesional. He tenido la suerte y el privilegio de tratar durante más de treinta años con las estrellas y las personas —no siempre es lo mismo— que forman el universo de eso que se ha dado en llamar *show business*. De esas reuniones, cenas y encuentros ha nacido *Entre dioses y monstruos*, un título que creo define a la perfección la opinión que tengo de cada uno de ellos.

Se da la circunstancia de que el título del libro también alude a los monstruos como algo cotidiano en mi vida, ya que durante diez años dirigí el Festival Internacional de Cinema Fantàstic de Sitges y tuve la oportunidad de conocer a gran parte de ellos.

Que nadie quiera ver nada peyorativo en la observación; para mí, los monstruos de la pantalla siempre han sido adorables, aunque no pueda decir lo mismo de ciertas criaturas del mundo real.

Como aclaración necesaria debo decir que *Entre dioses y monstruos* no es un libro autobiográfico, aunque a veces pueda llegar a parecerlo. Sí es, en cambio, un texto autorreferencial, ya que sería imposible concebirlo de otro modo. He procurado en todo momento mantener una distancia de seguridad entre las historias que cuento y mi vida personal. No sería justo ni correcto implicar mis consideraciones privadas sobre situaciones o personas al amparo o con la coartada del libro. Reconozco que resulta muy difícil aislarse de la subjetividad en ciertas ocasiones, dejar al margen la ironía y encadenar el sarcasmo. He procurado, cuando lo he creído oportuno, citar a las personas que me acompañaban en algunos de los relatos por su nombre o por su cargo, dependiendo del conocimiento general que el lector pueda tener de ellos. Es decir, si de nada se conoce a una persona o un nombre, es mejor resaltar el cargo que ocupaba.

Esencialmente, el libro abarca las grandes áreas de mi vida profesional: el Festival de Sitges, la industria cinematográfica, la televisión y las artes escénicas. Todas ellas han sido y son fructíferas y plenas, divertidas e irrepetibles. He desempolvado apuntes, recuerdos de lecturas y vivencias que creí extraviadas en las estanterías de alguna vida anterior y, a la vez, he procurado recopilar los sueños que alimentaron los insomnios de esos años bárbaros.

He querido que las semblanzas y situaciones narradas en el libro no sigan un orden cronológico ni una correlación estricta en cuanto a su aparición en mi vida. Por tanto, se producen saltos temporales deliberadamente interpuestos para conseguir una mayor fluidez y ritmo narrativo, procurando en todo momento no fatigar ni que decaiga el interés del lector.

A medida que iba avanzando me daba cuenta de que tenía mucho material. Tanto, que daba para una segunda y probablemente tercera entrega que solo el tiempo, mis editores y los lectores dirán si es conveniente.

Observarán que en esta parte de *Entre dioses y monstruos* no se describe mi relación con la amplia legión de productores, distribuidores, directores y artistas españoles con los que he tenido relación. Tan solo se citan de forma tangencial cuando el relato lo requiere inexcusablemente.

El primer capítulo de *Entre dioses y monstruos* lo escribí en Nueva York en la primavera del 2014 y se ha ido completando y alimentando con apuntes en Londres, París, Madrid, Los Ángeles, Roma, Puigcerdà y, por supuesto, Barcelona, y en lugares relacionados casi siempre con medios de transporte: dentro de aviones, en salas de espera de innumerables aeropuertos, en transatlánticos y en todo tipo de trenes.

Resulta importante señalar que todos los capítulos se complementan con la íntegra filmografía de los artistas mencionados a cargo del especialista y maestro en el tema Jaume Genover.

Como novedad debo resaltar que, bajo el título que describe a cada protagonista, el lector encontrará al principio de cada capítulo música recomendada y, tras ellas, algunas sugerencias musicales. En la mayoría de los casos hace referencia a canciones o temas que en mi opinión pueden ilustrar la personalidad de los artistas y, a la vez, acompañar su lectura subrayando la propia historia, por muy extraña o antagónica que pudiera parecer. Podrán encontrar la mayoría de esta música en la lista de Spotify «Dioses y monstruos».

En alguna ocasión, por el contrario, son los propios personajes los que me comentaron sus preferencias, gustos y canciones favoritas. Que el lector tome, por favor, esta iniciativa como un entretenimiento complementario que tan solo pretende sumar placeres y aportar una agradable sensación de confort intelectual. La música y la lectura siempre se han llevado bien si somos capaces de realizar dos tareas a la vez, extremo este no siempre sencillo, sobre todo por parte de quien esto escribe, cada día un poco menos competente incluso a la hora de andar y mascar chicle al mismo tiempo.

En fin, se me pedía que escribiera un libro y aquí está, o por lo menos eso he intentado, y lo digo con la esperanza de haber podido reflejar en él siquiera un chispazo, por pequeño que sea, del destello de luz que nos devuelve la vida cuando buenamente nos ponemos a recordarla, igual que en un espejo.

Si nos miramos en él y no lo vemos, entonces no vemos nada.

Joan Lluís Goas

Barcelona, junio del 2016

1 Fay Wray

La novia del mono

«Oh, Lady Be Good»
Fred Astaire

«Let's Do It»
Dinah Washington

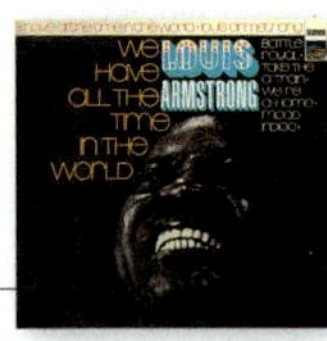

«We Have All the Time in the World»
Louis Armstrong

Vaya por delante mi especial debilidad y fascinación por las actrices que se iniciaron en el cine mudo, esas estrellas en ocasiones fugaces y en otras perennes en mi memoria y en el imaginario consolidado de mis más bellos sueños.

Familiarmente, me refiero a ellas como ángeles perdidos, seres de efímera vida artística pero de enorme huella existencial. De 1920 a 1935 las había por cientos, tal vez por miles, en todos los estudios de Hollywood. Solo anhelaban el éxito que pudiera rescatarlas de la pobreza y la miseria, y para conseguirlo estaban dispuestas a todo. Vendieron su cuerpo y su alma. Su historia me interesa tanto que estoy pensando en dedicarles un ensayo en profundidad, algo como un merecido homenaje a todas esas mujeres anónimas o de breve esplendor que no consiguieron consolidar su sueño americano.

Este preámbulo sirve para hablar de una mujer muy especial para mí. También comenzó su carrera en el cine mudo, pero el

King Kong revolucionó en 1933 la industria cinematográfica y el cine fantástico como género. Poesía, aventuras y amor. Pasen y vean la octava maravilla del mundo...

mundo y la historia la recordarán siempre por ser la obsesión del gran mono, la novia de King Kong.

Fay Wray llegó a Sitges en el año 1989 y lo primero que preguntó fue por el logotipo del Festival, con ese magnífico gorila gigantesco —ideado por el gran ilustrador gráfico y fotógrafo Ferran Freixa— emergiendo de las aguas del Mediterráneo y acercándose a la iglesia de Sitges. Le encantó porque, según dijo, aún estaba unida a Kong. Sabía que la perseguiría hasta el fin de sus días y eso le parecía maravilloso, poético y único.

Ese agradecimiento eterno a una película y a un personaje no es muy común en el mundo del cine, de hecho, no es infrecuente que renieguen de sus films pasados por considerarlos mero entretenimiento y nada más. Por ese motivo valoré mucho el comentario de Fay. Ella supo vivir su pasado y aprender las normas imprescindibles para sobrevivir al presente. Por aquel entonces yo aún no sabía lo mucho que me iba a sorprender esa señora.

Poseía el aplomo y la elegancia de una mujer sin temor alguno a la vejez. Era como si sintiera orgullo por cada una de las manchas que lucía en la piel de las manos. Su belleza, delicada y cristalina, triunfaba sobre cualquier otro detalle delator del paso del tiempo, como las arrugas, admirablemente diseñadas en un rostro de perfecta simetría. Y decimos arrugas sin temor alguno a la palabra, como las rayas que surcan las viejas copias de 35 milímetros, y que son la expresión visible de la experiencia y de la dignidad conservada, y que en nada alteraba el atractivo de esa mujer madura y hermosa en su plenitud.

Casi de inmediato establecimos un hermosísimo vínculo intelectual y emocional. Juntos fuimos a ver el pase de *King Kong* con la sala de El Retiro a rebosar y ovacionándola puesta en pie durante cinco minutos hasta la lágrima de la heroína, la lágrima de Ann Darrow. Recuerdo que en un momento determinado de la proyección, cuando Kong acuna con su mano a Ann y la deposita con sumo cuidado en el árbol para defenderla de un Tiranosaurio Rex, Fay, sorprendida y coqueta, me comentó: «Mira qué piernas, en esa época fueron las más deseadas de América». Se refería, claro, a 1933, y enseguida recordé que aquellos fueron unos tiempos terribles de hambre y pobreza para su país. Cuatro años después de la quiebra de la bolsa de Wall Street, y en plena depresión, cualquier cosa era buena para distraer a la población: hasta una historia de amor entre un simio gigante y una pobre chica sin recursos.

En la cena de ese mismo día, me contó con meridiana clarividencia y prodigiosa memoria cómo fueron aquellos años y la enorme importancia que tuvieron los estudios de Hollywood en general y el suyo, la RKO, en particular: «Era como nuestra segunda casa. Nos atendían y nos cuidaban. Siempre cumplían todo lo acordado y en mi caso, aunque no estuve hasta el final, sí pude comprobar cómo alcanzaron la gloria desde la más absoluta modestia. Allí trabajaron todos o casi todos los grandes directores que por entonces eran jovencitos aprendices. Gente de una enorme valía como John Ford, Orson Welles, Leo

« Tras descartar a muchas otras candidatas, la productora convirtió a Fay Wray en el objeto del deseo del gran mono, de América y del mundo.

McCarey, Howard Hawks, Alfred Hitchcock, Mark Sandrich o George Cukor, entre tantos y tantos talentos que ya ni me acuerdo. Pero hay cosas que nunca olvidaré de la época RKO: el estudio donde se rodaban los inolvidables musicales de Fred Astaire (maravillosa persona) y Ginger Rogers, el estreno de *King Kong* en el mismo año en que Astaire y Rogers bailaban por primera vez *Volando hacia Río de Janeiro* (*Flying Down to Rio*, 1933), la política feminista de la empresa, ya que éramos muchas más actrices estrella que actores, y, finalmente, a Katharine Hepburn, una mujer inolvidable por su fuerza, su personalidad y su mal genio».

Ni que decir tiene que yo estaba maravillado frente a esa irrepetible clase magistral que Fay estaba ofreciendo. Pactamos no hablar demasiado esa noche de *King Kong*. Eso lo dejamos para la mañana siguiente en una entrevista desayuno que tenía programada con Carlos Pumares —no puedo ni debo olvidar lo mucho que tanto al Festival como a mí nos ayudó Carlos—, para su programa de Antena 3 Televisión.

Allí supimos de su adoración y eterna amistad con Joel McCrea, su pareja en *El malvado Zaroff* (*The Most Dangerous Game*, 1932), rodada con los mismos decorados y equipo técnico que *King Kong*. Ambos rodajes casi acaban con su salud. «Fue agotador, extenuante, y yo acabé sin ropa y con una afonía crónica. Me había pasado ocho meses gritando.»

La noche del día que Fay regresó a Hollywood, di un breve paseo por la playa de Sitges. Quería poner en orden mis emociones y reequilibrar mis pensamientos. Por un instante observé el límpido cielo de otoño estrellado sobre el mar y me pareció ver un destello de luz donde antes no había nada; una esfera celeste brillante y luminosa, una *stella nova*, una supernova.

Dicen que no fueron los aviones los que mataron a la bestia. Fue la belleza.

Y yo puedo confirmar que es verdad.

›› Fay me obsequió momentos mágicos de cine, amabilidad, cultura y cariño extremo. Fue, es y será por siempre la novia de Kong y del Festival de Sitges.

— Cine —

1924. "Sweet Daddy", de Leo McCarey (CM). "Just a Good Guy", de Hampton Del Ruth (CM).

1925. "The Coast Patrol", de Bud Barsky. "Sure-Mike!", de Fred Guiol (CM). "What Price Goofy?", de Leo McCarey (CM). "Isn't Life Terrible", de Leo McCarey (CM). "Thundering Landlords", de James W. Horne (CM). "Chasing the Chaser", de Stan Laurel (CM). "Madame Sans Jane", de James W. Horne (CM). "No Father to Guide Him", de Leo McCarey (CM). "Un friendly Enemies", de Stan Laurel (CM). "Your Own Back Yard", de Robert F. McGowan (CM). "A Lover's Oath" (El hijo de Omar), de Ferdinand P. Earle. "Moonlight and Noses", de Stan Laurel y F. Richard Jones (CM). "Should Sailors Marry?" (Lucas se casa), de James Parrott (CM). "Ben-Hur" (Ben-Hur), de Fred Niblo.

1926. "One Wild Time", de Vin Moore (CM). "Don Key (Son of Burro)", de Fred Guiol y James W. Horne (CM). "The Man in the Saddle" (El chico de la silla), de Lynn F. Reynolds. "Don't Shoot", de William Wyler (CM). "The Wild Horse Stampede", de Albert S. Rogell. "The Saddle Tramp", de Victor Nordlinger (CM). "The Show Cowpuncher", de Victor Nordlinger (CM). "Lazy Lightning", de William Wyler. "Loco Luck", de Clifford Smith. "A One Man Game", de Ernst Laemmle.

1927. "Spurs and Saddles", de Clifford Smith.

1928. "The Legion of the Condemned" (La legión de los condenados), de William A. Wellman. "The Street of Sin", de Mauritz Stiller. "The First Kiss" (Todo un hombre), de Rowland V. Lee. "The Wedding March" (La marcha nupcial), de Erich von Stroheim. "Honeymoon" (Luna de miel), de Erich von Stroheim.

1929. "The Four Feathers" (Cuatro plumas), de Merian C. Cooper, Ernest B. Schoedsack y Lothar Mendes. "Thunderbolt", de Josef von Sternberg. "Pointed Heels" (Tacones en punta), de A. Edward Sutherland.

1930. "Behind the Make-Up" (Detrás de la máscara), de Robert Milton. "Paramount on Parade" (Galas de la Paramount), de Dorothy Arzner, Otto Brower, Edmund Goulding, Victor Heerman, Edwin H. Knopf, Rowland V. Lee, Ernst Lubitsch, Lothar Mendes, Victor Schertzinger, A. Edward Sutherland y Frank Tuttle. "The Texan", de John Cromwell. "The Border Legion" (La legión fronteriza), de Otto Brower y Edwin H. Knopf. "The Sea God", de George Abbott. "Captain Thunder", de Alan Crosland.

1931. "Not Exactly Gentleman/Three Rogues" (Casi caballero), de Ben Stoloff. "The Conquering Horde" (La horda conquistadora), de Edward Sloman. "Dirigible" (Dirigible), de Frank Capra. "The Stolen Jools", de William McGann (CM). "The Finger Points" (El dedo acusador), de John Francis Dillon. "The Lawyer's Secret" (El secreto del abogado), de Louis Gasnier y Max Marcin. "The Unholy Garden" (El paraíso del mal), de George Fitzmaurice.

1932. "Stowaway", de Phil Whitman. "Doctor X" (El doctor X), de Michael Curtiz. "The Most Dangerous Game" (El malvado Zaroff), de Ernest B. Schoedsack e Irving Pichel. "The Vampire Bat" (Sombras trágicas), de Frank Strayer.

1933. "The Mystery of the Wax Museum" (Los crímenes del museo), de Michael Curtiz. "King Kong" (King Kong), de Ernest B. Schoedsack y Merian C. Cooper. "Below the Sea" (El secreto del mar), de Albert S. Rogell. "The Woman I Stole" (La mujer del otro), de Irving Cummings. "Ann Carver's Profession" (Lucha de sexos), de Edward Buzzell. "The Big Brain" (Vencido por amor), de George Archainbaud. "Shanghai Madness" (La locura de Shanghai), de John G. Blystone. "One Sunday Afternoon" (La mujer preferida), de Stephen Roberts. "The Bowery" (El arrabal), de Raoul Walsh. "Master of Men" (Hombres de acero), de Lambert Hillyer.

1934. "Madame Spy", de Karl Freund. "Once to Every Woman", de Lambert Hillyer. "The Countess of Monte Cristo" (La condesa de Montecristo), de Karl Freund. "Viva Villa!" (Viva Villa), de Jack Conway y Howard Hawks. "The Affairs of Cellini" (El burlador de Florencia), de Gregory La Cava. "Black Moon" (Luna negra), de Roy William Neill. "The Richest Girl in the World" (La Venus de oro), de William A. Seiter. "Cheating Cheaters" (Justicia femenina), de Richard Thorpe. "Woman in the Dark", de Phil Rosen. "White Lies" (Carne de escándalo), de Leo Bulgakoff. "Mills of the Gods" (Cuando una mujer quiere), de Roy William Neill.

1935. "Bulldog Jack", de Walter Forde (Vídeo: "Bulldog Jack"). "The Clairvoyant" (El vidente), de Maurice Elvey. "Come Out of the Pantry", de Jack Raymond.

1936. "When Knights Were Bold" (Un frac en la edad media), de Jack Raymond. "Roaming Lady" (Rebelión en China), de Albert S. Rogell. "They Met in a Taxi", de Alfred E. Green.

1937. "It Happened in Hollywood", de Harry Lachman. "Murder in Greenwich Village", de Albert S. Rogell.

1938. "The Jury's Secret", de Edward Sloman. "Smashing the Spy Ring", de William Christy Cabanne.

1939. "Navy Secrets", de Howard Bretherton.

1940. "Wildcat Bus", de Frank Woodruff.

1941. "Adam Had Four Sons" (Los cuatro hijos de Adán), de Gregory Ratoff. "Melody for Three" (Melodía para tres), de Erle C. Kenton.

1942. "Not a Ladies' Man", de Lew Landers.

1953. "Treasure of the Golden Condor" (El tesoro del Condor de Oro), de Delmer Daves. "Small Town Girl", de Leslie Kardos.

1955. "The Cobweb", de Vincente Minnelli. "Queen Bee", de Ranald MacDougall (Vídeo: "La abeja reina"). "Hell on Frisco Bay", de Frank Tuttle (Vídeo: "Infierno en San Francisco").

1956. "Rock, Pretty Baby", de Richard Bartlett. "Crime of Passion", de Gerd Oswald.

1957. "Tammy and the Bachelor" (Tammy, la muchacha salvaje), de Joseph Pevney.

1958. "Dragstrip Riot", de David Bradley. "Summer Love", de Charles Haas.

— Televisión —

1953. "One Nation Indivisible", de William Thiele.
1955. "There's No Forever", de Sidney Miller. "My Son Is Gone", de Richard Irving.
1956. "It's Always Sunday", de Allan Dwan. "In Times Like These", de William A. Seiter. "Exit Laughing", de Richard Irving.
1957. "Killer's Pride", de Robert Florey. "World in White", de Robert Stevens. "Alice's Wedding Gown", de Allen H. Miner. "The Iron Horse", de John Brahm.
1958. "Eddie", de William A. Graham. "Penny Wise", de Don Weis. "A Dip in the Pool" (Un chapuzón en el mar), de Alfred Hitchcock. "The Odd Ball", de David Swift.
1959. "The Morning After" (A la mañana siguiente), de Herschel Daugherty. "The Promise", de Thomas Carr. "The Second Happiest Day", de Ralph Nelson.
1980. "Gideon's Trumpet" (Apelación), de Robert Collins.

2 Anthony Perkins

El hombre con el alma fracturada

Novena Sinfonía
de **Beethoven**

«Knockin' on Heaven's Door»
Bob Dylan

En el año 1986, una presencia perturbadora iba a marcar, sin yo saberlo, el devenir de las próximas ediciones del Festival de Sitges.

Anthony Perkins era sin duda la estrella de Hollywood más famosa que nos había visitado hasta la fecha. La Universal, englobada por aquel entonces bajo las siglas de C. I. C. (Cinema International Corporation), nos dejó *Psicosis 3* (*Psycho 3*, 1986) para su riguroso estreno en Europa. Teníamos una excelente relación con todas las *majors* (multinacionales del cine), de modo que la ocasión era perfecta para mostrar y promocionar la película. Ya nos habían avanzado desde Los Ángeles y Madrid que el señor Perkins, director del film, era un

›› Anthony Perkins reflejaba a la perfección el papel del actor que no puede, quiere, ni sabe desligarse de su personaje.

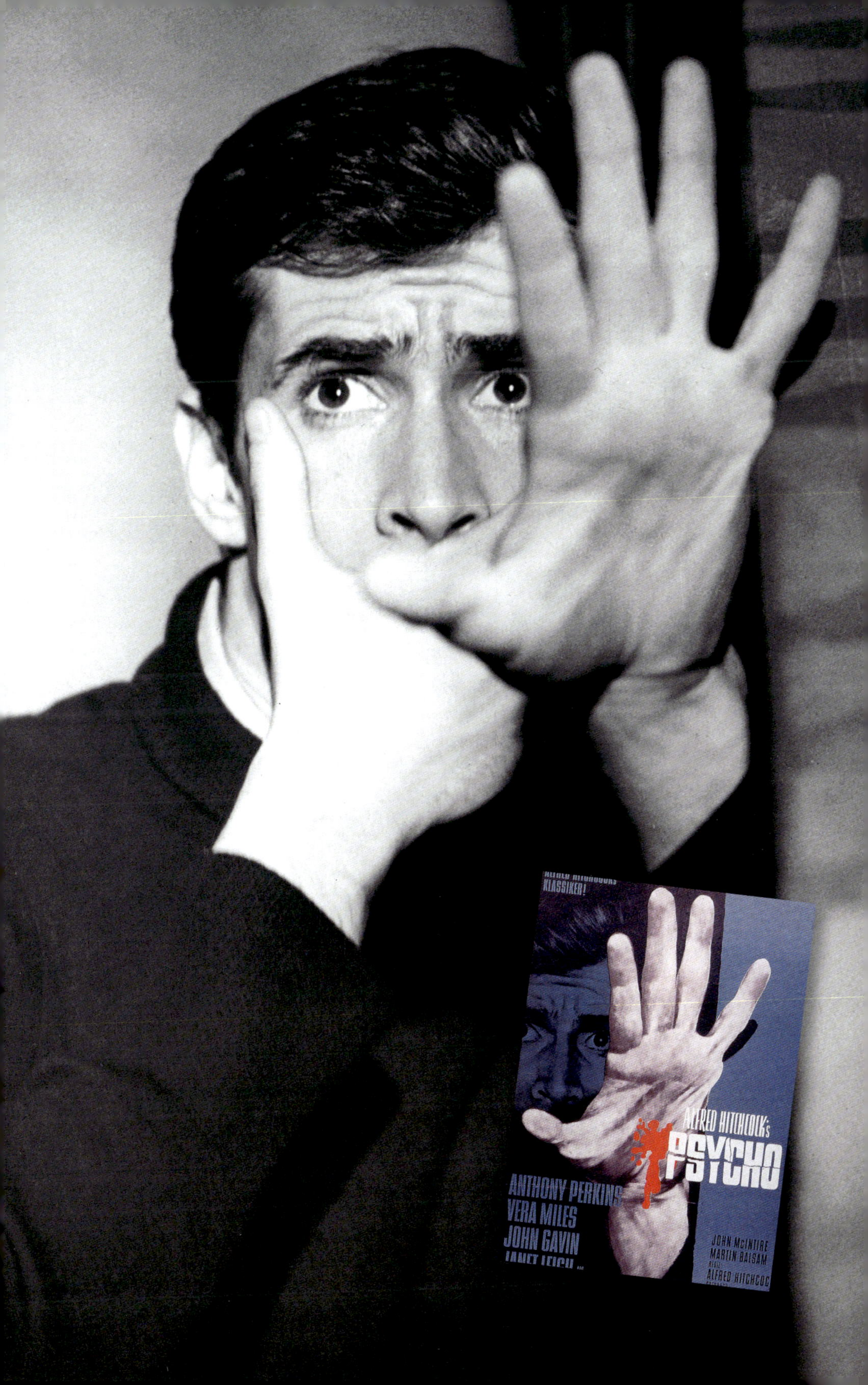
KLASSIKER!
ALFRED HITCHCOCK's
PSYCHO
ANTHONY PERKINS
VERA MILES
JOHN GAVIN
JOHN McINTIRE
MARTIN BALSAM

gran profesional, muy trabajador; aunque, eso sí, algo especial en ciertos aspectos de la vida.

Cuando me lo presentaron descubrí que ese «algo especial» iba a ser complicado de gestionar y que aquel actor con estatus de estrella nos traería problemas. Desgraciadamente, no me equivocaba.

Para empezar, Anthony Perkins me tendió la mano fría, inerte, flácida. Como una sardina muerta. Era un hombre que usaba calcetines de colores y tamaños diferentes; llevaba dos relojes en la muñeca derecha y otro en la izquierda y mantenía un tono de voz prácticamente inaudible en las distancias cortas, como el de un niño tímido que no quiere ser descubierto. Como remate, poseía un tic cíclico en el ojo izquierdo, un guiño turbador y fugaz por el que, más que una estrella de cine, parecía un paciente recién salido del psiquiátrico intentando apaciguar a sus demonios interiores.

Con todos estos antecedentes, nos dispusimos para el almuerzo oficial, un acto protocolario que permitía agasajar al invitado para que todos nos conociésemos un poco mejor. Como puede suponer el avispado lector, el señor Perkins también dio todo un recital de rarezas en la mesa, siendo recordada y antológica su pregunta sobre cómo se aplicaba el ajo y el aceite de oliva en el pan tostado. Después de una detallada explicación por mi parte y de una aterradora mirada sobre la tostada por la suya, a lo Norman Bates, inexplicablemente la roció de pimienta y vinagre. Yo seguía devanándome los sesos con aquel clásico pensamiento: lo está o se lo hace. Todo ese *show* no me hacía ninguna gracia, pero no podía ni sospechar que lo peor estaba por venir.

En la noche del estreno de *Psicosis 3* tuvimos que convencerlo —largamente— de que no era una sesión de gala y que, por tanto, no era necesario el esmoquin —que los americanos llaman *tuxedo*— como vestimenta oficial. Cuando comprendió que solo él vestiría así, cambió su indumentaria por un traje negro, mucho más acorde para la ocasión. Para seguir poniéndolo todo fácil, se negó a utilizar el coche oficial y realizó una propuesta insólita que de puro absurdo le dejamos llevar a cabo. Se empeñó en entrar por la puerta de atrás del cine y ser él quien esperase a los espectadores y a la prensa dentro de la sala. Y así fue. El público y los periodistas, desconcertados y enfadados por la tardanza de la estrella, entró lentamente en el cine y, para su sorpresa, allí se encontró con el señor Perkins, sentado en su palco con todo el local vacío.

La proyección transcurrió sin más incidentes destacables y la película fue despedida con una ovación, más por la presencia del actor/director que por la calidad del film.

Pero la noche no hacía más que empezar y nuestros problemas también. Ya de regreso al hotel, me llamaron justo antes de meterme en la cama: el señor Anthony Perkins estaba muy nervioso y su asistente personal tenía algo que pedirnos. Serían las tres de la madrugada cuando me comentaron que nuestro invitado necesitaba *fumar* para poder dormir y que valoraría muy positivamente que le fuésemos a comprar algo de *maría* para relajarse, ya que había olvidado la suya en Hollywood. Lógicamente, envié a paseo semejante solicitud; por mí, a esas alturas de la jornada, como si se pasaba la noche colgado de la lámpara de su *suite*, que creo que eso fue lo que finalmente pasó.

A la mañana siguiente, todo parecía haberse arreglado. Nuestra estrella tenía un aspecto magnífico frente a un café cargado. Yo acostumbro a ver el lado bueno de las cosas, pero de nuevo me equivocaba.

La rueda de prensa del señor Perkins fue la más multitudinaria celebrada hasta la fecha en Sitges. Los periodistas se apretujaban en la sala principal del Palau Mar i Cel, los fotógrafos se agredían —literalmente— y durante treinta minutos pensé que nuestro invitado se transformaría en cualquier momento en Norman Bates y la emprendería a cuchilladas con toda la prensa. Doce cigarrillos después —porque en aquel entonces yo fumaba y de no hacerlo me hubiese iniciado—, se impuso cierta calma y pudo comenzar la conferencia de prensa.

—Primera pregunta, por favor.

El periodista, con ansiedad:

—Señor Perkins, señor Perkins, ¿cómo era Alfred Hitchcock?

Y el señor Perkins, con calculado desdén:

—Siguiente pregunta.

No es necesario decir cómo transcurrió y acabó el asunto.

Lo increíble del tema en sí es que Perkins renegaba en privado de Hitchcock. No le reconocía grandes méritos más allá de los propios de un artesano con oficio y, por supuesto, nunca lo consideró un genio: «Yo he rodado con auténticos genios, y sé ver la diferencia; *Psicosis* (*Psycho*, 1960) le pertenece a Bernard Herrmann, el compositor de la maravillosa banda sonora, al menos en un cincuenta por ciento», solía decir en la distancia corta y a modo de confidencia.

Sea como fuere y teniendo en cuenta que *Psicosis 3* fue mal recibida por la crítica, el *humor* y la personalidad de nuestro invitado se fueron complicando peligrosamente hasta el punto de que todos deseábamos que se marchara cuanto antes.

Dado que su vuelo salía muy pronto, me despedí de él la noche anterior. Fue amable, fríamente cortés y agradecido en el adiós. Como la vida siempre reserva giros inesperados, el chófer oficial y la asistenta personal del Festival que debían acompañarlo al aeropuerto se durmieron. Tuvo que pedir un taxi a toda prisa y le fue de un pelo no perder el avión. Las consecuencias fueron terribles para el Festival, Perkins elaboró un informe de agravios y elevó una protesta a la presidencia de la Universal. Fuimos oficiosamente sancionados durante tres años —aunque al segundo nos perdonaron— sin películas y, en consecuencia, sin presencia de actores. Fueron totalmente injustos: su estrella fue mucho mejor tratada que lo que su actitud merecía. Tan solo tuvimos un error. Uno solo, tan injustificable como humano y del que, por cierto, nunca nos arrepentimos.

Anthony Perkins murió en Hollywood el 12 de septiembre de 1992. Tenía sesenta años.

En mi recuerdo siempre será alguien torturado por la vida, alguien con la mirada vacía y el alma fracturada.

›› Los por entonces genios de la incipiente empresa de efectos visuales DDT que nos obsequió con una maravillosa señora Bates, con mecedora incluida.

›››› Perkins sonriendo (inaudito) y yo promocionando la candidatura olímpica de Barcelona 1992. Ganamos.

SER
BARCELONA'92

— Cine —

1953. "The Actress", de George Cukor (Vídeo: "La actriz").

1956. "Friendly Persuasion" (La gran prueba), de William Wyler.

1957. "Fear Strikes Out" (El precio del éxito), de Robert Mulligan. "The Lonely Man" (Un hombre solitario), de Henry Levin. "La diga sul Pacifico/Barrage contre le Pacifique", de René Clément. "The Tin Star" (Cazador de forajidos), de Anthony Mann.

1958. "Desire Under the Elms" (Deseo bajo los olmos), de Delbert Mann. "The Matchmaker" (La casamentera), de Joseph Anthony.

1959. "Green Mansions" (Mansiones verdes), de Mel Ferrer. "On the Beach" (La hora final), de Stanley Kramer.

1960. "Tall Story" (Me casaré contigo), de Joshua Logan. "Psycho" (Psicosis), de Alfred Hitchcock.

1961. "Aimez-vous Brahms?/Goodbye Again" (No me digas adiós), de Anatole Litvak.

1962. "Phaedra" (Fedra), de Jules Dassin. "Le procés/The Trial" (El proceso), de Orson Welles. "Le couteau dans la plaie/Five Miles to Midnight" (Un abismo entre los dos), de Anatole Litvak. "I Dongiovanni della Costa Azzurra", de Vittorio Sala. "La glaive et le balance" (Dos son culpables), de André Cayatte.

1963. "Una ravissante idiote" (Adorable idiota), de Edouard Molinaro.

1965. "The Fool Killer", de Servando González.

1966. "Paris brûle-t-il?" (¿Arde París?), de René Clément. "Le scandale" (Champaña para un asesino), de Claude Chabrol.

1968. "Pretty Poison" (Un maravilloso veneno), de Noel Black.

1970. "Catch 22" (Trampa 22), de Mike Nichols. "WUSA" (Un hombre de hoy), de Stuart Rosenberg.

1971. "Quelqu'un derrière la porte" (Alguien detrás de la puerta), de Nicolas Gessner. "La décade prodigieuse" (La década prodigiosa), de Claude Chabrol.

1972. "Play It As It Lays", de Frank Perry. "The Life and Times of Judge Roy Bean" (El juez de la horca), de John Huston.

1974. "Lovin' Molly", de Sidney Lumet. "Murder on the Orient Express" (Asesinato en el Orient Express), de Sidney Lumet.

1975. "Mahogany" (Mahogany, piel de caoba), de Berry Gordy.

1978. "Remember My Name" (Recuerda mi nombre), de Alan Rudolph. "Twee Vrouwen" (Dos veces mujer), de George Sluizer.

1979. "Winter Kills", de William Richert (Vídeo: "El invierno mata"). "The Horror Show: 60 Magical Years of Movie Monsters, Madmen and Others" (Horror show), de Richard Schickel. "The Black Hole" (El abismo negro), de Gary Nelson. "Ffolkes/North Sea Hijack" (Rescate en el mar del Norte), de Andrew V. McLaglen. "Double Negative", de George Bloomfield (Vídeo: "Doble negativo").

1983. "Psycho II" (Psicosis, 2ª parte), de Richard Franklin.

1984. "Crimes of Passion" (La pasión de China Blue), de Ken Russell.

1986. "Psycho III" (Psicosis III), de Anthony Perkins.

1988. "Destroyer", de Robert Kirk (Vídeo: "Sombra de muerte"). "Lucky Stiff", de Anthony Perkins (Vídeo: "Un tipo con suerte"). "Edge of Sanity" (Al borde de la locura), de Gerard Kikoine.

1991. "Los gusanos no llevan bufanda", de Javier Elorrieta.

1992. "Der Mann Nebenan/A Demon in My View", de Petra Haffter.

≈ La primera casa a la izquierda, junto al motel Bates. No tiene pérdida.

— Televisión —

1953. "Robert Billeter of the Pendleton Times of Franklin, West Virginia", de Dick Schneider.
1956. "Winter Dreams", de Ralph Nelson. "Home Is the Hero", de William A. Graham.
1966. "Evening Primrose", de Paul Bogart.
1968. "The Male Animal", de Alan Bridges.
1970. "How Awful About Allan" (La noche del juglar), de Curtis Harrington.
1978. "First You Cry" (Un grito de muerte), de George Schaefer. "Les Miserables" (Los miserables), de Glenn Jordan.
1983. "For the Term of His Natural Life" (Para el resto de sus días), de Rob Stewart. "The Sins of Dorian Gray" (Los pecados de Dorian Gray), de Tony Maylam.
1984. "The Glory Boys" (Los hijos de la gloria), de Michael Ferguson.
1987. "Napoleon and Josephine: a Love Story" (Napoleón y Josefina), de Richard T. Heffron.
1990. "Daughter of Darkness" (El límite del destino), de Stuart Gordon. "I'm Dangerous Tonight" (Peligrosa de noche), de Tobe Hooper. "The Ghost Writer", de Alan Rafkin. "Psycho IV: the Beginning" (Psicosis IV, el comienzo), de Mick Garris.
1992. "In the Deep Woods" (En el bosque profundo), de Charles Correll.

3 Peter Bogdanovich

El cinéfilo elegante

«Fly Me to the Moon»
Anita O'Day

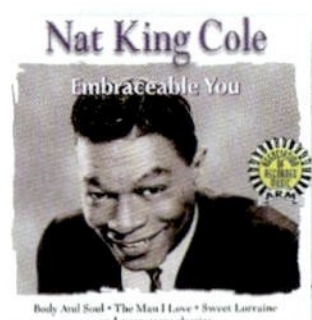

«Embraceable You»
Nat King Cole

«Night and Day»
Frank Sinatra

En la vida real, la elegancia es una cualidad que pocos cineastas poseen. Lógicamente, me refiero sobre todo a la armonía de sus gestos, al tono de voz y a la esculpida personalidad, más que a la imagen como un simple acto *cultural* de estilismo. En este sentido, solo he conocido a tres directores que pudieran recibir el calificativo de *elegantes*: David Lynch, David Cronenberg y, por encima de todos ellos, Peter Bogdanovich. Vestido de Ermenegildo Zegna y Hugo Boss, es uno de esos hombres que lleva la ropa con más naturalidad y desenfado, como si hubiera nacido con ella puesta.

Bogdanovich fue en sus orígenes un apasionado crítico y ensayista cinematográfico conocido por sus entrevistas a John Ford, Alfred Hitchcock y Orson Welles. Apareció en el Festival en el año 1988 acompañado por una hermosa señorita que decía ser quien fue presentada como su sobrina aunque luego supimos que no era tal. Bogdanovich vino

Conocí a un Bogdanovich
educado, elegante y enamorado
de su propia intelectualidad.

a Sitges para hablar de su primera película, *El héroe anda suelto* (*Targets*, 1968), y, sobre todo, de su protagonista, Boris Karloff. Tipo amable, refinado y culto, dotado de una voz meliflua y sosegada, estuvo hablando durante casi dos horas sobre el cine americano clásico y la figura de Karloff como último superviviente de un modo de ver y entender el arte y la industria cinematográfica. Su conferencia la recuerdo como una de las mejores en la historia del certamen, una auténtica clase magistral, sobre todo si la comparamos con otras muchas de personajes con más renombre y caché que ni siquiera llegan a ser una simple clase.

Tras el trabajo nos fuimos a almorzar junto al mar y allí conocí un poco más la personalidad de este singular individuo. Su primera declaración de principios fue que a él le gustaba mucho más ver que rodar cine, contemplar que trabajar. Es uno de los pocos que pueden estar quince años sin rodar prácticamente nada. Enamorado y de docto discurso sobre la comedia clásica americana, se pasó gran parte del almuerzo contando anécdotas de Chaplin, Lubitsch, Woody Allen y, por encima de todos, sobre su gran ídolo, Howard Hawks. De hecho, su mejor película, a mi entender, *¿Qué me pasa, doctor?* (*What's up, Doc?*, 1972), es un permanente homenaje a *La fiera de mi niña* (*Bringing up Baby*, 1938), obra hawksasiana —odio los neologismos, perdón por utilizarlos— por excelencia.

Su cultura va pareja a su ego. Enamorado de su persona, fascinado por la belleza en cualquiera de sus formas o manifestaciones, conocedor de diversas artes, su tono grave y monocorde hilvana pensamiento y recuerdos situándose prácticamente en trance.

Habla para los demás, pero sobre todo habla para sí mismo, y lo hace muy bien. Mientras escuchaba, pensé —y hoy en día aún lo pienso más— que Bogdanovich corría el riesgo de dejarse arrastrar por la corriente de la nostalgia cinéfila, peligroso estado en el que alguien se regocija recordando el cine clásico perdido, el que fue y no volverá, y que conduce directamente al desencanto. Por eso estoy seguro de que la inteligencia de Bogdanovich pasa más por la melancolía romántica que por esa porno-nostalgia tan dañina para quien la practica.

Pero volvamos a su sobrina. Poco tiempo antes de su presencia en Sitges, Peter Bogdanovich estaba casado con Dorothy Stratten, bellísima actriz rubia, *playmate* y protagonista del film *Star 80*. La Stratten fue asesinada en 1980 por su exmarido y ese suceso marcó profundamente a Bogdanovich, que luego contaría la experiencia en el libro *La muerte del unicornio*. Nuestra sorpresa fue descubrir que el apellido de su *sobrina* era Stratten, que en realidad era la hermana de Dorothy y que se llama Louise. Fue una simple anécdota sin importancia. Cada uno es muy libre de estar con quien desee en la vida, y más Peter, hombre obsesionado por las mujeres, desde Cybill Shepherd hasta la tal Louise, con quien por cierto se casó para luego divorciarse. Ella es la coguionista de *Lío en Broadway* (*She's funny that Way*, 2014).

Y ahí sigue, el que fuera a la vez el niño mimado y denostado de Hollywood. Un diletante que caminaba entre gigantes.

Genio y figura.

— Actividades diversas —

1966. "The Wild Angels" (Los ángeles del infierno), de Roger Corman. *Guionista, fotografía, ayudante de dirección, actor y montaje.*

1967. "The Trip", de Roger Corman (Vídeo: "El viaje"). *Actor.*

1972. "The Other Side of the Wind", de Orson Welles. *Inacabada. Actor.*

1977. "Opening Night", de John Cassavetes (Vídeo: "Noche de estreno"). *Actor.*

1984. "The City Girl", de Martha Coolidge (Vídeo: "City Girl"). *Actor.*

1997. "Mr. Jealousy" (Mr. Celos), de Noah Baumbach. *Actor.* "Highball", de Noah Baumbach. *Actor.*

1998. "54" (Studio 54), de Mark Christopher. *Actor.* "Lick the Star", de Sofia Coppola (CM). *Actor.*

1999. "Claire Makes It Big", de Jeremy Workman (CM). *Actor.* "Coming Soon", de Colette Burson. *Actor.*

2001. "Festival in Cannes", de Henry Jaglom.

2003. "Getting the Moon", de Laurent Bouzereau (C). *Actor.*

2006. "Infamous" (Historia de un crimen), de Douglas McGrath. *Actor.*

2007. "Broken English", de Zoe R. Cassavetes. *Actor.* "Dedication", de Justin Theroux. *Actor.* "The Dukes", de Robert Davi. *Actor.* "The Fifth Patient", de Amir Mann. *Actor.* "The Doorman", de Wayne Price. *Actor.*

2008. "Humboldt County", de Darren Grodsky y Danny Jacobs. *Actor.*

2010. "Abandoned", de Michael Feifer. *Actor.* "Queen of the Lot", de Henry Jaglom. *Actor.*

2013. "The Between", de Giorgio Serafini. *Actor*. "Cold Turkey", de Will Slocombe. *Actor*. "Are You Here", de Matthew Weiner. *Actor*.

2014. "While We're Young" (Mientras seamos jóvenes), de Noah Baumbach. *Actor*. "Phantom Halo", de Antonia Bogdanovich. *Productor*.

2015. "Pearly Gates", de Scott Ehrlich. *Actor*. "The Tell-Tale Heart", de John La Tier. *Actor*. "Durant's Never Closes", de Travis Mills. *Actor*. "Day for Night", de Michael Chrisoulakis. *Actor*.

2016. "The Force", de Rafael Palacio Illingworth. *Actor*.

— Televisión —

1958. "Fifty Grand", de Sidney Lumet. *Actor*.
1997. "Bella Mafia" (La bella mafia), de David Greene. *Actor*.
2000. "Rated X" (Un negocio peligroso), de Emilio Estevez. *Actor*.

— Realizaciones —

1968. "Voyage to the Planet of Prehistoric Women", con Mamie Van Doren, Mary Marr, Paige Lee, Margot Hartman, Irene Horton. Firmada como *Derek Thomas*. "Targets" (El héroe anda suelto), con Boris Karloff, Tim O'Kelly, Nancy Hsueh, Arthur Peterson, James Brown (+ guionista, productor, actor y montaje).

1971. "The Last Picture Show" (La última película), con Ben Johnson, Timothy Bottoms, Jeff Bridges, Cybill Shepherd, Cloris Leachman (+ guionista y montaje). "Directed by John Ford". *Documental* (+ guionista).

1972. "What's Up, Doc?" (¿Qué me pasa, doctor?), con Barbra Streisand, Ryan O'Neal, Madeline Kahn, Austin Pendleton, Kenneth Mars (+ productor y argumento).

1973. "Paper Moon" (Luna de papel), con Ryan O'Neal, Tatum O'Neal, Madeline Kahn, John Hillerman, Noble Willingham (+ productor).

1974. "Daisy Miller" (Una señorita rebelde), con Cybill Shepherd, Barry Brown, Cloris Leachman, Mildred Natwick, Eileen Brennan (+ productor).

1975. "At Long Last Love", con Burt Reynolds, Cybill Shepherd, Madeline Kahn, John Hillerman, Milred Natwick (+ productor y guionista).

1976. "Nickelodeon" (Nickelodeon, así empezó Hollywood), con Ryan O'Neal, Burt Reynolds, Tatum O'Neal, Brian Keith, Stella Stevens (+ guionista).

1979. "Saint Jack" (Saint Jack, el rey de Singapur), con Ben Gazzara, Denholm Elliott, Joss Ackland, James Villiers, Lisa Lu (+ guionista y actor).

1981. "They All Laughed" (Todos rieron), con Ben Gazzara, Audrey Hepburn, John Ritter, Colleen Camp, Dorothy Stratten (+ guionista y actor).

1985. "Mask" (Máscara), con Cher, Sam Elliott, Eric Stoltz, Estelle Getty, Laura Dern.

1988. "Illegally Yours", con Rob Lowe, Colleen Camp, Kenneth Mars, Kim Myers, Harry Carey Jr (Vídeo: "Ilegalmente tuyo") (+ productor).

1990. "Texasville" (Texasville), con Jeff Bridges, Cybill Shepherd, Annie Potts, Cloris Leachman, Randy Quaid (+ guionista y productor).

1992. "Noises Off", con Carol Burnett, Michael Caine, Denholm Elliott, Julie Hagerty, Marilu Henner (Vídeo: "¡Qué ruina de función!") (+ productor).

1993. "The Thing Called Love" (Esa cosa llamada amor), con River Phoenix, Samantha Mathis, Dermot Mulroney, Sandra Bullock, K.T. Oslin.

1995. "Never Say Goodbye", con Tate Donovan, Eric Stoltz. *Cortometraje* (+ guionista).

2001. "The Cat's Meow", con Kirsten Dunst, Cary Elwes, Edward Herrmann, Eddie Izzard, Joanna Lumley (Vídeo: "El maullido del gato").

2007. "Runnin' Down a Dream". *Documental.*

2014. "She's Funny That Way" (Lío en Broadway), con Imogen Poots, Jennifer Aniston, Owen Wilson, Rhys Ifans, Will Forte (+ guionista).

— Televisión —

1994. "Song of Songs", con George Segal, Sally Kirkland, Brooke Adams, Tom Masek, Louise Stratten (+ actor).
1995. "A Dime a Dance" (Diez centavos por un baile), con Jennifer Grey, Eric Stoltz, Richard Portnow, Wayne Grace, Estelle Harris. "Blessed Assurance/The Price of Heaven" (Falsas promesas), con Grant Show, Cicely Tyson, Lori Loughlin, George Wendt, Cari Shayne.
1996. "To Sir with Love" (Rebelión en las aulas II), con Sidney Poitier, Daniel J. Travanti, Lulu, Judy Geeson, Christian Payton.
1997. "Rescuers: Stories of Courage: Two Women" (Más allá del valor), con Elizabeth Perkins, Sela Ward, Anne Jackson, Fritz Weaver, Al Waxman.
1998. "Naked City 2: a Killer Christmas" (Ciudad violenta), con Scott Glenn, Courtney B. Vance, Laura Leighton, Barbara Williams, Nigel Bennett.
1999. "A Saintly Switch" (Menudo cambiazo), con Vivica A. Fox, David Alan Grier, Al Waxman, Scott Cumberbatch, Rue McClanahan.
2004. "The Mystery of Natalie Wood" (El misterio de Natalie Wood), con Justine Waddell, Michael Weatherly, Matthew Settle, Colin Friels, Alice Krige. "Hustle" (Hustle: la historia de Pete Rose), con Tom Sizemore, Dash Mihok, George DiCenzo, Melissa DiMarco, Sarain Boylan.

Hoy en día, aún recuerda con cariño su viaje a Sitges y el logo del Festival.

4
Roger Moore

Demasiado guapo para ser un gran actor

«Beyond the Sea»
Bobby Darin

«Love Me or Leave Me»
Nina Simone

Hubo un tiempo, a principios de los ochenta, antes de asumir la dirección del Festival de Cinema Fantàstic de Sitges, en que me dedicaba al periodismo. Comencé haciendo críticas cinematográficas en prensa y tenía un programa de radio propio, a nivel local (Barcelona), alternándolo con otro de carácter general, para España. En este último realizaba tareas de producción y cubría las ausencias de Carlos Pumares en aquel entrañable e inolvidable espacio: *Polvo de estrellas*. Íbamos tras José María García (*Supergarcía en la Hora Cero*) y solíamos acabar el programa cuando los vampiros se retiraban, los comercios abrían y la gente normal se despertaba.

Fueron unos años gloriosos, divertidos y de enorme aprendizaje en el aspecto profesional; aquella fue la irrepetible Antena 3 Radio. La irrupción de un grupo de grandes profesionales al servicio de una radio viva, fresca y arrolladora,

⌃ Moore fue en todo momento el perfecto caballero británico.

aunque, eso sí, con un marcado talante madrileño en una inamovible y diáfana línea castiza y mesetaria.

Todo este amplio preámbulo viene a cuento porque en esos años yo solía cubrir para cualquier medio, escrito o radiofónico, la presencia de estrellas o directores de cine que acudían a promocionar su última película. Era una magnífica oportunidad para mantener una larga conversación con aquellos artistas que siempre tenían una historia que contar. En algunas ocasiones, surgía una mutua corriente de afecto que derivaba en posteriores encuentros y almuerzos en cualquier ciudad del mundo.

Así conocí a Roger Moore, el hombre que fue James Bond. Estaba de gira internacional promocionando la película *Solo para tus ojos* (*For your eyes only*, 1981).

Yo era el último de los periodistas acreditados para entrevistarlo aquella tarde noche en el hotel Ritz de Madrid.

Por mi corta pero intensa experiencia, sabía que aquello podía ser muy bueno o un verdadero desastre si la estrella decidía aquello de «ya basta por hoy».

Tuve suerte. Frente a mí estaba un hombre pletórico, amable y fresco como una rosa. Parecía recién salido de la ducha y con las baterías cargadas para hablar sobre lo que hiciera falta. Amplia sonrisa, impecablemente vestido con un *blazer* azul marino con camisa blanca abierta, sin corbata. En la muñeca derecha, un Rolex Daytona y una finísima cadena que cada vez que consultaba la hora le recordaba a su mujer.

Tras un firme apretón de manos —desconfío de aquellos hombres que de forma flácida ofrecen la mano sin vigor ni complicidad—, me invitó a sentarme en el cómodo sillón del salón de la *suite* presidencial y me ofreció un té con limón.

—Es tarde para un té —empezó a decirme—, pero muy pronto para cenar, por tanto hagamos un pacto: usted me pregunta lo que quiera sobre todos los tópicos de una película de James Bond, y yo se lo contesto rápido. Incluso le puedo dar un titular.

—¿Y luego? —quise saber yo.

—Luego hablamos de otra cosa, como por ejemplo de su país, su gastronomía o también de cine, pero no más sobre 007.

Y ahí estaba yo. Con un interminable cuestionario de preguntas sobre Bond y con prácticamente nada preparado que no fuera acerca de su personaje. Moore cumplió con creces su palabra y me regaló todos los tópicos que pudo: «Solo me doblan en las escenas de amor», «desde siempre quise ser Bond» o «mi chica Bond favorita siempre es la de mi última película», y así una larga lista que, film tras film, repetía con cuidada técnica y estudiada mueca de galán.

Pero todo cambió cuando le pregunté si no pensaba que había llegado diez años tarde al papel de Bond. Se acabó la carantoña, el maniquí parlante y apareció el Roger Moore actor, más allá de una cara bonita.

—Sí, estoy de acuerdo —reconoció—, e incluso puedo añadir que a veces me siento mayor para el personaje. Tal vez por eso tiendo a dulcificarlo convirtiéndolo en una parodia de sí mismo. Mis Bond son más bien películas de aventuras familiares. Es un giro que pactamos con los productores (Harry Saltzman y Albert R. Broccoli) y parece que nos va bien.

—Por eso levanta tanto la ceja...

—Sí, tal vez la culminación de mi afectación sea mi característica ceja arqueada. Creo que humaniza al personaje.

Iba a hacerle otra pregunta cuando de pronto me lanzó el titular prometido:

—Yo soy un espejismo, Connery era un reflejo de lo que Ian Fleming quería. No olvide que cuando Sean Connery rodó su primer Bond, *Dr. No* (*007 contra el Dr. No*, 1962), él tenía treinta y dos años. Cuando yo hice *Live and Let Die* (*Vive y deja morir*, 1973), que fue mi debut, acababa de cumplir los cuarenta y seis, aunque no lo pareciera —añadió con cierta coquetería.

A partir de esa declaración-confesión, todo fluyó sin cesar. Me habló de sus inicios como chico de la línea del coro (*Chorus Line*) junto al mismísimo Sean Connery, nada menos, en el musical *South Pacific*. También de su gran amistad («digan lo que digan») con el actor escocés, y de lo bien que se lo pasaba rodando *El Santo* —entonces también hacía de Bond, aunque se llamara Simon Templar— y, sobre todo, de los inolvidables y maravillosos años junto a Tony Curtis mientras trabajaban en la serie de televisión *Los Persuasores*.

Poco antes de finalizar el encuentro, una sombra de amarga sinceridad cruzó su rostro:

—Trabajo en una industria en la que ganar es muy relativo —sentenció—. En mi caso, el físico lo ha condicionado todo.

No quiso terminar la entrevista bajo el signo del pesimismo o la tristeza, y aún menos después de lo bien que nos lo habíamos pasado con sus anécdotas de toda una vida. Así que acabamos hablando sobre la mala suerte que tenían los jugadores de futbol británicos que fichaba el Barça, o sobre los porqués del terrorismo etarra y, cómo no, sobre gastronomía.

Recuerdo que le comenté que en Madrid nunca comería un buen *pa amb tomàquet* y quedamos emplazados para hacerlo en Barcelona.

Años después, vi en otra ocasión a Roger Moore en Los Ángeles y recordaba perfectamente nuestra cita anterior.

La vida aún nos debe un buen *pa amb tomàquet*.

— Como actor —

1945. "Perfect Strangers" (Separación peligrosa), de Alexander Korda. "Caesar and Cleopatra" (César y Cleopatra), de Gabriel Pascal.

1946. "Gaiety George", de George King. "Piccadilly Incident" (Incidente en Piccadilly), de Herbert Wilcox.

1949. "Paper Orchid", de Roy Ward Baker. "Trottie True", de Brian Desmond Hurst. «The Interrupted Journey», de Daniel Birt (Vídeo: «A mitad de camino»).

1951. "One Wild Oat", de Charles Saunders. "Due mogli sono troppe/Honeymoon Deferred", de Mario Camerini.

1954. "The Last Time I Saw Paris" (La última vez que vi París), de Richard Brooks.

1955. "Interrupted Melody" (Melodía interrumpida), de Curtis Bernhardt. "The King's Thief", de Robert Z. Leonard (Vídeo: "El ladrón del rey"). "Diane" (Astucias de mujer), de David Miller.

1959. "The Miracle" (Promesa rota), de Irving Rapper.

1960. "The Sins of Rachel Cade" (Misión en la jungla), de Gordon Douglas.

1961. "Gold of the Seven Saints", de Gordon Douglas. "Il ratto delle sabine" (El rapto de las sabinas), de Richard Pottier.

1962. "Un branco di vigliacchi", de Fabrizio Taglioni.

1967. "The Fiction Makers" (Secretaria para un ladrón), de Roy Ward Baker (+ productor).

1968. "Vendetta for the Saint" (La venganza del Santo), de Jim O'Connolly.

1969. "Crossplot" (Complot), de Alvin Rakoff (+ productor).

1970. "The Man Who Haunted Himself" (Tinieblas), de Basil Dearden.

1971. "London Conspiracy", de James Hill y David Greene.

1972. "Sporting Chance", de Leslie Norman, Val Guest y Peter Medak. "Mission: Monte Carlo" (Aquí Montecarlo: atención a esos dos), de Basil Dearden y Roy Ward Baker. "The Switch", de Val Guest y Roy Ward Baker.

1973. "Live and Let Die" (007 vive y deja morir), de Guy Hamilton.

1974. "Gold" (Oro), de Peter Hunt. "The Man with the Golden Gun" (El hombre de la pistola de oro), de Guy Hamilton.

1975. «That Lucky Touch» (Un toque de suerte), de Christopher Miles. «Gli esecutori» (Los ejecutores), de Maurizio Lucidi.

1976. «Shout at the Devil» (Gritar al diablo), de Peter Hunt.

1977. «The Spy Who Loved Me» (La espía que me amó), de Lewis Gilbert.

1978. «The Wild Geese» (Patos salvajes), de Andrew V. McLaglen. «Escape to Athena» (Evasión en Atenea), de George Pan Cosmatos.

1979. «Ffolkes/North Sea Hijack» (Rescate en el mar del Norte», de Andrew V. McLaglen. «Moonraker» (Moonraker), de Lewis Gilbert.

1980. «The Sea Wolves» (Lobos marinos), de Andrew V. McLaglen. «Sunday Lovers» (Los seductores), episodio de Bryan Forbes.

1981. «The Cannonball Run» (Los locos de Cannonball), de Hal Needham. «For Your Eyes Only» (Sólo para sus ojos), de John Glen.

1983. "Octopussy" (Octopussy), de John Glen. "Curse of the Pink Panther" (La maldición de la Pantera Rosa), de Blake Edwards.

1984. "The Naked Face" (A cara descubierta), de Bryan Forbes.

1985. "A View to a Kill" (Panorama para matar), de John Glen.

1990. "Feuer, Eis & Dynamit" (Fuego, nieve y dinamita), de Willy Bogner. "Bullseye!" (Atraco a falda armada), de Michael Winner. "Bed & Breakfast", de Robert Ellis Miller (Vídeo: "Desayuno, cama y...) (+ productor).

1996. "The Quest" (En busca de la ciudad perdida), de Jean-Claude Van Damme.

1997. "The Saint" (El Santo), de Phillip Noyce. "Spiceworld: the Movie" (Spiceworld: la película), de Bob Spiers.

2000. "The Enemy", de Tom Kinninmont.

2002. "Na svoji Vesni", de Klemen Dvornik y Saso Dzukic. "Boat Trip" (Boat Trip, este barco es un peligro), de Mort Nathan.

2013. "Incompatibles", de Paolo Cedolin Petrini.

— Televisión —

1949. "The Governess", de Stephen Harrison. "The House in the Square", de Harold Clayton.
1950. "Drawing-Room Detective", de Walton Anderson.
1953. "The Wind Cannot Read", de Norman Felton. "The Clay of Kings", de Albert McCleery.
1956. "This Happy Breed", de Ralph Nelson. "A Murder Is Announced", de Paul Stanley.
1957. "The Importance of Being Earnest", de Alan Cooke. "The Taggart Light", de Norman Morgan. "Avenging of Anne Leete", de Lamont Johnson.
1959. "The Avon Emeralds" (Las esmeraldas Avon), de Bretaigne Windust.
1976. "Sherlock Holmes in New York" (Sherlock Holmes en Nueva York), de Boris Sagal.
1994. "The Man Who Wouldn't Die" (El inmortal), de Bill Condon (+ productor).
2011. "A Princess for Christmas" (La princesa de Castlebury Hall), de Michael Damian.
2013. "The Saint", de Simon West (+ productor).

— Como productor —

1973. "A Touch of Class" (Un toque de distinción), de Melvin Frank. "Night Watch" (Una hora en la noche), de Brian G. Hutton.

1975. "Hugó, a víziló/Hugo the Hippo", de Bill Feigenbaum.

— Televisión —

1978. "The Saint and the Brave Goose", de Cyril Frankel.
1987. "The Saint", de James Frawley.

5 Roger Corman

La grandeza del miserable

«I forgot to remember to forget»
Jerry Lee Lewis

Las bodas de Fígaro
Wolfgang Amadeus Mozart

Hay seres irrepetibles escogidos por la historia para pasar por ella como genios, orfebres, banqueros, vendedores de coches de segunda mano, embaucadores o todo eso junto concentrado en una persona agraciada por los dioses con el poder de la palabra y la simpatía. Así era y es (tiene más de noventa años) Roger Corman, un roñoso entrañable a quien pude sufrir y disfrutar en dos etapas muy concretas de mi vida profesional.

Conocí a Corman en el Festival de Sitges de 1988. Por aquel entonces ya dio muestras de su legendaria tacañería insistiendo una y otra vez en que él y su mujer debían viajar en *business-class*, ya que se trataba de un trayecto larguísimo (Los Ángeles-Londres-Barcelona) y ambos estaban delicados de salud. Tras un interminable período de faxes cruzados (no existía Internet ni telefonía móvil), llegó a amenazar con no acudir al Festival. Al fin comprendió que aquel era un certamen modesto y que su única riqueza era el trato que recibían nuestros invitados y la enorme profesionalidad, sensibilidad y amabilidad del equipo que hacía posible el milagro que fue Sitges durante esos años.

Corman apareció como una estrella de rock: firmó autógrafos a su legión de *friki-fans*, concedió todas las entrevistas que le proponían, desde el mayor diario al más humilde fanzine, y transpiraba cordialidad en todo momento. Estaba claro que algo iba a pasar. Alguien que ha escrito un libro titulado *Cómo hice cien films en Hollywood y nunca perdí ni un céntimo* (*How I made a hundred Movies in Hollywood and never lost a Dime*) no alimenta tan solo su ego, también quiere llenar su bolsillo.

Y así fue cómo en el bar del siempre recordado hotel Calípolis me hizo una de las propuestas más deshonestas y divertidas que jamás escuché. El razonamiento era simple: si el Festival no podía pagar billetes de avión en clases preferentes ni dietas a los invitados, él aceptaba viajar en turista y convencer a la artrosis de su mujer y a su lumbalgia crónica si a cambio le pagábamos en efectivo y allí mismo la diferencia entre las dos clases aéreas; también incluía en el acuerdo autonombrarse embajador del Festival en Hollywood y traernos en el futuro a algunos de sus amigos... Gente como Coppola, Scorsese, Joe Dante o James Cameron. El plan, que era muy bueno, no le funcionó. No fue por falta de interés por nuestra parte, sino por algo mucho más sencillo: nosotros tampoco íbamos a perder un céntimo, simplemente porque no lo teníamos. Pese a todo, *nice try*, que diría su amigo Peter Bogdanovich. Cualquier otra persona se hubiese sentido incómoda y tensa en esa circunstancia, pero Roger Corman no. Cambió de tema, me contó su vida y su pasión por la literatura y la pintura. Hablamos, ¡cómo no!, de Vincent Price y de sus siete películas sobre Edgard Allan Poe. Me comentó que por diversos motivos, siempre económicos, sus favoritas eran *El péndulo de la muerte* (*Pit and the Pendulum*, 1961) y *El cuervo* (*The Raven*, 1963). Coincidió en lo divertidos que fueron *La pequeña tienda de los horrores* (*The Little Shop of Horrors*, 1960) y *Mamá sangrienta* (*Bloody Mama*, 1970). En lo que no estaba de acuerdo es que, en mi opinión, *El hombre con Rayos X en los ojos* (*X-The Man with X-Ray Eyes*, 1963) era su mejor film en términos absolutos.

Remató la conversación recordándome que, a su entender, la mejor película es pura y simplemente la que da más dinero.

Eso te permite hacer otra y comprarte una casa y un coche descapotable. Bajo tal premisa artístico-capitalista, su mejor recuerdo era para *La mujer avispa* (*The Wasp Woman*, 1960). «Con esa bobada sí que gané dinero.»

En aquella época, Corman era presidente de New World Productions, estimable compañía de películas de serie B que pretendía «poner en valor» y «darle el pase» a una multinacional. La cosa no funcionó como había previsto y con el tiempo se vio obligado a deshacerse de New World y crear Concorde-New Horizons, para repetir la jugada. Entre las dos produjo casi doscientos títulos, la gran mayoría de cine fantástico olvidable, aunque justo es decir que también hubo, al menos, una docena de títulos interesantes.

El tiempo hizo que nos reencontráramos en 1996 en Nueva Orleans, acudiendo al NATPE, un interesantísimo mercado televisivo ideado para el consumo doméstico, canadiense y norteamericano, pero que se puso de moda entre los ejecutivos de las cadenas europeas. Corman dijo tener un magnífico recuerdo del Festival de Sitges (de hecho, ha acudido en varias ocasiones) y me obsequió con un regalo inesperado: me presentó a Hanna y Barbera, dos míticos ilustradores, dibujantes, creadores y genios absolutos de la animación. Para quien no los ubique, baste con tener presentes tres cosas: que, pese a sus nombres, son dos hombres (venerables ancianos, por aquel entonces); no son pareja sentimental; y, eso sí, son los papás de *Tom y Jerry*, *Los Picapiedra*, *Scooby-Doo*, *El Oso Yogui*, *Pixie, Dixie y el gato Jinks*, *Los Supersónicos*, entre otros muchos.

Los dos grandes monstruos me presentaron a un joven talento de Disney Animation, Prisciliano Antonio Romanillos, más conocido como Pres Romanillos. Uno de esos tipos iluminados por un don especial. Capaz de dibujarte en una servilleta, mientras habla contigo, la catedral de Notre Dame, con Quasimodo abrazando a una gárgola. Animador de películas como *La Sirenita*, *La Bella y la Bestia*, *Aladin*, *Pocahontas* y *El jorobado de Notre Dame*. Mucho tiempo después supe que tras diseñar al villano de *Mulan*, Shan-Yú, fichó por Dreamworks y se marchó con Jeffrey Katzenberg. Allí experimentó la transición de la animación clásica al mundo digital y a los personajes creados por ordenador. Para su desgracia y la nuestra, Pres falleció de leucemia en el 2010.

⌃ Roger Corman es uno de los mayores caraduras que he conocido en mi vida. Simpático, pero gran jeta. Recibiendo el premio honorífico del Festival, nuestra María.

Conservo vívida en la memoria aquella inolvidable reunión y guardo como oro en paño el cartel con todos los personajes que me dedicaron Hanna y Barbera. No soy un especialista en animación, pero el niño que llevo dentro aún me está agradecido.

Pues sí, así era Roger Corman, el tipo conocía a todo el mundo de la industria que mereciese la pena conocer. Tras la velada, me acompañó hasta el hotel, en el corazón del French Quarter, que también era el suyo. Se despidió efusivamente, me dio un fuerte abrazo y me dijo: «Ya sabes, estoy en Hollywood para lo que desees». Se lo agradecí y, de forma instintiva, me llevé la mano a la cartera.

— Cine —

1955. "Five Guns West" (Cinco pistolas), con John Lund, Dorothy Malone, Michael Connors, Paul Birch, Jonathan Haze. "The Beast with a Million Eyes", con Paul Birch, Lorna Thayer, Dona Cole, Dick Sargent, Chester Conklin (Vídeo: "La bestia de un millón de ojos"). *Co-dirigida por David Kramarsky*. "Apache Woman", con Lloyd Bridges, Joan Taylor, Lance Fuller, Morgan Jones, Paul Birch. "The Day the World Ended", con Richard Denning, Lori Nelson, Adele Jergens, Michael Connors, Raymond Hatton (Vídeo: "El día del fin del mundo"). "Swamp Women", con Marie Windsor, Beverly Garland, Michael Connors, Carole Mathews, Susan Cummings.

1956. "The Oklahoma Woman", con Richard Denning, Peggie Castle, Cathy Downs, Michael Connors, Jonathan Haze. "The Gunslinger", con John Ireland, Beverly Garland, Allison Hayes, Martin Kingsley, Jonathan Haze (Vídeo: "El pistolero asesino/El sheriff de Oracle"). "It Conquered the World", con Peter Graves, Beverly Garland, Lee Van Cleef, Sally Fraser, Dick Miller. "Naked Paradise", con Richard Denning, Beverly Garland, Lisa Montell, Dick Miller, Jonathan Haze.

1957. "Carnival Rock", con Susan Cabot, Brian G. Hutton, David J. Stewart, Dick Miller, Iris Adrian. "Not of This Earth", con Beverly Garland, Paul Birch, Morgan Jones, Jonathan Haze, Dick Miller (Vídeo: "Emisario de otro mundo"). "Attack of the Crab Monsters", con Richard Garland, Pamela Duncan, Russell Johnson, Leslie Bradley, Mel Welles (Vídeo: "El ataque de los cangrejos gigantes"). "The Undead", con Pamela Duncan, Richard Garland, Allison Hayes, Val Dufour, Mel Welles (Vídeo: "La no muerta"). "Rock All Night", con Dick Miller, Russell Johnson, Abby Dalton, Jeanne Cooper, Chris Alcaide (Vídeo: "Noche de rock"). "Teenage Doll", con June Kenney, Fay Spain, John Brinkley, Colette Jackson, Ziva Rodann. "Sorority Girl", con Susan Cabot, Dick Miller, Barboura Morris, June Kenney, Fay Baker (Vídeo: "Escuela de señoritas"). "The Sage of the Viking Women and Their Voyage to the Waters of the Great Sea Serpent", con Abby Dalton, Susan Cabot, Bradford Jackson, June Kenney, Betsy Jones-Moreland (Vídeo: "Las mujeres vikingo y la serpiente de mar").

1958. "War of the Satellites", con Susan Cabot, Dick Miller, Richard Devon, Eric Sinclair, Robert Shayne. "Machine-Gun Kelly", con Charles Bronson, Susan Cabot, Morey Amsterdam, Richard Devon, Frank DeKova (Vídeo: "La ley de las armas"). "Teenage Cave Man", con Robert Vaughn, Leslie Bradley, Darah Marshall, Frank DeKova, Jonathan Haze (Vídeo: "Yo fui un cavernícola adolescente"). "She Gods of Shark Reef", con Don Durant, Bill Cord, Lisa Montell, Jeanne Gerson, Carol Lindsay. "I Mobster", con Steve Cochran, Lita Milan, Robert Strauss, Celia Lovsky, Lili St. Cyr.

1959. "A Bucket of Blood", con Dick Miller, Barboura Morris, Anthony Carbone, Julian Burton, Ed Nelson (Vídeo: "Un cubo de sangre"). "The Wasp Woman", con Susan Cabot, Anthony Eisley, Barboura Morris, William Roerick, Frank Gerstle (Vídeo: "La mujer avispa").

1960. "Ski Troop Attack", con Frank Wolff, Michael Forest, Wally Campo, Richard Sinatra, James Hoffman. "House of Usher" (El hundimiento de la casa Usher), con Vincent Price, Mark Damon, Myrna Fahey, Harry Ellerbe, Mike Jordan. "Little Shop of Horrors", con Jonathan Haze, Jackie Joseph, Mel Welles, Dick Miller, Jack Nicholson (Vídeo: "La pequeña tienda de los horrores"). "Last Woman on Earth", con Betsy Jones-Moreland, Anthony Carbone, Robert Towne (Vídeo: "La última mujer sobre la tierra").

1961. "Atlas", con Michael Forest, Frank Wolff, Barboura Morris, Walter Maslow, Andreas Filippides. "Creature from the Haunted Sea", con Anthony Carbone, Betsy Jones-Moreland, Robert Towne, Beach Dickerson, Robert Bean (Vídeo: "La criatura del mar encantado/El monstruo del mar encantado"). "The Pit and the Pendulum" (El péndulo de la muerte), con Vincent Price, John Kerr, Barbara Steele, Luana Anders, Anthony Carbone.

1962. "The Premature Burial" (La obsesión), con Ray Milland, Hazel Court, Richard Ney, Heather Angel, Alan Napier. "The Intruder", con William Shatner, Frank Maxwell, Beverly Lunsford, Robert Emhardt, Leo Gordon (Vídeo: "El intruso"). "Tales of Terror" (Historias de terror), con Vincent Price, Peter Lorre, Joyce Jameson, Basil Rathbone, Debra Paget. "Tower of London", con Vincent Price, Michael Pate, Joan Freeman, Robert Brown, Bruce Gordon.

1963. "The Young Racers", con Mark Damon, William Campbell, Luana Anders, Patrick Magee, Marie Versini (Vídeo: "Los jóvenes corredores"). "The Raven" (El cuervo), con Vincent Price, Boris Karloff, Peter Lorre, Hazel Court, Jack Nicholson. "The Terror", con Boris Karloff, Jack Nicholson, Sandra Knight, Dick Miller, Jonathan Haze (Vídeo: "La sombra del cazador/El terror"). "X - The Man with X-Ray Eyes" (El hombre con rayos X en los ojos), con Ray Milland, Diana van der Vlis, Harold J. Stone, John Hoyt, Don Rickles. "The Haunted Palace", con Vincent Price, Debra Paget, Lon Chaney Jr., John Dierkes, Elisha Cook Jr. (Vídeo: "El palacio de los espíritus").

1964. "The Masque of the Red Death" (La máscara de la muerte roja), con Vincent Price, Hazel Court, Jane Asher, Nigel Green, Patrick Magee. "The Secret Invasion" (Secreta invasión), con Stewart Granger, Raf Vallone, Mickey Rooney, Edd Byrnes, Henry Silva. "The Tomb of Ligeia", con Vincent Price, Elizabeth Shepherd, John Westbrook, Derek Francis, Richard Vernon (Vídeo: "La tumba de Ligeia").

1966. "The Wild Angels" (Los ángeles del infierno), con Peter Fonda, Nancy Sinatra, Bruce Dern, Diane Ladd, Buck Taylor.

1967. "The St. Valentine's day Massacre" (La matanza del día de San Valentín), con Jason Robards, George Segal, Ralph Meeker, Jean Hale, Harold J. Stone. "A Time for Killing" (La cabalgada de los malditos), con Glenn Ford, Inger Stevens, George Hamilton, Timothy Carey, Harrison Ford. *Co-dirigida por Phil Karlson.* "The Trip", con Peter Fonda, Susan Strasberg, Bruce Dern, Dennis Hopper, Barboura Morris (Vídeo: "El viaje").

1968. "The Wild Racers", con Fabian, Mimsy Farmer, Judy Cornwell, Warwick Sims, Talia Shire. *Co-dirigida por Daniel Haller.* "How to Make It/Target: Harry", con Vic Morrow, Suzanne Pleshette, Victor Buono, César Romero, Charlotte Rampling (Vídeo: "Objetivo: Harry").

1969. "De Sade" (De Sade), con Keir Dullea, Senta Berger, Lilli Palmer, Anna Massey, Sonja Ziemann. *Co-dirigida por Cy Endfield y Gordon Hessler.*

1970. "Bloody Mama" (Mamá sangrienta), con Shelley Winters, Pat Hingle, Don Stroud, Diane Varsi, Bruce Dern, Robert De Niro. "Gas-s-s-s! Or, It May Become Necessary to Destroy the World in Order to Save It", con Bob Corff, Elaine Giftos, Bud Cort, Talia Shire, Ben Vereen.

1971. "Von Richthofen and Brown" (El barón rojo), con John Phillip Law, Don Stroud, Barry Primus, Corin Redgrave, Hurd Hatfield.

1978. "Deathsport" (Deporte mortal), con David Carradine, Claudia Jennings, Richard Lynch, William Smithers, Jesse Vint. *Co-dirigida por Allan Arkush y Henry Suso.*

1980. "Battle Beyond the Stars" (Los siete magníficos del espacio), con Richard Thomas, Robert Vaughn, John Saxon, George Peppard, Sybil Danning. *Co-dirigida por Jimmy T. Murakami.*

1990. "Frankenstein Unbound", con John Hurt, Raul Julia, Bridget Fonda, Nick Brimble, Jason Patric (Vídeo: "La resurrección de Frankenstein").

6 Kirk y Michael Douglas

Toros, whisky y disco

«Love for Sale»
Billie Holiday

«Blue Pianola»
Henry Mancini

«Kingston Calypso»
Dr. No

Resulta muy curioso cómo puede influir una ciudad como Los Ángeles en esa avalancha de situaciones inesperadas y de bruscos giros en tu devenir cotidiano. Tras un maratoniano día de trabajo y reuniones en el American Film Market, decidí visitar y saludar, en el Cementerio Westwood Village Memorial Park, a Marilyn Monroe. Esa es una relajante práctica —el lugar donde reposa es un escondido oasis de paz y silencio rodeado por enormes rascacielos— que procuro cumplir siempre que visito la ciudad. No hay nada de necro-fan en ello, tan solo calma, respeto, admiración y sana nostalgia. Pues bien, de vuelta al hotel y cuando me disponía a tomar una ducha caliente y perderme en la inmensidad de mi cama —la *king size* de mi habitación era como el área pequeña de un campo de fútbol—, sonó el teléfono y aquella se convirtió en una de las noches más locas y alucinantes que recuerdo.

Un distribuidor cinematográfico español me invitó a una fiesta privada en la disco de moda en North-Hollywood con

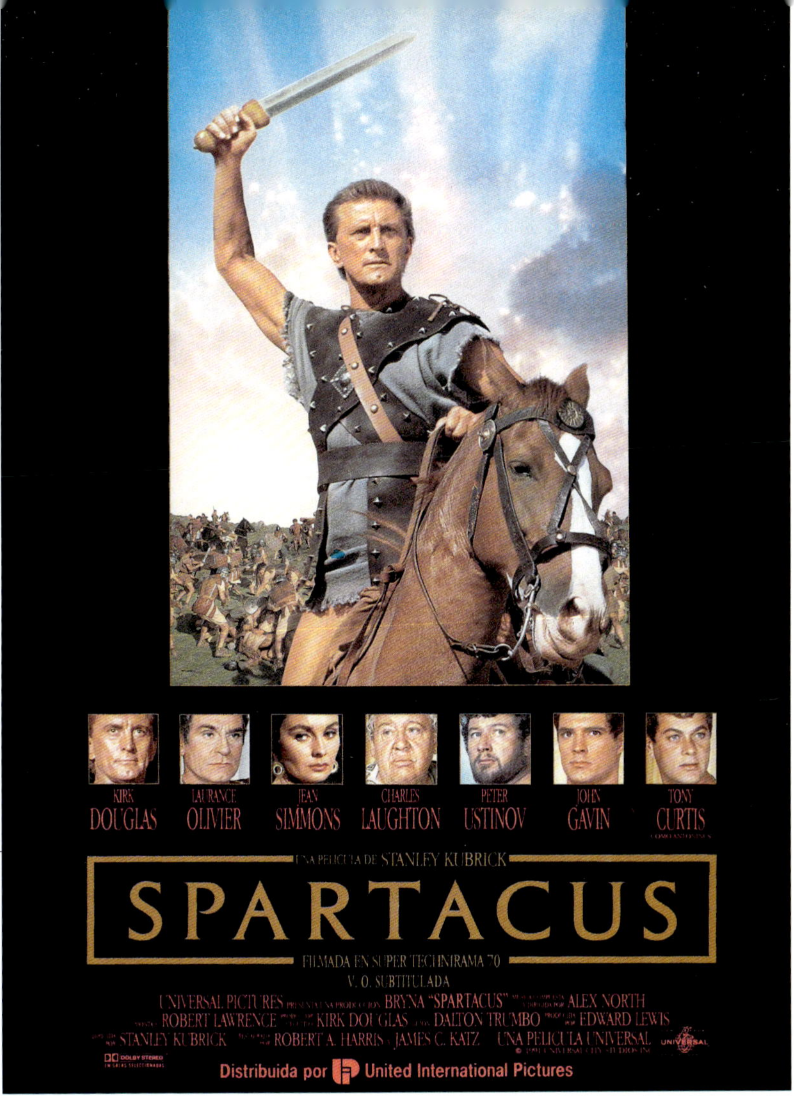

⮝ La relación con Stanley Kubrick fue para Kirk Douglas un tormento, pero la película es una obra maestra.

la promesa de presentarme a Kirk y Michael Douglas. La posibilidad de conocer a dos leyendas del cine —bueno, mejor dicho: una leyenda y un icono— me espabiló de inmediato. Era algo que no me podía perder. Michael quería comentar algo sobre una nueva productora que estaba montando y estudiaba la posibilidad de colocar sus películas en preventa o simplemente sobre guión. Esta práctica es habitual hoy en día, pero innovadora y extremadamente peligrosa por entonces.

El padre, Kirk, cumplía perfectamente con sus labores de relaciones públicas y se limitaba a tomar whiskies y a fotografiarse con quien se lo pedía. Cuando nosotros llegamos a la fiesta —me acompañaban el secretario general del Festival y también el avispado y dicharachero productor Julio Fernández, hombre que tiene en su currículum el *honor* de haber creado la Fantastic Factory, de poseer diversos premios Goya al cine de animación, cuando solo él se presentaba, y con su habitual humor amigable y cercano de abrazafarolas, despeñar y abocar al concurso de acreedores a dos de sus prometedoras empresas—, tanto Kirk como Michael llevaban ya unas cuantas fotos y otras tantas copas, o al menos el serio y severo rostro de Diandra Douglas, esposa de Michael por entonces, así lo demostraba.

Cuando Diandra supo que éramos españoles se acercó con rapidez para presentarnos a su familia. Diandra, siempre en su lugar y con impecable actitud, no solo entiende el castellano —aunque no quiera hablarlo—, también el catalán mallorquín, idioma en el que sí se atrevió con varias frases. Como era previsible, la noche avanzaba y Diandra iba a una velocidad alcohólica, ampliamente rebasada por su suegro y su marido. Esas derivas suelen ser peligrosas. Si no bebes, como es mi caso, corres el peligro de estar fuera de la fiesta, de no entender los chistes, de no saber cuándo hay que reírse y de considerarse un alienígena en el planeta Ballantine's.

El momento surrealista lo puso Kirk Douglas cuando me preguntó sobre las corridas de toros en la Monumental de Barcelona. Él tenía un buen recuerdo de grandes tardes taurinas en el coso barcelonés. Me enumeró a diferentes matadores españoles y, pese a haberle dicho —más de una vez— que no me interesaba *la Fiesta*, él insistía en que eso era porque no la entendía. Él veía arte y yo dolor, no podíamos estar de acuerdo, a menos que yo pidiese, claro, un whisky doble, posibilidad altamente improbable aunque se tratara del señor Douglas. Así seguimos durante al menos quince minutos, hasta el punto de que me citó para que viéramos juntos una corrida en su próximo viaje a Barcelona.

Una noche que empieza así merece un digno final. De eso se encargó nuestro Julio, nuestro productor hispánico fotografiándose con la familia Douglas, sin entender nada y sin saber decir ni *yes*, ni tampoco saber muy bien quiénes eran y qué representaban en la historia del cine. La ignorancia tiene en ocasiones la virtud de

≈ Padre e hijo tienen un talento especial para los negocios, la simpatía y el alcohol. Impresionante.

convertir a los lerdos en simpáticos hombrecillos, en cazadores nocturnos de trofeos que no alcanzan a valorar, y mucho menos a comprender, nada de lo que sucede a su alrededor. De esto último se encarga hoy en día su hermano Carlos, pomposo CEO de los actuales restos del naufragio de la que fuera tildada de Mini Major, Filmax. Más ambicioso y retorcido que el egocéntrico Julio, pero igual de zoquete y berzotas. Culturalmente, se entiende.

Hoy esa foto, ese trofeo de chichinabo, cuelga en la pared de su despacho como si formara parte de su familia.

En cuanto a mí, la decepción y la perplejidad fueron dando paso a un entrañable recuerdo. Parecía soñado, pero fue vivido. Estuve hablando un buen rato con Kirk Douglas porque yo quería que me hablase sobre Espartaco, el héroe. Él, en cambio, solo estaba interesado en Espartaco, el torero.

Nunca me llamó para asistir a una corrida.

— Como actor —

1946. "The Strange Love of Martha Ivers", de Lewis Milestone (Vídeo: "El extraño amor de Martha Ivers").

1947. "Mourning Becomes Electra", de Dudley Nichols. "Out of the Past" (Retorno al pasado), de Jacques Tourneur. "I Walk Alone" (Al volver a la vida), de Byron Haskin.

1948. "The Walls of Jericho" (Murallas humanas), de John M. Stahl. "My Dear Secretary", de Charles Martin (Vídeo: "Mi querida secretaria").

1949. "A Letter to Three Wives" (Carta a tres esposas), de Joseph L. Mankiewicz. "Champion" (El ídolo de barro), de Mark Robson.

1950. "Young Man with a Horn", de Michael Curtiz (Vídeo: "El trompetista"). "The Glass Menagerie", de Irving Rapper.

1951. "Along the Great Divide" (Camino de la horca), de Raoul Walsh. "The Big Carnival" (El gran carnaval), de Billy Wilder. "Detective Story" (Brigada 21), de William Wyler.

1952. "The Big Trees" (La ley de la fuerza), de Felix Feist. "The Big Sky" (Río de sangre), de Howard Hawks. "The Bad and the Beautiful" (Cautivos del mal), de Vincente Minnelli.

1953. "The Story of Three Loves" (Tres amores), episodio de Gottfried Reinhardt. "The Juggler" (Hombres olvidados), de Edward Dmytryk. "Act of Love", de Anatole Litvak. "Ulisse" (Ulises), de Mario Camerini.

1954. "20.000 Leagues Under the Sea" (20.000 leguas de viaje submarino), de Richard Fleischer.

1955. "The Racers" (Hombres temerarios), de Henry Hathaway. "Man Without a Star" (La pradera sin ley), de King Vidor. "The Indian Fighter" (Pacto de honor), de André de Toth.

1956. "Lust for Life" (El loco del pelo rojo), de Vincente Minnelli.

1957. "Top Secret Affair" (Intriga femenina), de H. C. Potter. "Gunfight at the O.K. Corral" (Duelo de titanes), de John Sturges. "Paths of Glory" (Senderos de gloria), de Stanley Kubrick (+ productor).

1958. "The Vikings" (Los vikingos), de Richard Fleischer (+ productor).

1959. "The Last Train from Gun Hill" (El último tren de Gun Hill), de John Sturges. "The Devil's Disciple" (El discípulo del diablo), de Guy Hamilton.

1960. "Strangers When We Meet" (Un extraño en mi vida), de Richard Quine (+ productor). "Spartacus" (Espartaco), de Stanley Kubrick (+ productor).

1961. "Town Without Pity" (Ciudad sin piedad), de Gottfried Reinhardt. "The Last Sunset" (El último atardecer), de Robert Aldrich.

1962. "Lonely Are the Brave" (Los valientes andan solos), de David Miller. "Two Weeks in Another Town" (Dos semanas en otra ciudad), de Vincente Minnelli. "The Hook" (Silencio de muerte), de George Seaton.

1963. "The List of Adrian Messenger" (El último de la lista), de John Huston. "For Love or Money" (Tres herederas), de Michael Gordon.

1964. "Seven Days in May" (Siete días de mayo), de John Frankenheimer.

1965. "In Harm's Way" (Primera victoria), de Otto Preminger. "The Heroes of Telemark" (Los héroes de Telemark), de Anthony Mann.

1966. "Cast a Giant Shadow" (La sombra de un gigante), de Melville Shavelson. "Paris brûle-t-il?/Is Paris Burning?" (¿Arde París?), de René Clément.

1967. "The Way West" (Camino de Oregón), de Andrew V. McLaglen. "The War Wagon" (Ataque al carro blindado), de Burt Kennedy.

1968. "A Lovely Way to Die" (Sindicato de asesinos), de David Lowell Rich. "The Brotherhood" (Mafia), de Martin Ritt (+ productor).

1969. "The Arrangement" (El compromiso), de Elia Kazan.

1970. "There Was a Crooked Man" (El día de los tramposos), de Joseph L. Mankiewicz.

1971. "The Light at the Edge of the World" (La luz del fin del mundo), de Kevin Billington (+ productor). "A Gunfight" (El gran duelo), de Lamont Johnson (+ productor). "Catch Me a Spy" (Con los dedos cruzados), de Dick Clement.

1972. "Un uomo da rispettare" (Un hombre a respetar), de Michele Lupo.

1974. "Mousey/Cat and Mouse" (La tercera víctima), de Daniel Petrie.

1975. "Once Is Not Enough" (Una vez no basta), de Guy Green.

1976. "Victory at Entebbe" (Victoria en Entebbe), de Marvin J. Chomsky.

1977. "Holocaust 2000" (Holocausto 2000), de Alberto De Martino.

1978. "The Fury" (La furia), de Brian De Palma.

1979. "The Villain" (Cactus Jack), de Hal Needham.

1980. "Saturn 3" (Saturno 3), de Stanley Donen. "The Final Countdown" (El final de la cuenta atrás), de Don Taylor. "Home Movies", de Brian De Palma (Vídeo: "Una familia de locos").

1981. "The Man from Snowy River" (El hombre de Río Nevado), de George Miller.

1983. "Eddie Macon's Run" (La fuga de Eddie Macon), de Jeff Kanew.

1984. "Draw!" (¡Desenfunda!), de Steven Hilliard Stern.

1986. "Tough Guys" (Otra ciudad, otra ley), de Jeff Kanew.

1991. "Oscar" (Oscar, ¡quita las manos!), de John Landis. "Veraz" (Bienvenido a Veraz), de Xavier Castaño.

1994. "Greedy", de Jonathan Lynn (Vídeo: "Los codiciosos").

1999. "Diamonds" (Diamonds), de John Mallory Asher.

2003. "It Runs in the Family" (Cosas de familia), de Fred Schepisi.

2004. "Illusion", de Michael A. Goorjian.

— Como director —

1973. "Scalawag" (Pata de palo), con Mark Lester, Neville Brand, Don Stroud, Lesley-Anne Down, Danny DeVito (+ actor).
1975. "Posse" (Los justicieros del Oeste), con Bruce Dern, Bo Hopkins, James Stacy, Luke Askew, Alfonso Arau (+ actor y productor).

— Como productor —

1966. "Grand Prix" (Grand Prix), de John Frankenheimer.
1971. "Summertree", de Anthony Newley.

— Televisión —

1972. "The Special London Bridge Special", de David Winters.
1973. "Dr. Jekyll and Mr. Hyde" (Doctor Jekyll y Mister Hyde), de David Winters.
1976. "The Moneychangers" (Traficantes de dinero), de Boris Sagal.
1982. "Remembrance of Love" (Recuerdos de amor y odio), de Jack Smight.
1985. "Amos" (Quizás en primavera), de Michael Tuchner.
1987. "Queenie" (Queenie), de Larry Peerce.
1988. "Inherit the Wind" (Herencia del viento), de David Greene.
1991. "Two Fisted Tales" (Historias del lado oscuro), episodio de Robert Zemeckis.
1992. "The Secret", de Karen Arthur.
1994. "Take Me Home Again" (Última escapada), de Tom McLoughlin.
2008. "Meurtres à l'Empire State Building" (Los asesinatos del Empire State), de William Karel.

— Como actor —

1966. "Cast a Giant Shadow" (La sombra de un gigante), de Melville Shavelson.

1969. "Hail, Hero!" (¡Hail, héroe!), de David Miller.

1970. "Adam at 6 A.M." (Adán a las seis de la madrugada), de Robert Scheerer.

1971. "Summertree", de Anthony Newley.

1972. "Napoleon and Samantha", de Bernard McEveety (Vídeo: "La montaña de la aventura"). "The Impossible War", de William Francisco (CM). "The Cause of Liberty", de William Francisco (CM).

1977. "Coma" (Coma), de Michael Crichton.

1979. "The China Syndrome" (El síndrome de China), de James Bridges (+ productor). "Running" (El vencedor), de Steven Hilliard Stern.

1980. "It's My Turn" (Ahora me toca a mí), de Claudia Weill.

1983. "The Star Chamber" (Los jueces de la ley), de Peter Hyams.

1984. "Romancing the Stone" (Tras el corazón verde), de Robert Zemeckis (+ productor).

1985. "The Jewel of the Nile" (La joya del Nilo), de Lewis Teague (+ productor). "A Chorus Line" (A Chorus Line), de Richard Attenborough.

1987. "Fatal Attraction" (Atracción fatal), de Adrian Lyne. "Wall Street" (Wall Street), de Oliver Stone.

1989. "Black Rain" (Black Rain), de Ridley Scott. "The War of the Roses" (La guerra de los Rose), de Danny DeVito.

1992. "Shining Through" (Resplandor en la oscuridad), de David Seltzer. "Basic Instinct" (Instinto básico), de Paul Verhoeven.

1993. "Falling Down" (Un día de furia), de Joel Schumacher.

1994. "Disclosure" (Acoso), de Barry Levinson.

1995. "The American President" (El presidente y Miss Wade), de Rob Reiner.

1996. "The Ghost and the Darkness" (Los demonios de la noche), de Stephen Hopkins (+ productor).

1997. "The Game" (The Game), de David Fincher.

1998. "A Perfect Murder" (Un crimen perfecto), de Andrew Davis.

2000. "Wonder Boys" (Jóvenes prodigiosos), de Curtis Hanson. "Traffic" (Traffic), de Steven Soderbergh.

2001. "One Night at McCool's" (Divina pero peligrosa), de Harald Zwart (+ productor). "Don't Say a Word" (Ni una palabra), de Gary Fleder.

2003. "It Runs in the Family" (Cosas de familia), de Fred Schepisi (+ productor). "The In-Laws" (Hasta que la muerte los separe), de Andrew Fleming.

2006. "The Sentinel" (La sombra de la sospecha), de Clark Johnson (+ productor). "You, Me and Dupree" (Tú, yo y ahora... Dupree), de Anthony y Joe Russo.

2007. "King of California" (El rey de California), de Mike Cahill.

2009. "Ghosts of Girlfriends Past" (Los fantasmas de mis ex novias), de Mark Waters. "Beyond a Reasonable Doubt" (Más allá de la duda), de Peter Hyams. "Solitary Man" (Un hombre solitario), de Brian Koppelman y David Levien.

2010. "Wall Street: Money Never Sleeps" (Wall Street 2: el dinero nunca duerme), de Oliver Stone.

2011. "Haywire" (Indomable), de Steven Soderbergh.

2013. "Last Vegas" (Plan en Las Vegas), de Jon Turteltaub.

2014. "And So It Goes" (Así nos va), de Rob Reiner. "Beyond the Reach", de Jean-Baptiste Léonetti (Vídeo: "Caza bajo el sol") (+ productor).

2015. "Ant-Man" (Ant-Man), de Peyton Reed.

2016. "Unlocked", de Michael Apted.

— Televisión —

1969. "The Experiment", de Robert Butler.
1971. "When Michael Calls" (Cuando llama Michael), de Philip Leacock.
1972. "The Streets of San Francisco" (Las calles de San Francisco), de Walter E. Grauman.
2013. "Behind the Candelabra" (Behind the Candelabra), de Steven Soderbergh.

— Como productor —

1975. "One Flew Over the Cuckoo's Nest" (Alquien voló sobre el nido del cuco), de Milos Forman.

1984. "Starman" (Starman, el hombre de las estrellas), de John Carpenter.

1989. "The Tender/Eyes of an Angel" (De pura raza), de Robert Harmon.

1990. "Flatliners" (Línea mortal), de Joel Schumacher.

1991. "Stone Cold" (Frío como el acero), de Craig R. Baxley. "Double Impact" (Doble impacto), de Sheldon Lettich.

1992. "Radio Flyer" (La fuerza de la ilusión), de Richard Donner.

1993. "Made in America" (Made in América), de Richard Benjamin.

1997. "Face/Off" (Cara a cara), de John Woo. "The Rainmaker" (Legítima defensa), de Francis Ford Coppola.

7 H. R. Giger

Genio visionario o rey de la pantomima

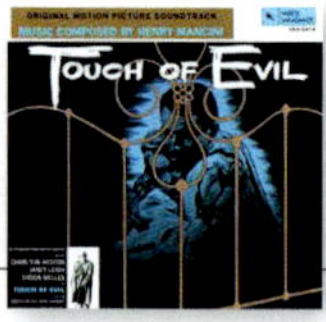

Banda sonora de la película
Sed de mal «Touch of Evil»

«Nice Work If You Can Get It»
Bing Crosby

Giger (H. R. Giger) es una de esas extrañas criaturas de la noche —más que del día— que se cruzan ocasionalmente en tu vida y que cuando las conoces no sabes si has estado con un completo farsante, un loco visionario o un genio absoluto.

Esta historia se remonta a 1985 —¡Dios mío! ¡Hace ya más de treinta años!—, cuando Gilbert Verschooten, director y fundador del Festival Internacional de Cine Fantástico de Bruselas (1987), me invitó para formar parte del jurado internacional que iba a presidir Giger. Digo que iba, porque finalmente declinó el ofrecimiento y se dedicó a matar el tiempo probando cervezas belgas y whiskies escoceses. El bueno de Gilbert no sabía, hasta que lo conoció en persona, que Giger era un excéntrico, o al menos jugaba a serlo.

Ilustrador gráfico, pintor de las tinieblas, creador y precursor del gótico aplicado a las artes plásticas, Giger será eternamente recordado por haber creado el planeta de Alien y diseñado la

Giger era un tipo realmente
raro al que le gustaba ir
de raro por la vida.

famosa criatura que inmortalizó la película de Ridley Scott, *Alien, el octavo pasajero* (*Alien*, 1979). Su brillante trabajo, su concepción del lado oscuro alienígena y, sobre todo, esa mezcla de fluidos, metal, gelatina y estilo barroco, lo ha situado con todo merecimiento en los altares del mundo fantástico.

Hasta ahí llega el artista y a partir de ese momento empieza la persona. Por aquel entonces yo aún era un jovencito ingenuo —sí, hubo un tiempo en que lo fui—, impresionable, crédulo y un tanto naíf. Vamos, que excepto pedir autógrafos —no sé por qué pero jamás he pedido un autógrafo para mí, siempre lo he considerado algo forzado, falso, impostado— o una fotografía —¡eso nunca!— valoraba enormemente cualquier comentario o reflexión que hicieran mis entrevistados.

Giger tuvo mucho que ver en que yo cambiara mi forma de ser, que me hiciese más adulto, más crítico y, sobre todo, menos friki. Para empezar, él renegaba de *Alien*, por considerar la película *basura comercial*, y no quería ni oír hablar de Ridley Scott. Incluso cuando en la *suite* del hotel donde nos alojábamos me mostró láminas, dibujos y material extra que no se había utilizado en la película, repetía machaconamente: «*Shit, shit, rubbish and more shit*». Después de oírle decir «mierda» tantas veces, algo me hizo pensar que aquel tipo representaba un personaje, el artista desbordado por un éxito repentino que, al menos frente al mundo, no quiere ser tildado de comercial. Era una postura lícita pero falsa e impostada.

La confirmación la tuve esa misma noche, cuando en una cena con Christopher Lee —a quien, por cierto, aproveché para invitar al Festival de Sitges—, Gilbert y la maravillosa Annick (coordinadora) se fue directamente por los cerros de Úbeda afirmando que él era un seguidor apasionado de la obra de Picasso y de Jean Cocteau. Hasta ese punto era lógico, pero también se declaró un devoto irredento de Gertrude Stein, escritora y figura influyente del París de principios del siglo XX, siempre en vanguardia del modernismo y aficionada a lanzar para la historia frases como: «Me gustan las vistas, pero prefiero sentarme de espaldas a ellas».

Giger se entusiasmaba lanzándonos su discurso, tan incoherente como divertido, sobre todo si contabas las veces que el camarero había rellenado su copa de vino, y mejor aún si uno se fijaba en la cara de perplejidad de Christopher Lee, que parecía tomárselo en serio. Giger también detestaba el materialismo tecnológico y los efectos especiales en el cine, algo coherente con el discurso de un chiflado.

Debo reconocer, sin embargo, que fue la primera persona que me habló del Manga japonés como una corriente creativa que daría mucho juego comercial en Europa.

Pero no le hice caso.

A esas alturas de la noche, para mí no era más que un genio de la pantomima.

— Actividades diversas —

1979. "Alien" (Alien, el octavo pasajero), de Ridley Scott. *Diseño del Alien.*

1985. "Future Kill", de Ronald W. Moore (Vídeo: "Asesinos del futuro"). *Asesor visual.*

1986. "Poltergeist II: the Other Side" (Poltergeist II, el otro lado), de Brian Gibson. *Asesor visual.* "Aliens" (Aliens, el regreso), de James Cameron. *Diseño del Alien.*

1989. "Teito taisen", de Takashige Ichise. *Asesor visual.*

1992. "Alien 3" (Alien 3), de David Fincher. *Diseño del Alien.*

1995. "Species" (Especie mortal), de Roger Donaldson. *Diseño y construcción de las criaturas.*

1996. "Kondom des Grauens" (El condón asesino), de Martin Walz. *Asesor visual.*

1997. "Alien: Resurrection" (Alien resurrección), de Jean-Pierre Jeunet. *Diseño del Alien.*

1998. "Species II" (Especie mortal II), de Peter Medak. *Diseño de las criaturas.*

1999. "Aphex Twin: Windowlicker", de Chris Cunningham. *Cortometraje. Asesor visual.*

2000. "C-Files: Tell Saga", de Johannes M. Hedinger. *Cortometraje. Actor.*

2004. "AVP: Alien vs. Predator" (Alien vs. Predator), de Paul W.S. Anderson. *Diseño del Alien.*

2007. "Aliens vs. Predator: Requiem" (Aliens vs. Predator: Réquiem), de Colin y Greg Strause. *Diseño del Alien.*

2012. "Prometheus" (Prometheus), de Ridley Scott. *Diseño de las criaturas.*

— Realizaciones —

1967. "High and Heimkiller". *Cortometraje. Co-dirigido por Fredi M. Murer.*
1968. "Swiss Made". *Mediometraje. Co-dirigido por Fredi M. Murer, Fritz E. Mäder e Yves Yersin.*
1973. "Tagtraum". *Cortometraje.*
1975. "Giger's Necronomicon". *Mediometraje. Co-dirigido por J.J. Wittmer.*
1979. "Giger's Alien". *Cortometraje. Co-dirigido por J.J. Wittmer.*
1982. "A New Face of Debbie Harry", con Deborah Harry. *Cortometraje.*

8

Christopher Lee

Soberbia criatura de la noche

«Mood Indigo»
Duke Ellington

Cualquier sonata de
Händel

Conocí a Christopher Lee en el Festival Internacional de Cinema Fantàstic de Sitges aquel ya lejanísimo —aunque siempre presente— otoño de 1986. Fue una edición espléndida en cuanto a presencias se refiere, ya que junto a Lee nos visitaron otros *monstruos* como Anthony Perkins o el mismísimo David Lynch, entre otros.

Recuerdo que Christopher Lee entró con mal pie en el Festival. Posiblemente sorprendido y aturdido por el interés de la prensa en los otros ilustres invitados, él se dedicó desde el primer momento a renegar en general del cine fantástico e, increíblemente, a reivindicarse como actor de Spielberg —por la película *1941*— y de grandes producciones de Hollywood.

Poco a poco fuimos recuperando el pulso cinéfilo y, a fuerza de estirarle de la lengua, acabó por confesar lo bien que se lo había pasado con Drácula y lo mucho que le debía a Peter Cushing, a la productora Hammer Films en general y al

Lee cuidaba su presencia y proyectaba su magnífica y potente voz hasta la intimidación.

director Terence Fisher —«un obrero, no un maestro», Lee *dixit*— en particular.

Parte de su cambio de carácter se debió a que estuvo más tiempo jugando a golf, de tiendas con su mujer y bebiendo buen vino que atendiendo a los periodistas, «esos seres despreciables, incultos y mugrientos que solo quieren preguntarme por vampiros y momias». Toma ya.

Pero como bien está lo que bien acaba, aquel grandote, soberbio e insoportable actor se transmutó en un cultísimo conversador, en un fantástico colega y en un divertido comensal que tras el café solía regalarme de *viva voce* arias de Verdi o, en un perfecto alemán, de Wagner. Tanto es así que solo al final me confesó —aunque yo ya lo sabía— que hablaba castellano y que también podía cantar,

⌃ Con el tiempo llegamos a ser muy buenos amigos, aunque no lo parezca.

como así lo hizo minutos antes de su marcha, «Baixant de la font del gat»[1] en un impecable catalán.

Muchos años después volví a citarme con él y su encantadora esposa Birgit —nunca vi unos ojos verdes de tal color y profundidad— en un restaurante de Londres. Quise contratarlo como presentador para un documental sobre horror gótico, pero él no quiso ni oír hablar de los mitos del cine fantástico. Poco más tarde, se comprometió con Peter Jackson para interpretar a Saruman, y con George Lucas para ser el conde Dooku en *Star Wars*. Atrás quedan para nuestro disfrute la criatura de Frankenstein, la Momia, Fu-Manchú, Rasputín, Drago, Sherlock y Mycroft Holmes, Rochefort, Francisco Scaramanga, todos los personajes de las películas de Tim Burton y, por supuesto, Drácula.

Pocos actores han tenido una vida artística tan rica en variedad de personajes y tan plena en anécdotas y amigos.

Por suerte para todos —aunque muy a su pesar, incluso ya fallecido—, Lee es y siempre será nuestro vampiro inmortal.

1. Canción popular catalana. (N. del A.)

— Cine —

1948. "One Night with You", de Terence Young. "Penny and the Pownall Case", de Slim Hand. "Corridor of Mirrors" (Extraña cita), de Terence Young. "Hamlet" (Hamlet), de Laurence Olivier. "A Song for Tomorrow", de Terence Fisher. "My Brother's Keeper", de Alfred Roome y Roy Rich. "Saraband for Dead Lovers" (Matrimonio de estado), de Basil Dearden. "Scott of the Antarctic", de Charles Frend.

1949. "Trottie True", de Brian Desmond Hurst.

1950. "They Were Not Divided", de Terence Young. "Prelude to Fame", Fergus McDonnell.

1951. "Captain Horatio Hornblower R.N." (El hidalgo de los mares), de Raoul Walsh. "Valley of Eagles", de Terence Young.

1952. "The Crimson Pirate" (El temible burlón), de Robert Siodmak. "Paul Temple Returns", de Maclean Rogers. "Top Secret" (Alto secreto), de Mario Zampi. "Babes in Bagdad/Muchachas de Bagdad", de Edgar G. Ulmer y Jerónimo Mihura. "Moulin Rouge" (Moulin Rouge), de John Huston.

1953. "Innocents in Paris" (Inocentes en París), de Gordon Parry.

1954. "The Mirror and Markheim", de John Lemont (CM).

1955. "Crossroads", de John Fitchen (CM). "That Lady" (La princesa de Eboli), de Terence Young. "The Dark Avenger", de Henry Levin (Vídeo: "El príncipe negro"). "Police Dog", de John Twist. "Storm Over the Nile" (Tempestad sobre el Nilo), de Zoltan Korda y Terence Young. "Cockleshell Heroes" (El infierno de los héroes), de José Ferrer. "Alias John Preston", de David MacDonald.

1956. "Private's Progress", de John Boulting. "Port Afrique" (Puerto África), de Rudolph Maté. "Beyond Mombasa" (Más allá de Mombasa), de George Marshall. "Moby Dick" (Moby Dick), de John Huston. "The Battle of the River Plate" (La batalla del Río de la Plata), de Michael Powell y Emeric Pressburger.

1957. "I'll Met by Moonlight", de Michael Powell y Emeric Pressburger (Vídeo: "Emboscada nocturna"). "Fortune Is a Woman", de Sidney Gilliat. "The Traitors", de Michael McCarthy. "The Curse of Frankenstein" (La maldición de Frankenstein), de Terence Fisher. "The Truth About Women", de Muriel Box. "Bitter Victory", de Nicholas Ray (Vídeo: "Amarga victoria").

1958. "A Tale of Two Cities" (Historia de dos ciudades), de Ralph Thomas. "Battle of the V-1", de Vernon Sewell. "Dracula" (Drácula), de Terence Fisher. "Corridors of Blood", de Robert Day (Vídeo: "Pasillos de sangre").

1959. "The Hound of the Baskervilles" (El perro de Baskerville), de Terence Fisher. "The Man Who Could Cheat Death", de Terence Fisher (Vídeo: "El hombre que podía engañar a la muerte"). "The Mummy" (La momia), de Terence Fisher. "Treasure of San Teresa", de Alvin Rakoff. "Tempi duri per i vampiri" (Agárrame ese vampiro), de Steno.

1960. "The City of the Dead", de John Llewellyn Moxey (Vídeo: "El hotel del horror"). "Too Hot to Handle", de Terence Young. "Beat Girl", de Edmond T. Gréville. "The Two Faces of Dr. Jekyll" (Las dos caras del doctor Jekyll), de Terence Fisher. "The Hands of Orlac/Les mains d'Orlac" (Las manos de Orlac), de Edmond T. Gréville.

1961. "Taste of Fear" (El sabor del miedo), de Seth Holt. "Das Geheimniis der gelben Narzissen/The Devil's Daffodil" (El misterio de los narcisos amarillos), de Akos von Rathonyi. "The Terror of the Tongs" (El terror de los Tongs), de Anthony Bushell. "Ercole al centro della terra", de Mario Bava (Vídeo: "Hércules en el centro de la tierra").

1962. "Das Rätsel der roten Orchidee" (Gángsters en Londres), de Helmuth Ashley. "The Pirates of Blood River", de John Gilling. "The Devil's Agent" (El agente del diablo), de John Paddy Carstairs. "The Longest Day" (El día más largo), de Ken Annakin, Andrew Marton y Bernhard Wicki. "Stranglehold", de Lawrence Huntington. "Sherlock Holmes und das Halsband des Todes/ Sherlock Holmes and the Deadly Necklace" (El collar de la muerte), de Terence Fisher.

1963. "Sfida al diavolo/Katarsis", de Giuseppe Veggezzi. "Le vergine di Norimberga" (El justiciero rojo), de Antonio Margheriti. "La frustra e il corpo", de Mario Bava. "The Devil-Ship Pirates", de Don Sharp (Vídeo: "Los piratas del diablo").

1964. "La cripta e l'incubo/La maldición de los Karnstein", de Camillo Mastrocinque. "Il castello dei morti vivi", de Luciano Ricci. "The Gorgon", de Terence Fisher (Vídeo: "La leyenda de Vandorf"). "Dr. Terror's House of Horros" (Doctor Terror), de Freddie Francis.

1965. "She" (La diosa de fuego), de Robert Day. "The Face of Fu Manchu" (El regreso de Fu Manchu), de Don Sharp. "The Skull" (La maldición de la calavera), de Freddie Francis. "Dracula Prince of Darkness" (Drácula, príncipe de las tinieblas), de Terence Fisher. "Rasputin the Mad Monk" (Rasputín), de Don Sharp. "Circus of Fear", de John Llewellyn Moxey. "Theatre of Death" (El teatro de la muerte), de Samuel Gallu.

1966. "The Brides of Fu Manchu" (Las novias de Fu Manchu), de Don Sharp.

1967. "Five Golden Dragons" (Cinco dragones de oro), de Jeremy Summers. "Night of the Big Heat", de Terence Fisher (Vídeo: "Radiaciones en la noche"). "Vengeance of Fu Manchu" (La venganza de Fu Manchu), de Jeremy Summers. "Die Schlagengrube und das Pendel" (El tormento de las trece doncellas), de Harald Reinl.

1968. "The Devil Rides Out", de Terence Fisher (Vídeo: "La batalla de Satán/La novia del diablo"). "The Face of Eve" (Eva en la selva), de Jeremy Summers. "Curse of the Crimson Altar" (La maldición del altar rojo), de Vernon Sewell. "The Blood of Fu Manchu/Der Todeskuß des Dr. Fu Man Chu" (Fu Manchu y el beso de la muerte), de Jesús Franco. "Dracula Has Risen from the Grave" (Drácula vuelve de la tumba), de Freddie Francis.

1969. "Die Folterkammer des Dr. Fu Man Chu" (El castillo de Fu Manchu), de Jesús Franco. "The Oblong Box", de Gordon Hessler (Vídeo: "El ataúd"). "The Magic Christian" (Si quieres ser millonario, no malgastes el tiempo trabajando), de Joseph McGrath. "De Sade 70", de Jesús Franco. "Scream and Scream Again" (La carrera de la muerte), de Gordon Hessler.

1970. "Julius Caesar" (El asesinato de Julio César), de Stuart Burge. "Taste the Blood of Dracula" (El poder de la sangre de Drácula), de Peter Sasdy. "Der Hexentöter von Blackmoor" (El proceso de las brujas), de Jesús Franco. "The Private Life of Sherlock Holmes" (La vida privada de Sherlock Holmes), de Billy Wilder. "The Scars of Dracula" (Las cicatrices de Drácula), de Roy Ward Baker. "The House That Dripped Blood" (La mansión de los crímenes), de Peter Duffell. "One More Time", de Jerry Lewis. "El conde Drácula", de Jesús Franco. "Vampir-Cuadecuc", de Pere Portabella.

1971. "Umbracle", de Pere Portabella. "I Monster" (El monstruo), de Stephen Weeks. "Hannie Caulder" (Ana Caulder), de Burt Kennedy.

1972. "Pánico en el transiberiano/Horror Express", de Eugenio Martín. "Dracula A.D. 1972" (Drácula 1973), de Alan Gibson. "Death Line", de Gary Sherman (Vídeo: "Subhumanos"). "Nothing But the Night" (Noche infernal), de Peter Sasdy. "Creeping Flesh", de Freddie Francis.

1973. "The Wicker Man", de Robin Hardy (Vídeo: "El hombre de mimbre"). "The Satanic Rites of Dracula" (Los ritos satánicos de Drácula), de Alan Gibson. "Dark Places", de Don Sharp. "The Three Musketeers" (Los tres mosqueteros), de Richard Lester.

1974. "The Four Musketeers" (Los cuatro mosqueteros), de Richard Lester. "The Man with the Golden Gun" (El hombre de la pistola de oro), de Guy Hamilton. "Le boucher, la star et l'orpheline", de Jérôme Savary. "Diagnosis: Murder" (Diagnosis: asesinato), de Sidney Hayers.

1975. "In Search of Dracula", de Calvin Floyd. "Killer Force" (Los mercenarios de los diamantes), de Val Guest. "To the Devil a Daughter" (La monja poseída), de Peter Sykes. "Whispering Death/Der flüsternde Tod", de Jürgen Goslar (Vídeo: "Susurros de muerte").

1976. "The Keeper", de T.Y. Drake. "Dracula, père et fils", de Edouard Molinaro (Vídeo: "Drácula, padre e hijo").

1977. "Airport '77" (Aeropuerto 77), de Jerry Jameson. "Meatcleaver Massacre", de Evan Lee (Vídeo: "Masacre en la universidad"). "End of the World", de John Hayes. "Starship Invasions", de Ed Hunt (Vídeo: "Invasión de las estrellas"). "Golden Rendez-Vous" (La cita del oro), de Ashley Lazarus.

1978. "Return from Witch Mountain", de John Hough (Vídeo: "Los pequeños extraterrestres"). "Caravans" (Caravanas), de James Fargo. "Circle of Iron" (El círculo de hierro), de Richard Moore. "The Passage" (El pasaje), de J. Lee Thompson. "An Arabian Adventure" (Alfombras mágicas), de Kevin Connor.

1979. "Jaguar Lives" (El felino), de Ernest Pintoff. "Bear Island" (Operación isla del oso), de Don Sharp. "1941" (1941), de Steven Spielberg.

1980. "Serial", de Bill Persky. "Il rollerboy/ Desperate Moves" (Tímido y salvaje), de Sonia Molteni.

1981. "The Salamander" (La salamandra roja), de Peter Zinner. "An Eye for an Eye" (Golpe por golpe), de Steve Carver.

1982. "Safari 3000", de Harry Hurwitz. "House of the Long Shadows", de Peter Walker (Vídeo: "La casa de las sombras largas/ La casa de las sombras de pasado"). "The Return of Captain Invincible", de Philippe Mora (Vídeo: "El retorno del capitán invencible").

1983. "New Magic", de Douglas Trumbull (CM). "The Far Pavilions" (Pabellones lejanos), de Peter Duffell. *Miniserie televisiva estrenada comercialmente en versión reducida.*

1984. "The Rosebud Beach Hotel", de Harry Hurwitz (Vídeo: "Rosebud Beach Hotel"). "Howling II: Your Sister Is a Werewolf", de Philippe Mora (Vídeo: "Aullidos II").

1985. "Jocks", de Steve Carver (Vídeo: "Jocks"). "Mask of Murder/The Face", de Arne Mattson.

1987. "Mio in the Land of Faraway", de Vladimir Grammatikov (Vídeo: "El príncipe de la tierra del más allá"). "The Girl", de Arne Mattson (Vídeo: "Culpable de seducción"). "Dark Mission/Operación Cocaína", de Jesús Franco.

1988. "Olympus Force", de James Fortune y Robert Garofalo. "Murder Story", de Eddie Arno y Marcus Innocenti (Vídeo: "Murder Story"). "Honeymoon Academy/For Better or for Worse", de Gene Quintano (Vídeo: "Una espía en mi alcoba").

1989. "La chute des aigles", de Jesús Franco (Vídeo: "Una canción para Berlín"). "The Return of the Musketeers" (El regreso de los mosqueteros), de Richard Lester. "La révolution française", de Robert Enrico y Richard T. Heffron (Vídeo: "Historia de una revolución"). "Treasure Island" (La isla del tesoro), de Fraser C. Heston. "L'avaro" (El avaro), de Tonino Cervi.

1990. "Gremlins 2: The New Batch" (Gremlins 2: la nueva generación), de Joe Dante. "The Rainbow Thief", de Alejandro Jodorowsky. "Curse III: Blood Sacrifice", de Sean Barton (Vídeo: "Sacrificio de sangre"). "Journey of Honor" (Shogun Mayeda), de Gordon Hessler.

1992. "Jackpot/Cybereden", de Mario Orfini.

1993. "Death Train" (El tren de la muerte), de David S. Jackson.

1994. "Funny Man", de Simon Sprackling (Vídeo: "Funny Man"). "Police Academy: Mission to Moscow" (Loca academia de policía: misión en Moscú), de Alan Metter. "A Feast at Midnight", de Justin Hardy.

1996. "The Stupids" (La familia Stupid), de John Landis.

1997. "Talos the Mummy" (La sombra del faraón), de Russell Mulcahy.

1998. "Jinnah", de Jamil Dehlavi.

1999. "Sleepy Hollow" (Sleepy Hollow), de Tim Burton.

2001. "The Lord of the Rings: The Fellowship of the Ring" (El señor de los anillos: la comunidad del anillo), de Peter Jackson.

2002. "Star Wars: Episode 2. Attack of the Clones" (Star Wars: el ataque de los clones),

de George Lucas. "Lord of the Rings: The Two Towers" (El señor de los anillos: las dos torres), de Peter Jackson.

2003. "Lord of the Rings: The Return of the King" (El señor de los anillos: el retorno del rey), de Peter Jackson. "Les rivières pourpres 2: les anges de l'Apocalypse" (Ríos de color púrpura 2: los ángeles del Apocalipsis), de Olivier Dahan.

2005. "Star Wars: Episode 3. Revenge of the Sith" (Star Wars: la venganza de los Sith), de George Lucas. "Greyfriars Bobby", de John Henderson. "Charlie and the Chocolate Factory" (Charlie y la fábrica de chocolate), de Tim Burton.

2007. "The Golden Compass" (La brújula dorada), de Chris Weitz.

2009. "Boogie Woogie", de Duncan Ward. "Triage" (Triage), de Danis Tanovic. "Glorious 39", de Stephen Poliakoff.

2010. "The Heavy", de Marcus Warren. "Burke and Hare", de John Landis. "Season of the Witch" (En tiempo de brujas), de Dominic Sena. "The Resident" (La víctima perfecta), de Antti Jokinen.

2011. "The Wicker Tree", de Robin Hardy. "Hugo" (La invención de Hugo), de Martin Scorsese.

2012. "Dark Shadows" (Sombras tenebrosas), de Tim Burton. "The Hobbit: an Unexpected Journey" (El Hobbit: un viaje inesperado), de Peter Jackson.

2013. "Night Train to Lisbon/Nachtzug nach Lissabon" (Tren de noche a Lisboa), de Bille August. "The Girl from Nagasaki", de Michel Comte y Ayako Yoshida. "The Hobbit: The Desolation of Smaug" (El Hobbit: la desolación de Smaug), de Peter Jackson.

2014. "The Hobbit: The Battle of the Five Armies" (La batalla de los cinco ejércitos), de Peter Jackson.

2015. "Angels in Notting Hill", de Michael Pakleppa.

— Televisión —

1953. "Destination Milan", de Lawrence Huntington. "American Duel", de Lance Comfort. "The Parlour Trick", de Lawrence Huntington. "Moment of Truth", de Lance Comfort. "The Death of Michael Turbin", de Bernard Knowles.
1954. "The International Settlement", de Lawrence Huntington. "The Refugee", de Michael McCarthy. "Street of Angels", de Arthur Crabtree. "The Awakening", de Michael McCarthy. "A Line in the Snow", de Michael McCarthy. "The Last Knife", de Michael McCarthy.
1955. "The Final Column", de David MacDonald. "Border Incident", de Derek Twist. "The Price of Vanity", de David MacDonald. "The Wedding Dress", de Roy Rich. "Strangle Hold", de Ernest Morris. "Moby Dick Rehearsed", de Orson Welles. "The Immigrant", de Michael McCarthy.
1956. "Fortunes of War", de John Lemont. "Evil Thoughts", de John Lemont. "The Man Who Wouldn't Escape", de Michael McCarthy. "The Model", de Lawrence Huntington. "Crown of the Andes", de Francis Searle.
1957. "Love Token", de Peter Maxwell.
1961. "The Sorcerer", de John Newland.
1964. "The Sign of Satan" (El signo de Satanás), de Robert Douglas.
1972. "Poor Devil" (Pobre diablo), de Robert Scheerer.
1973. "The Leather Funnel", de Alan Gibson.
1978. "The Pirate" (El pirata), de Ken Annakin.
1979. "Captain America II", de Ivan Nagy.
1980. "Once Upon a Spy" (Érase una vez un espía), de Ivan Nagy.
1981. "Evil Stalks This House", de Gordon Hessler. "Goliath Awaits" (Goliat está esperando), de Kevin Connor.

⌃ El mejor Drácula de la historia del cine, muy a su pesar.

1982. "Massarati and the Brain", de Harvey Hart. "Charles and Diana: a Royal Love Story" (Lady Di), de James Goldstone.
1984. "The Boy Who Left Home to Find Out About the Shivers" (Juan sin miedo), de Graeme Clifford.
1986. "Un métier du seigneur", de Edouard Molinaro. "Shaka Zulu" (Shaka Zulu), de William C. Faure. "The Disputation", de Geoffrey Sax.
1987. "Casanova" (Casanova), de Simon Langton.
1989. "Around the World in 80 Days" (La vuelta al mundo en 80 días), de Buzz Kulik.
1990. "The Care of Time" (Zona roja), de John Davies. "Sherlock Holmes and the Leading Lady" (Sherlock Holmes y la primadonna), de Peter Sasdy.
1991. "The Incident at Victoria Falls" (Incidente en las cataratas Victoria), de Bill Corcoran.
1992. "Double Vision" (Doble visión), de Robert Knights.
1995. "Moses" (Moisés), de Roger Young.
1996. "Sorellina e il principe del sogno" (Alisea y el príncipe del sueño), de Lamberto Bava.
1997. "Ivanhoe" (Ivanhoe), de Stuart Orme. "The Odyssey" (La Odisea), de Andrei Konchalovsky.
1999. "Gormenghast", de Andy Wilson.
2000. "In the Beginning" (En el principio), de Kevin Connor.
2005. "Pope John Paul II", de John Kent Harrison.

9 Paul Verhoeven

Inclasificable, perverso y adorable

«Stairway to Heaven»
Led Zeppelin

«Bohemian Rhapsody»
Queen

«Himno a la Alegría»
Ludwig van Beethoven

Sé muy bien que la figura de Paul Verhoeven no es precisamente muy popular o por lo menos tan conocida por el gran público, quizá por eso quiero contar algo, algo que puede interesar a todo el mundo, sea cinéfilo o no.

Vaya por delante que considero a Verhoeven como una *rara avis* creativa, un director singular que sorprendió a Europa en los años setenta y saboreó en Hollywood el éxito con *Instinto básico* (*Basic Instint*, 1992), y el más estrepitoso de los fracasos con *Showgirls* (1995). Si antes de tratarlo personalmente pensaba en él como un director-autor comercial pero fiel a sus obsesiones y perversiones, después de nuestro primer encuentro debo añadir que me sorprendió gratamente por su amabilidad, su cultura y sobre todo su peculiar forma de entender el arte y la vida.

Nos conocimos en el año 2004 en el hotel Palace de Madrid. Era una aburrida clausura de la Semana Cultural de los Países Bajos en la que lo más interesante era el jamón de Jabugo y

No sé si viviré suficientes años como para conocer una personalidad comparable a la suya. Lo dudo. Paul Verhoeven: mitad máquina, mitad hombre.

Paul Verhoeven, embajador y representante por Holanda. Tras presentarme y comprobar que su copa de Protos no era la primera de la tarde, iniciamos una intensa y agradable conversación de casi dos horas. Hablamos de Cruyff y de los grandes pintores flamencos, coincidimos en nuestra mutua debilidad por Anton Van Dyck, y en un momento determinado me invitó a experimentar un juego mental.

—También podríamos hablar algo de cine... —le sugerí.

—Si quieres hablar de cine —empezó a decir—, cierra los ojos, concéntrate e imagina una ciudad en ruinas devastada por una batalla reciente. Hay cuerpos desmembrados por doquier, adultos y niños muertos. A los heridos se les remata sin piedad y a los supervivientes, sean hombres o mujeres, se les viola sistemáticamente por parte de las tropas invasoras. Algunos edificios se derrumban y hay fumarolas por todas partes. ¿Me sigues?

—Te sigo.

—Bien, pues así veo yo la vida —concluyó.

Y se quedó tan ancho.

Creo que tardé algunos segundos en recuperarme del *shock* que supuso para mí encajar aquel discurso. No sabía si debía achacarlo al delirio fruto del vino tinto, a la pedantería de un excéntrico que pretendía impresionarme o a los pensamientos amontonados de un ser desquiciado.

Pero no, no era nada de todo eso, o tal vez sí un poco de todo. Verhoeven era y es un cachondo mental capaz de articular las frases más surrealistas y acabar creyéndoselas. Pero no hay malicia en él, si acaso provocación meditada, pero no ofensa.

En medio de la conversación, y pidiéndole permiso, empecé a tomar algunas notas, ya que sospeché que aquello no había hecho más que empezar y no quería perderme nada. He aquí algunas perlas:

«Yo solo soy un soñador, un sofisticado hedonista, un observador de la vida. De esa forma podría ser pintor, fotógrafo, escritor o cualquier cosa para acabar siendo lo mismo.»

«Soy rehén de mi mente cuando se obsesiona. Para mí, la religión es únicamente una cuestión de conciencia interior, como mis otras constantes.»

«Cuando hablo o retrato el sexo me gusta mezclar la pasión

con la lascivia y el deseo con la lujuria en busca de una pulsión que solo puede liberar el orgasmo.»

Como es natural, yo seguía estupefacto, escuchando y anotando lo que podía. Su verborrea era torrencial, divertida, irónica y perversa, propia de un perturbador profesional y de un salido vocacional. Era oro puro.

Aunque no lo parezca, tuvimos tiempo de hablar de su cine. Desde las *Delicias turcas* (*Turks Fruit*, 1973) hasta *Las brigadas del espacio* (*Starship Troppers*, 1997), una de mis películas favoritas de su filmografía. También de *Robocop* (1987), y le recordé que su film recibió el premio al mejor director en el Festival de Sitges. Ante mi sorpresa, me dijo que no lo sabía y que ese año nadie lo había invitado al Festival. Me disculpé en nombre de la distribuidora (hoy desaparecida) y lamenté mucho no habernos conocido antes.

Luego noté cierta tirantez por su parte al hablar de *Desafío total* (*Total Recall*, 1990) y su relación con Arnold Schwarzenegger, pero la recepción acababa y yo había monopolizado a su estrella invitada. Verhoeven, decididamente achispado por el vino, fue despidiéndose de los organizadores del acto y, justo antes de hacerlo de mí, como el niño arrepentido y pudoroso que quiere enmendar su travesura, me dijo: «Creo que todo lo que te he contado y lo que le pasa a mi cerebro viene por mi época juvenil misticista y por el consumo de drogas psicodélicas. Pero la verdad es que me siento muy feliz con mi vida, y si puedo seguir viviendo y haciendo cine sin volver a Hollywood, aún seré más feliz».

Volví a ver a Paul Verhoeven en la terminal internacional del aeropuerto John Fitzgerald Kennedy de Nueva York en el año 2009. No se acordaba de mí.

Sin comentarios.

— Actividades diversas —

1969. "Palaver", de Emile Degelin. *Operador.*
1981. "Ik ben Joep Meloen", de Guus Verstraete. *Supervisor del guión.*
1986. "Vroeger is dood", de Ine Schenkkan. *Supervisor del guión.*
2009. "Something Unknown Is Doing We Don't Know What", de Renée Scheltema. *Productor.*
2012. "Lotgenoten", de Stephan Brenninkmeijer. *Guión.*

— Realizaciones —

1960. "Eén hagedis teveel", con Hans Schneider, Marijke Jones, Erik Bree, Hermine Menalda, P.A. Harteveld. *Cortometraje.*

1961. "Niets bijzonders", con Marina Schaper, Jan van Mastrigt. *Cortometraje.*

1962. "De lifters", con Jaap van Donselaar, Maarten Schutte, Jan van Mastrigt, Geerda Walma van der Molen. *Cortometraje.*

1963. "Feest!", con Yvonne Blei-Weissmann, Diek de Brauw, Pieter Jelle Bouman, Wim Noordhoek, Marian Bruning. *Cortometraje* (+ productor).

1965. "Het korps Mariniers". *Cortometraje.*

1970. "De worstelaar", con Peter Faber, Marielle Fioret, Jon Bluming, Wim Zomer, Bernard Droog. *Cortometraje* (+ guión).

1971. "Wat zien ik?" (Delicias holandesas), con Ronnie Bierman, Sylvia de Leur, Piet Römer, Jules Hamel, André van den Heuvel.

1972. "Turks fruit" (Delicias turcas), con Monique van de Ven, Rutger Hauer, Tonny Huurdeman, Wim van den Brink, Dolf de Vries.

1974. "Keetje Tippel" (Katy Tippel), con Monique van de Ven, Rutger Hauer, Eddie Brugman, Hannah de Leeuwe, Andrea Domburg.

1977. "Soldaat van Oranje" (Eric, oficial de la reina), con Rutger Hauer, Jeroen Krabbe, Peter Faber, Derek de Lint, Eddy Habbema (+ guión).

1979. "Spetters" (Vivir a tope), con Hans van Tongeren, Renee Soutendijk, Toon Agterberg, Maarten Spanjer, Marianne Boyer.

1982. "De vierde man" (El cuarto hombre), con Jeroen Krabbe, Renee Soutendijk, Thom Hoffman, Dolf de Vries, Geert de Jong.

1985. "Flesh and Blood" (Los señores del acero), con Rutger Hauer, Jennifer Jason Leigh, Tom Burlinson, Jack Thompson, Susan Tyrrell (+ guión).

1987. "RoboCop" (Robocop), con Peter Weller, Nancy Allen, Ronny Cox, Kurtwood Smith, Miguel Ferrer (+ actor).

1990. "Total Recall" (Desafío total), con Arnold Schwarzenegger, Rachel Ticotin, Sharon Stone, Ronny Cox, Michael Ironside.

1992. "Basic Instinct" (Instinto básico), con Michael Douglas, Sharon Stone, George Dzundza, Jeanne Tripplehorn, Denis Arndt.

1995. "Showgirls" (Showgirls), con Elizabeth Berkley, Kyle MacLachlan, Gina Gershon, Glenn Plummer, Robert Davi.

1997. "Starship Troopers" (Starship Troopers, las brigadas del espacio), con Casper Van Dien, Dina Meyer, Denise Richards, Jake Busey, Neil Patrick Harris.

2000. "Hollow Man" (El hombre sin rostro), con Elisabeth Shue, Kevin Bacon, Josh Brolin, Kim Dickens, Greg Grunberg.

2006. "Zwartboek" (El libro negro), con Carice van Houten, Sebastian Koch, Thom Hoffman, Halina Reijn, Waldemar Kobus (+ guión).

2012. "Steekspel", con Peter Blok, Jochum ten Haaf, Robert de Hoog, Sallie Harmsen, Gaite Jansen (+ guión).

2016. "Elle", con Isabelle Huppert, Christian Berkel, Anne Consigny, Virginie Efira, Charles Berling.

10 Mickey Rourke

¿Sabes deletrear «autodestrucción»?

Casino Royale
Herb Alpert & the Tijuana Brass

«Tian Mi Mi»
Teresa Teng

Normalmente suelo situar mis recuerdos y mis encuentros en ciudades como Nueva York, Londres, París, Los Ángeles, Barcelona, Madrid o, por supuesto, Sitges, por motivos obvios. Sin embargo, a Mickey Rourke lo conocí en una ciudad sin ningún *glamour* hollywoodiense, pero, eso sí, con un gran festival de cine: Valladolid.

Era noviembre de 1985, y en cuanto supe que Mickey Rourke y el director Michael Cimino acudirían a la Seminci a presentar *Manhattan Sur* (*The Year of the Dragon*, 1985) me apresuré a viajar hasta Valladolid con gran placer, a conocer tanto al chico duro que iba a reventar las taquillas de medio mundo con *Nueve semanas y media* (*9 ½ Weeks*, 1986) como al director que cinco años antes había arruinado y casi destruido un estudio como United Artists con *La puerta del cielo* (*Heaven's Gate*, 1980).

La reunión prometía. Primero acudí a una rueda de prensa general en la que por poco se pegan ambos con un crítico de

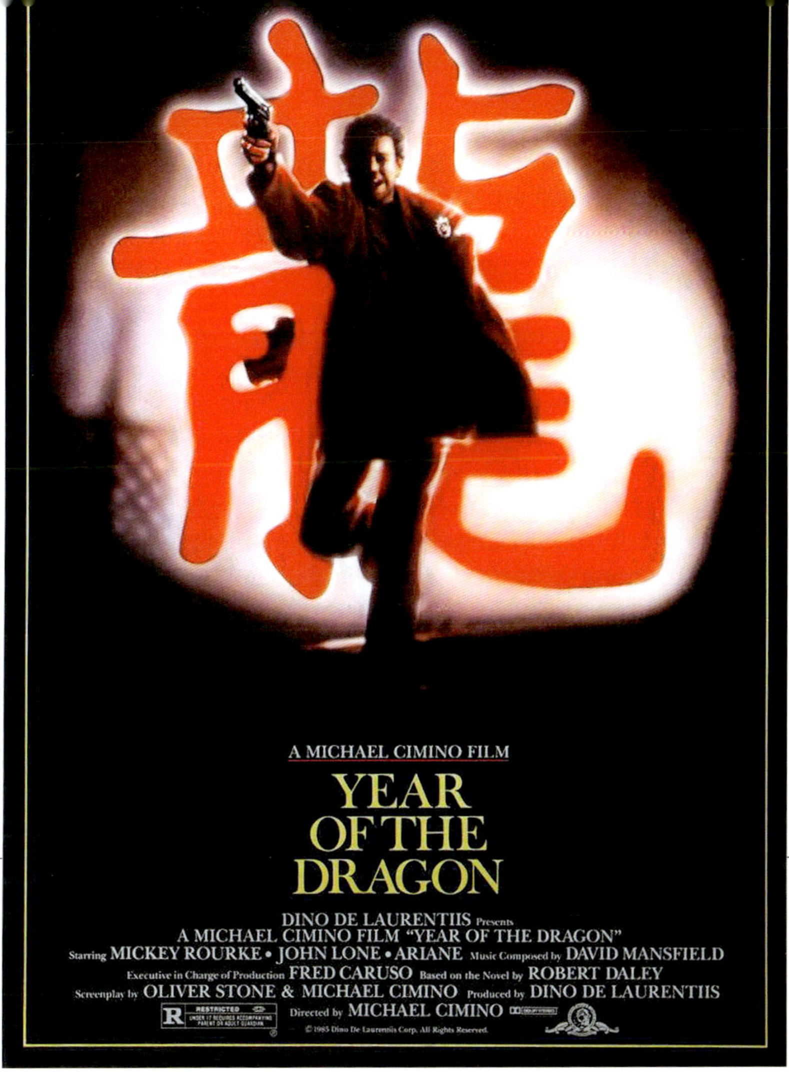

⌃ La rueda de prensa de *Year of the Dragon* (*Manhattan Sur*) fue histórica, histérica y alcohólica. Una constante en mi vida.

El Norte de Castilla, el diario de la ciudad. El pobre infeliz había osado preguntar a Cimino sobre si su cine se había vuelto más comercial. Los invitados la tomaron con él y empezaron a insultarlo a voz en grito hasta que tuvo que abandonar abochornado la rueda de prensa. Como acto solidario, muy estético pero nada práctico, los demás periodistas decidieron marcharse también no sin antes reprochar a los artistas la arrogancia y el desprecio de su respuesta. Aquella era solo la quinta o sexta pregunta de la conferencia, por lo que el acto no mereció otro calificativo que el de verdadero desastre. A los quince minutos, todos se habían ido ya: los periodistas a la calle y Michael y Mickey al bar. Al fin y al cabo, eran solo las once y media de la mañana, una hora estupenda para matar la sed o seguir pimplando por su parte, qué más daba.

Con semejante panorama por delante, me dispuse a presentarme. Tenía concertada una entrevista privada con ellos por separado, pero se convirtió en una reunión a tres, o mejor dicho, a cuatro, porque la aterrada jefa de prensa que los acompañaba no les quitaba el ojo de encima por lo que pudiera pasar, que era cualquier cosa. Por expreso deseo suyo, en lugar de en la *suite* prefirieron celebrar la entrevista cómodamente en el bar y con la inestimable compañía de una botella de Martini Bianco. Como suele ocurrir en estos casos, poco a poco las bestias se apaciguaron y así pude disfrutar de un encuentro inolvidable. Hablé con Cimino sobre *El cazador* (*The Deer Hunter*, 1978), y en especial sobre Robert De Niro; también sobre *Manhattan Sur*, film que siempre me ha gustado por su valentía y concepción épica; y, por supuesto, sobre *La puerta del cielo* (*Heaven's Gate*, 1980), que según él fue una encerrona de United Artists. Le robaron la película, la amputaron, la remontaron, la estrenaron mal y se suicidaron. No reconocía el trabajo como suyo y deseaba con todas sus fuerzas la ruina de la compañía. Michael Cimino ha tenido con posterioridad una carrera un tanto errática y desigual. Su filmografía ha ido perdiendo interés poco a poco y él, prácticamente, ha dejado de trabajar. Siempre será un director maldito. Pertenecer a la misma generación de Francis F. Coppola y Martin Scorsese no te garantiza el éxito ni la inmortalidad artística; su mal carácter le costó su carrera profesional y tan solo pudimos disfrutar con fugaces pinceladas la grandeza de su talento.

Pero para personalidad compleja, la de Mickey Rourke. Se había mantenido al margen de la entrevista con Cimino, más preocupado por mantener su vaso siempre lleno que en hablar de cine. Como mucho, sonreía y se atisbaba en él cierto grado de aceptación por el vaivén de su cabeza, como subrayando las frases de su amigo. No iba a ser fácil. Para mi asombro, todo volvió a su lugar natural cuando le pregunté dónde había dejado las canas que tanto le favorecían en la película. Semejante tontería tuvo en su atormentada personalidad un efecto inmediato: lanzó unas exageradas carcajadas y, gritando, manifestó: «Gran pregunta. ¿Ves, Mike, como me quedaban muy bien?».

Camino despejado, esa bobada y la botella de Martini habían obrado un milagro, claro que por su boca empezó a brotar un verdadero surtido de anécdotas pornográficas absolutamente irreproducibles. En ese momento empezaba un nuevo proyecto con un director de vídeoclips y *spots* publicitarios, Tony Scott. Me dijo que era una historia de alto contenido erótico-*fashion* y que ya se había enamorado de su compañera de rodaje con solo ver su foto —y quién no, tratándose de Kim Basinger.

Tras el exitazo de *Nueve semanas y media*, Mickey Rourke inició el camino de la autodestrucción muy pronto. Drogas, alcohol, anabolizantes y una búsqueda eterna del placer instantáneo por cualquier medio.

Hoy en día resulta irreconocible, tanto física como mentalmente. Se ha convertido en una extraña criatura, un ser horrendo de enorme fealdad. Es como si se hubiera caído en una piscina de *botox* y luego le hubieran dado una patada en la cara. Solo el actual Nick Nolte podría hacerle sombra. Mala, por supuesto.

Mi tiempo había acabado. Aquello que empezó como una rueda de prensa convencional derivó en una juerga entre amiguetes divertidos que odiaban todo aquello que se pareciese a un crítico.

Me despedí cortésmente abandonando con sigilo el lugar y los dejé continuar su animada charla con el señor Martini Bianco.

— Cine —

1976. "Love in the Hamptons", de Tom Folino (CM).

1979. "1941" (1941), de Steven Spielberg.

1980. "Fade to Black" (Fundido a negro), de Vernon Zimmerman. "Heaven's Gate" (La puerta del cielo), de Michael Cimino.

1981. "Body Heat" (Fuego en el cuerpo), de Lawrence Kasdan.

1982. "Diner" (Diner), de Barry Levinson. "Eureka", de Nicolas Roeg (Vídeo: "Euroka").

1983. "Rumble Fish" (La ley de la calle), de Francis Ford Coppola.

1984. "The Pope of Greenwich Village" (Sed de poder), de Stuart Rosenberg.

1985. "The Year of the Dragon" (Manhattan Sur), de Michael Cimino.

1986. "Nine 1/2 Weeks" (Nueve semanas y media), de Adrian Lyne.

1987. "Angel Heart" (El corazón del ángel), de Alan Parker. "Barfly" (El borracho), de Barbet Schroeder. "A Prayer for the Dying" (Réquiem por los que van a morir), de Mike Hodges.

1988. "Homeboy" (Homeboy), de Michael Seresin (+ guión). "Francesco" (Francesco), de Liliana Cavani.

1989. "Johnny Handsome" (Johnny el guapo), de Walter Hill. "Wild Orchid" (Orquídea salvaje), de Zalman King.

1990. "Desperate Hours" (37 horas desesperadas), de Michael Cimino.

1991. "Harley Davidson and the Marlboro Man" (Dos duros sobre ruedas), de Simon Wincer.

1992. "White Sands" (Arenas blancas), de Roger Donaldson.

1993. "The Last Outlaw" (El último forajido), de Geoff Murphy.

1994. "F.T.W.", de Michael Karbelnikoff (+ argumento). "Fall Time", de Paul Warner (Vídeo: "Tiempo para morir").

1995. "Bullet", de Julien Temple (+ guión).

1996. "Exit in Red", de Yurek Bogayevicz (Vídeo: "Seducción mortal").

1997. "Double Team" (Double Team), de Tsui Hark. "Another Nine and a Half Weeks/Love in Paris", de Anne Goursaud. "Rainmaker" (Legítima defensa), de Francis Ford Coppola.

1998. "Buffalo 66" (Buffalo 66), de Vincent Gallo. "Point Blank", de Matt Earl Beesley (Vídeo: "Point Blank"). "Thursday", de Skip Woods (Vídeo: "Jueves").

1999. "Shergar", de Dennis C. Lewiston (Vídeo: "Shergar"). "Out in Fifty", de Bojesse Christopher y Scott Anthony Leet. "Shades", de Eric Van Looy.

2000. "Animal Factory" (Animal Factory), de Steve Buscemi. "Get Carter" (Get Carter), de Stephen Kay. "The Pledge" (El juramento), de Sean Penn. "They Crawl", de John Allardice.

2001. "The Follow", de Wong Kar Wai (CM). "Picture Claire", de Bruce McDonald. "Hero", de Joseph Kahn (CM).

2002. "Spun" (Spun), de Jonas Åkerlund.

2003. "Once Upon a Time in Mexico" (El mexicano), de Robert Rodriguez. "Masked and Anonymous" (Anónimos), de Larry Charles.

2004. "Man on Fire" (El fuego de la venganza), de Tony Scott.

2005. "Sin City" (Sin City, ciudad del pecado), de Frank Miller, Robert Rodriguez y Quentin Tarantino. "Domino" (Domino), de Tony Scott.

2006. "Stormbreaker" (Alex Rider: Operación Stormbreaker), de Geoffrey Sax.

2008. "The Wrestler" (El luchador), de Darren Aronofsky. "The Informers", de Gregor Jordan (Vídeo: "Los confidentes"). "Killshot", de John Madden.

2010. "13", de Géla Babluani (Vídeo: "13"). "Iron Man 2" (Iron Man 2), de Jon Favreau. "The Expendables" (Los mercenarios), de Sylvester Stallone. "Passion Play", de Mitch Glazer.

2011. "Immortals" (Immortals), de Tarsem Singh.

2012. "The Courier", de Hani Abu-Assad. "Black November", de Jeta Amata.

2013. "Java Heat", de Conor Allyn. "Dead in Tombstone", de Roel Reiné (Vídeo: "Muerte en Tombstone").

2014. "Sin City: A Dame to Kill For", de Frank Miller y Robert Rodriguez. "A Hitman in London/Skin Traffik", de Ara Paiaya (Vídeo: "Tráfico humano").

2015. "Ashby", de Tony McNamara. "War Pigs", de Ryan Little. "Blunt Force Trauma", de Ken Sanzel (Vídeo: "Disparo letal").

2016. "Swap", de Timothy Woodward Jr.

— Televisión —

1979. "City in Fear/Panic on Page One", de Jud Taylor.
1980. "Act of Love" (Acto de amor), de Jud Taylor. "Rape and Marriage: the Rideout Case" (El caso Rideout), de Peter Levin.
1981. "Hardcase", de Lee H. Katzin.
1998. "Thicker Than Blood", de Richard Pearce.

MICHAEL CIMINO - filmografía

— Como guionista —

1972. "Silent Running" (Naves misteriosas), de Douglas Trumbull.
1973. "Magnum Force" (Harry el fuerte), de Ted Post.
1979. "The Rose" (La rosa), de Mark Rydell.
1985. "250.000 Mücken im Pappkarton", de Norbert Schultze Jr. *Telefilm.*
2007. "Il pianto della statua", de Elisabetta Sgarbi (MM).

— Realizaciones —

1974. "Thunderbolt and Lightfoot" (Un botín de 500.000 dólares), con Clint Eastwood, Jeff Bridges, George Kennedy, Geoffrey Lewis, Catherine Bach (+ guionista).

1978. "The Deer Hunter" (El cazador), con Robert De Niro, Christopher Walken, John Cazale, Meryl Streep, John Savage (+ argumento y productor).

1980. "Heaven's Gate" (La puerta del cielo), con Kris Kristofferson, Christopher Walken, John Hurt, Sam Waterston, Isabelle Huppert (+ guionista).

1985. "Year of the Dragon" (Manhattan Sur), con Mickey Rourke, John Lone, Ariane, Raymond J. Barry, Caroline Kava (+ guionista).

1987. "The Sicilian" (El siciliano), con Christophe Lambert, Terence Stamp, Joss Ackland, John Turturro, Barbara Sukowa (+ productor).

1990. "Desperate Hours" (37 horas desesperadas), con Mickey Rourke, Anthony Hopkins, Mimi Rogers, Lindsay Crouse, Kelly Lynch (+ productor).

1996. "The Sunchaser" (Sunchaser), con Woody Harrelson, Jon Seda, Anne Bancroft, Matt Mulhern, Talisa Soto (+ productor).

2007. "No Translation Needed", con Yves Courbet, Juliana Muñoz. Episodio del film colectivo *Chacun son cinéma.*

11 David Lynch

Atormentado y genial

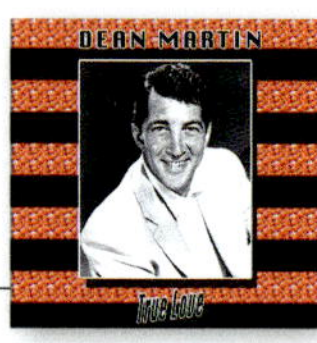

«True Love»
Dean Martin

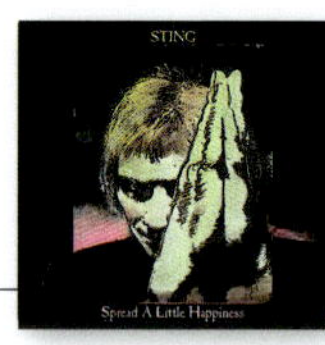

«Spread a Little Happiness»
Sting

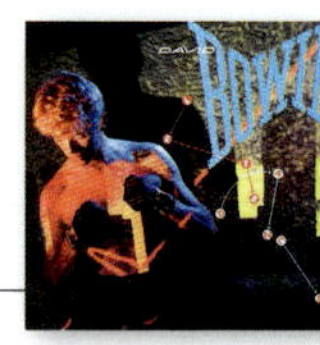

«Let's Dance»
David Bowie

Sucedió como suelen suceder las grandes cosas de la vida. En el año 1986, uno de los mejores del Festival de Sitges, tanto por el nivel de los invitados como por la calidad de las películas, seleccionamos un film a priori extraño pero de indudable fuerza y potencialidad artística: *Terciopelo azul* (*Blue Velvet*, 1986).

Por aquel entonces la figura de su director ya era de culto. *Cabeza borradora* (*Eraserhead*, 1977) y *El hombre elefante* (*The Elephant Man*, 1980) no habían dejado indiferente a nadie y llegó la oportunidad de invitarlo por medio de su productora y distribuidora DEG (De Laurentiis Entertainment Group). En principio teníamos pocas esperanzas depositadas en que Lynch atendiera la invitación, por eso no acabábamos de creérnoslo cuando por fin aceptó. Se presentó de forma exquisita, impecablemente vestido y con camisa blanca —todos los días—, abrochada del primero hasta el último botón, tanto que parecía estrangularle el cuello. De aspecto neomod y piel blanquísima, David Lynch dio desde el primer momento todas las facilidades posibles para la promoción de su película. *Terciopelo azul* sorprendió y a la vez cautivó al público y a la prensa. Se sabía que el director estaba un poco atormentado con cierto tipo de obsesiones y fijaciones creativas, pero hasta entonces no había explotado el universo de posibilidades que a partir de este film iba a ofrecernos, tanto en cine con *Corazón salvaje* (*Wild at Heart*, 1990) o *Carretera perdida* (*Lost Highway*, 1997), como en televisión con *Twin Peaks*.

No debo pasar por alto un detalle que el paso de los años ha convertido en leyenda urbana sin llegar a serlo. A diferencia del resto de invitados, David Lynch realizó una rueda de prensa por la tarde. Imaginen una sala repleta de periodistas y fotógrafos. Ambiente denso, incluso pesado con Lynch despechándose a gusto en cada respuesta, para las que empleaba casi diez minutos. Cuando ya llevábamos más de dos horas de culta cháchara, un jovencito que ocupaba la primera fila —vestía como David Lynch y acaparaba más de la mitad de las preguntas sin ser periodista— levantó por enésima vez la mano mientras yo anunciaba: «Última pregunta, por favor». El joven en cuestión era Àngel Sala, el actual director del Festival. Treinta años después, al recordarlo, aún me duele la cabeza.

En cuanto a Lynch, tal vez estemos frente al autor más singular, original, divertido —sí, divertido— y genial que haya conocido. Durante ese Festival tuve la ocasión de cenar con él y compartir cinefilia. Hablamos de los Rossellini: Isabela —su mujer por entonces—, de Roberto y, sobre todo, de la personalidad de Ingrid Bergman. También recuerdo que estaba enormemente agradecido a su productor y amigo Dino de Laurentiis por haber confiado en un guión y una película difícil y maldita, un film anti-Hollywood que todos los productores habían rechazado. Lynch veía así el arte y el cine y no iba a cambiar. Como no podía ser de otro modo, *Terciopelo azul* ganó ese año en el Festival como mejor película, fue nominado al Oscar como mejor director y nació la lynchmanía. Siempre pensé que debemos de ver en el genial autor una reafirmación de su férrea voluntad, de su desbordante imaginación en busca de una permanente madurez creativa.

En 1990 visité a Dino de Laurentiis en sus oficinas en Wilshere Blvd., en Beverly Hills. Mientras esperaba a ser recibido, en una salita adjunta a su despacho principal, Dino tenía una gran vitrina donde guardaba todos los premios que recibían sus películas. Allí había de todo, desde varios Oscar y Palmas de Oro hasta Osos de Berlín y Leones de Venecia. Como él decía: «Es mi particular zoo de reconocimiento artístico. Vale poco para los demás, pero mucho para mi ego. Me recuerda que este negocio también puede ser arte». Junto a ellos estaba nuestra «Maria», el galardón oficial del Festival de Sitges, que David Lynch había entregado caballerosamente a su productor, ya que había ganado la película, no el director. «Pocos lo hacen», comentó Dino de Laurentiis. «Este tipo es educado y especial hasta en eso.»

Diez años más tarde, en 1998, volví a ver a Lynch en un lugar insólito para él: ¡los estudios Walt Disney! Resulta que un arriesgado ejecutivo al que ya habían despedido contrató a David Lynch para dirigir la miniserie *Mulholland Drive*. El resultado se consideró un insulto, una aberración de arte y ensayo. Disney inició un duro proceso judicial contra Lynch, acusándolo de haber cambiado por completo la idea y el guión original. Él estaba perplejo pero sin variar su rictus habitual. No entendía por qué estaba molesta la gente de Disney; eso significaba que no conocían a quien contrataban. Finalmente llegaron a un acuerdo y la miniserie se convirtió en película. Disney se aseguró de borrar su nombre del film y David Lynch nunca la reconoció como suya.

Esa noche fuimos a cenar a un famoso restaurante chino de Rodeo Drive.

Él, por supuesto, con su camisa blanca y totalmente abotonada.

» Misterioso, enigmático y genial. Un gran profesional.

— Actividades diversas —

1979. "Heart Beat" (Generación perdida), de John Byrum. *Actor.*

1982. "The Great American Fourth of July and Other Disasters", de Richard Bartlett. *Telefilm. Efectos especiales.*

1988. "Zelly and Me", de Tina Rathborne (Vídeo: "Zelly y yo"). *Actor.* "No Frank in Lumberton", de Peter Braatz. *Música.*

1991. "The Cabinet of Dr. Ramirez", de Peter Sellars. *Productor.*

1992. "Hugh Hefner: Once Upon a Time", de Robert Heath. *Productor.*

1994. "Nadja" (Nadja), de Michael Almereyda. *Productor y actor.*

1997. "Pretty as a Picture", de Toby Keeler. *Música.*

2002. "Does That Hurt You?", de Agnieszka Jurek (CM). *Guionista, animador y sonido.*

2008. "Surveillance", de Jennifer Chambers Lynch. *Productor.*

2009. "My Son, My Son, What Have Ye Done", de Werner Herzog. *Productor.* "Peixe Vermelho", de Andreia Vigo (CM). *Actor.*

2012. "Bird of Flames", de Chel White (CM). *Música.*

— Realizaciones —

1966. "Six Men Getting Sick". *Cortometraje* (Vídeo: "Seis hombres enfermos") (+ guionista, productor y animador).

1967. "Absurd Encounter with Fear", con Jack Fisk, Peggy Lynch. *Cortometraje* (+ guionista).

1968. "The Alphabet", con Peggy Lynch. *Cortometraje* (Vídeo: "El alfabeto") (+ guionista, fotografía, montaje, sonido y animador).

1970. "The Grandmother", con Richard White, Dorothy McGinnis, Virginia Maitland, Robert Chadwick. *Cortometraje* (Vídeo: "La abuela") (+ guionista, productor, fotografía, sonido y animador).

1974. "The Amputee", con Catherine E. Coulson. *Cortometraje* (Vídeo: "La amputada") (+ guionista, productor y actor).

1977. "Eraserhead" (Cabeza borradora), con Jack Nance, Charlotte Stewart, Allen Joseph, Jeanne Bates, Judith Anna Roberts (+ productor, guionista, director artístico, música, efectos especiales, sonido y montaje).

1980. "The Elephant Man" (El hombre elefante), con John Hurt, Anthony Hopkins, Anne Bancroft, John Gielgud, Wendy Hiller (+ guionista, sonido y actor).

1984. "Dune" (Dune), con Kyle MacLachlan, Virginia Madsen, Francesca Annis, Richard Jordan, Silvana Mangano (+ guionista y actor).

1986. "Blue Velvet" (Terciopelo azul), con Isabella Rossellini, Kyle MacLachlan, Dennis Hopper, Laura Dern, Dean Stockwell (+ guionista y música).

1990. "Wild at Heart" (Corazón salvaje), con Nicolas Cage, Laura Dern, Willem Dafoe, Crispin Glover, Diane Ladd (+ guionista y música).

1992. "Twin Peaks: Fire Walk with Me", con Sheryl Lee, Ray Wise, Mädchen Amick, Dana Ashbrook, Heather Graham (Vídeo: "Twin Peaks: Fuego camina conmigo") (+ guionista, productor, sonido y actor).

1993. "The King of Ads", episodio *Yves St. Laurent's Opium Parfum.*

1995. "Lumière et compagnie" (Lumière y compañía), episodio *Premonition Following an Evil Deed*, con Kathleen Raymond, Michele Carlyle, Stan Lothridge, Jeffe Alperi, Clyde Small.

1996. "Lost Highway" (Carretera perdida), con Bill Pullman, Patricia Arquette, John Roselius, Michael Massee, Robert Blake (+ guionista, música, sonido y actor).

1999. "The Straight Story" (Una historia verdadera), con Richard Farnsworth, Sissy Spacek, Jane Galloway Heitz, Everett McGill, Donald Wiegert (+ sonido).

2001. "Eraserhead Stories". *Documental.* "Mulholland Dr." (Mulholland Drive), con Naomi Watts, Laura Harring, Justin Theroux, Ann Miller, Robert Forster (+ guionista, música y sonido).

2002. "Darkened Room", con Jordan Ladd, Cerina Vincent, Etsuko Shikata. *Cortometraje* (+ guionista, productor y fotografía). "Rabbits", con Scott Coffey, Naomi Watts, Rebekah Del Rio, Laura Harring. *Mediometraje* (+ guionista).

2006. "Inland Empire" (Inland Empire), con Laura Dern, Jeremy Irons, Harry Dean Stanton, Justin Theroux, Julia Ormond (+ guionista, fotografía, montaje, sonido y actor). "Working with Marilyn Manson". *Cortometraje.* "Boat", con Emily Stofle. *Cortometraje* (+ guionista, actor y montaje).

2007. "Chacun son cinéma", episodio *Absurda.* "Blue Green. *Cortometraje.* "More Things That Happened", con Karolina Gruszka, Peter J. Lucas, William Maier, Laura Dern, Natassja Kinski (+ guionista y montaje).

2008. "Industrial Soundscape". *Cortometraje.* "Bug Crawls". *Cortometraje.*

2010. "Ariana Delawari: Lion of Panjshir", con Ariana Delawari. *Cortometraje* (+ productor). "Lady Blue Shanghai", con Marion Cotillard, Tao Gong, Emily Stofle, Hong Cheng, Yong Lu. *Cortometraje* (+ guionista, música y montaje).

2011. "I Touch a Red Button". *Cortometraje* (+ productor). "The 3 Rs", con Mindy Ramaker. *Cortometraje* (+ guionista, fotografía y montaje).

2012. "Crazy Clown Time", con Emily Elicia Low, Chris Pounders, Pandie Suicide. *Cortometraje.*

2013. "Idem Paris". *Cortometraje.*

2014. "Duran Duran: Unstaged". *Documental.*

— Televisión —

1988. "The Cowboy and the Frenchman" (El cowboy y el francés), con Harry Dean Stanton, Frederic Golchan, Jack Nance, Tracey Walter, Michael Horse (+ guionista).
1989. "Twin Peaks" (Asesinato en Twin Peaks), con Kyle MacLachlan, Michael Ontkean, Lara Flynn Boyle, Richard Beymer, Ray Wise. *Episodio piloto de la serie* (+ guionista y productor).
1990. "Industrial Symphony nº 1", con Laura Dern, Nicolas Cage, Julee Cruise, Lisa Giobbi, Michael J. Anderson (+ guionista, productor y música).
1992. "Hotel Room" (Hotel Room), con Clark Heathcliff Brolly, Camilla Overbye Roos, Alicia Witt, Griffin Dunne, Crispin Glover. *Co-dirigida por James Signorelli* (+ guionista, productor y sonido).

12 Richard Lester

¡Qué noche la de aquel día!

«Imagine»
John Lennon

«I'll Never Fall in Love Again»
Burt Bacharach

«Viva la vida»
Coldplay

Hay personas que viven, ríen y disfrutan de cada momento de su existencia como si nunca pasara nada. Ven alegría donde pocos saben observarla, descubren gags de situaciones aparentemente anodinas de la vida y, por encima de todo, dominan el difícil arte de reírse en primer lugar de sí mismos. El perfecto ejemplo de todas esas virtudes es Richard Lester, un inglés que contagia su buen humor desde el momento en que te estrecha la mano.

Lester llegó al Festival casi de rebote. Fue una de esas invitaciones que cursamos y de la cual no tuvimos respuesta hasta pocos días antes de iniciarse el certamen. Prácticamente desconocido por el público en general, Richard Lester es uno de esos directores de cine que llevan la comedia en la sangre, incluso cuando no ruedan comedia.

Por situar un poco al personaje, estamos hablando del realizador que llevó a los Beatles a la gran pantalla con *¡Qué noche* *la de aquel día!* (*A Hard Day's Night*, 1964) y *¡Socorro!* (*Help!*, 1965), dotándolos de un humor absurdo en el contexto de películas musicales. También fue responsable de *The Knack... y cómo conseguirlo* (*The Knack... and How to Get it*, 1965), maravillosa e inclasificable obra, clásico de la comedia británica y que a mi entender merece una obligada reivindicación. Cabe resaltar su vuelta al mundo Beatles con el estimable documental *Get Back* (1991), centrado en Paul McCartney.

Sin embargo, el eje de nuestra conversación fue *Golfus de Roma* (*A Funny Thing Happened on the Way to the Forum*, 1966), en mi opinión su gran obra maestra. «Nunca he visto mejor cómico en acción que Zero Mostel; sí, ya sé que episódicamente tuve el honor de trabajar con el gran Buster Keaton, pero estaba muy viejecito, aunque conversar con él sobre los orígenes de la comedia muda y de genios como Chaplin, Laurel y Hardy, Semon o Linder es algo al alcance de unos pocos privilegiados. *Golfus de Roma* la rodamos en España y tengo un recuerdo espectacular. Además, la banda sonora la compuso para un musical de Broadway un jovencito que hoy en día, y también entonces, es un genio: Stephen Sondheim. Para colmo, estaba la guapísima Annette Andre y Michael Crawford con veinte kilos menos. Todo fue como un milagro: estuvimos bendecidos por todos los dioses de Roma.»

Como reconoce el propio Eric Idle, si hay un referente en la comedia para los magníficos Monthy Phyton, ese es *Golfus de Roma.*

Posteriormente, Richard Lester dio su gran salto a Hollywood para dirigir nada más y nada menos que *Superman II* (1980) y *Superman III* (1983), ambas con el malogrado Christopher Reeve y poseedoras de un sentido del humor marca de la casa. En su tercer Superman, tuvo la enorme fortuna de conocer y trabajar con Richard Pryor, «el mayor cómico y el mejor monologuista que jamás he visto en un escenario —aseguró—. Podíamos estar una noche entera riéndonos».

Recuerdo que el pícaro Lester me comentaba que no hay nada gracioso en el hecho de que una persona que camina por la calle tropiece y se caiga. Lo gracioso es crear los elementos externos que propicien que caiga, esto es, hacer cómplice al espectador y compartir con él el desenlace. Esos comentarios me los hacía mientras almorzábamos en la terraza del hotel Calípolis, junto al mar, contemplando cómo un turista se trastabillaba, sin llegar a caer, a pocos metros de nuestra mesa. Para acabar de subrayar su mensaje sobre cómo veía él la vida, me contó que la diferencia entre él, que se pasaba el día riendo, y un idiota era simplemente que él sabía de qué se reía y el idiota no.

Como suele ocurrir siempre, el alcohol ayuda a desatar la lengua y a recordar anécdotas sobre los rodajes. A Lester le gustaba especialmente rememorar las situaciones divertidas que sucedieron en *Los tres mosqueteros* (*The Three Musketeers*, 1973). Allí, llegados al café, y en su caso a la copa, pasó de todo: Oliver Reed, magní-

fico actor de carácter y horrible persona cuando estaba sobrio —imagínense cuando bebía—, se obsesionó con los pechos de Raquel Welch hasta el punto de magreárselos cada vez que podía y con cualquier pretexto. Christopher Lee se pasó —como siempre— el rodaje entero cabreado con todo el mundo, mientras Michael York, tipo divertido aunque pésimo actor, intentaba memorizar sus líneas. Fue un rodaje caótico por la fuerte personalidad del reparto artístico, pero brillante por su resultado final.

En resumen, y según el propio Lester: «Me pidieron una película de aventuras con toques de comedia y les entregué dos comedias con toques de aventura». Lester se refería al extensísimo metraje del film, que a la postre se convertiría en dos títulos: *Los tres mosqueteros* (*The Three Musketeers*, 1973) y *Los cuatro mosqueteros* (*The Four Musketeers: Milady's Revenge*, 1974). Y porque no había más, porque si hubiese dependido de él podría haberse llegado perfectamente a los veintisiete (mosqueteros).

Muchos años después, me encontré con Richard Lester en Los Ángeles, en una fiesta multitudinaria organizada por la Warner. El tiempo no había pasado por él. Seguía igual, ni tan siquiera más calvo. Sus vivarachos ojillos se mantenían alerta, buscando situaciones hilarantes que alimentasen el guión de su vida. Ese día me comentó que no quería trabajar más, a lo sumo algo de publicidad para ganar un dinero fácil y rápido; quería ser un *voyeur*, contemplar el mundo y las personas —sobre todo a las mujeres—. «La comedia que se hace hoy en día no me interesa y probablemente tampoco sepa hacerla. Creo que pasó mi turno y ya me he divertido al máximo.»

Quise insistir, y le pregunté:

—¿Y ahora qué?

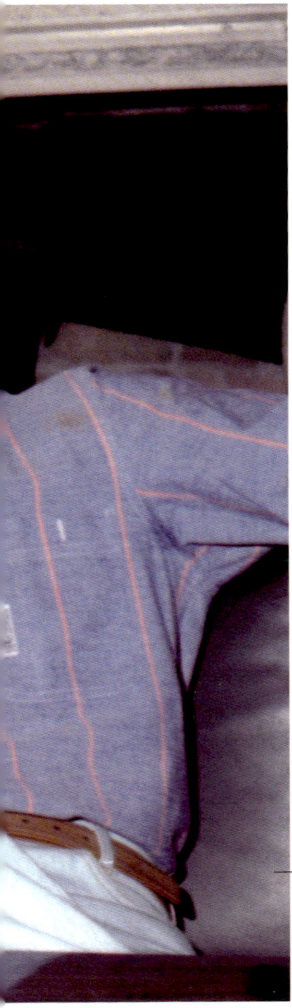

« Lester pidiéndome ginebra en lugar de agua. «Nadie se dará cuenta», decía. Con él nunca te aburrías.

Richard Lester me miró fijamente, sonrió una vez más y, con toda la serenidad del mundo, me contestó:

—Ahora disfrutemos de la fiesta.

La verdad es que he conocido a pocos seres tan felices como él.

Es de esos tipos que a uno le gustaría tener sobre la mesita de noche.

— Realizaciones —

1960. "The Running, Jumping and Standing Still Film", con Peter Sellers, Spike Milligan, Leo McKern, David Lodge, Graham Stark (+ guionista, fotografía, música, montaje y actor).

1962. "It's Trad, Dad!", con Helen Shapiro, Craig Douglas, Felix Felton, Timothy Bateson, Frank Thornton. "The Mouse on the Moon" (Un ratón en la luna), con Margaret Rutherford, Ron Moody, Bernard Cribbins, June Ritchie, Terry-Thomas.

1964. "A Hard Day's Night" (¡Qué noche la de aquel día!), con John Lennon, Paul McCartney, Ringo Starr, George Harrison, Wilfrid Brambell (+ actor).

1965. "The Knack... and How to Get It" (El knack... y cómo conseguirlo), con Rita Tushingham, Michael Crawford, Ray Brooks. Donald Donnelly, John Bluthal (+ guionista y actor). "Help!" (¡Socorro!), con John Lennon, Paul McCartney, Ringo Starr, George Harrison, Leo McKern.

1966. "A Funny Thing Happened on the Way to the Forum" (Golfus de Roma), con Zero Mostel, Phil Silvers, Jack Gilford, Michael Crawford, Buster Keaton.

1967. "How I Won the War" (Cómo gané la guerra), con Michael Crawford, John Lennon, Roy Kinnear, Jack MacGowran, Michael Hordern (+ productor).

1968. "Petulia" (Petulia), con Julie Christie, George C. Scott, Richard Chamberlain, Shirley Knight, Joseph Cotten.

1969. "The Bed Sitting Room", con Ralph Richardson, Rita Tushingham, Michael Hordern, Arthur Lowe, Mona Washbourne (Vídeo: "La sala de estar con cama") (+ productor).

1973. "The Three Musketeers" (Los tres mosqueteros), con Oliver Reed, Raquel Welch, Charlton Heston, Richard Chamberlain, Michael York.

1974. "The Four Musketeers" (Los cuatro mosqueteros), con Oliver Reed, Raquel Welch, Richard Chamberlain, Michael York, Frank Finlay. "Juggernaut" (El enigma se llama Juggernaut), con Richard Harris, Omar Sharif, David Hemmings, Shirley Knight, Anthony Hopkins.

1975. "Royal Flash" (El cobarde heroico), con Malcolm McDowell, Alan Bates, Florinda Bolkan, Oliver Reed, Britt Ekland.

1976. "Robin and Marian" (Robin y Marian), con Sean Connery, Audrey Hepburn, Robert Shaw, Richard Harris, Denholm Elliott. "The Ritz" (El Ritz), con Jack Weston, Rita Moreno, Jerry Stiller, Kaye Ballard, F. Murray Abraham.

1978. "Butch and Sundance: the Early Days" (Los primeros golpes de Butch Cassidy y Sundance), con William Katt, Tom Berenger, Jeff Corey, John Schuck, Peter Weller.

1979. "Cuba" (Cuba), con Sean Connery, Brooke Adams, Jack Weston, Hector Elizondo, Denholm Elliott.

1980. "Superman II" (Superman II), con Christopher Reeve, Gene Hackman, Margot Kidder, Ned Beatty, Jackie Cooper.

1983. "Superman III" (Superman III), con Christopher Reeve, Richard Pryor, Annette O'Toole, Robert Vaughn, Margot Kidder.

1984. "Finders Keepers", con Michael O'Keefe, Beverly D'Angelo, Louis Gossett, Pamela Stephenson, Ed Lauter.

1989. "The Return of the Musketeers" (El regreso de los mosqueteros), con Michael York, Oliver Reed, Frank Finlay, C. Thomas Howell, Geraldine Chaplin. "Paul McCartney" (Paul McCartney). *Cortometraje documental.*

1991. "Get Back". *Documental.*

— Actividades diversas —

1955. "Curtains for Harry", de Philip Saville. *Telefilm. Guionista.*
1972. "La route", de Jean-François Bizot. *Actor.*
1978. "Superman" (Superman), de Richard Donner. *Productor.*

Solo por hacer una película tan maravillosa como *Robin y Marian,* Lester merecía toda mi consideración y respeto.

13 Vanessa Redgrave

Sucedió en Camelot

Sonatas para violoncelo de Bach
Pau Casals

«Coming Forth by Day»
Cassandra Wilson

Conocer a Vanessa Redgrave ha sido una de las mejores experiencias de mi vida.

Mujer de espíritu libre, alejada del *star system* y las modas pasajeras, Vanessa ha representado y representa la forma abierta y sincera de enfrentar la vida. Comprometida desde muy joven con movimientos de izquierda, no había reivindicación social o manifestación pro derechos humanos —no importaba cuáles fuesen— que no contara con la decidida participación de la señora Redgrave.

Comunista, activista, feminista y agitadora social, fue de las primeras en lanzar su sujetador a las hogueras reivindicativas de los años sesenta. Ella representa una feminidad distinta, no por ello menos rotunda o sensual. Su primer papel destacado en cine fue curiosamente Isadora Duncan, otra alma inquieta que encajó en el cuerpo y la forma de Vanessa la perfecta horma de su existencia. Los desnudos de Vanessa/Isadora revela-

Un viaje en el tiempo.
De Camelot a Sitges.
Nero, Redgrave y una gran historia de amor.

ban su esencia andrógina, con pechos apenas desarrollados, en la línea de sus admiradas Hedy Lamarr o Greta Garbo.

Pues bien, esa gran señora de la pantalla y de la escena fue invitada por el Festival de Cinema Fantàstic de Sitges en el año 1987 para presentar *Camelot* (1967), del gran Joshua Logan, con motivo del veinte aniversario de la película. Para acabar de rematarlo, también se invitó a Franco Nero, coprotagonista del film. Todos sabíamos que Vanessa y Franco fueron amantes durante el rodaje de *Camelot* y que de esa época tórrida es también fruto —anterior a su matrimonio— su hijo Carlo Gabriel Redgrave Nero. Lo que desconocíamos es que llevaban muchos años sin hablarse.

En esa distancia formal que dibujan las relaciones que el tiempo y la distancia han enfriado, lo suyo no era de una enemistad manifiesta, pero tampoco mostraban ningún tipo de calidez, ni siquiera fingida. Recuerdo la sesión especial de *Camelot* en el viejo Retiro de Sitges como uno de mis mejores momentos, casi mágico. Vi la película junto a ellos en un palco y noté cómo a medida que avanzaba la proyección el hielo se derretía y dejaba paso al recuerdo melancólico de aquel rodaje y a la sin duda intensa vida que lo envolvía. Acercaron sus butacas, sonrieron en ciertas escenas y se dieron la mano en más de una ocasión. Aunque fuese por dos horas, volvieron a ser Ginebra y Lancelot. Amigos y eternos amantes.

Al finalizar la sesión, un beso de amistad selló una noche de complicidad única entre los aplausos de un público entregado.

Después nos fuimos a cenar con el director de comunicación del Festival y, años más tarde, director del mismo, Àlex Gorina, un romántico empedernido, un cinéfilo adorable y una de los mejores personas que he conocido en mi vida. Durante la cena todo fue maravilloso, bonito y enternecedor. Nosotros asistíamos como convidados de piedra —estoy seguro de que fuimos invisibles para ellos durante toda la noche— al reencuentro de los antiguos colegas que retomaban las ascuas de un amor casi adolescente.

Tan solo una pequeña sombra nubló por un segundo aquel momento. Franco le preguntó a Vanessa, con cierta carga de ironía, si aún seguía con Shakespeare. El tono y la historia oculta —al menos para nosotros— que llevaba la pregunta no le gustó en absoluto a ella y, de forma automática, como si tuviera la respuesta preparada, le contestó: «Sí. ¿Y tú? ¿Sigues con Django?».

No pasó de eso, de anécdota, pero evidenció el mundo y la distancia que entonces los separaba. La noche acabó con cada uno en su *suite* —pese a lo que cuenten las leyendas— y la magia se desvaneció lentamente, con el regusto indescriptible de haber vivido una velada única y un viaje en el tiempo tan impensable como irrepetible.

Muchos años después volví a ver a Vanessa Redgrave, mi dulce trotskista, en un mitin político en Barcelona. Tuvimos ocasión de tomar un café y recordar la noche que el Festival de Sitges proyectó *Camelot*. Me comentó que tanto Franco Nero como ella la tenían presente y la recordaban con un cariño muy especial.

Yo pensé que por momentos como esos, y tal vez solo por esos, merecía la pena mi profesión.

— Cine —

1958. "Behind the Mask", de Brian Desmond Hurst.

1965. "Morgan, a Suitable Case for Treatment" (Morgan, un caso clínico), de Karel Reisz.

1966. "A Man for All Seasons" (Un hombre para la eternidad), de Fred Zinnemann. "Blow-Up" (Blow-Up, deseo de una mañana de verano), de Michelangelo Antonioni.

1967. "The Sailor from Gibraltar", de Tony Richardson. "Camelot" (Camelot), de Joshua Logan. "Red and Blue", de Tony Richardson (CM).

1968. "The Charge of the Light Brigade" (La última carga), de Tony Richardson. "Isadora" (Isadora), de Karel Reisz. "Un tranquillo posto in campagna", de Elio Petri (Vídeo: "Un lugar tranquilo en el campo"). "The Seagull", de Sidney Lumet.

1969. "Oh! What a Lovely War", de Richard Attenborough.

1970. "Dropout" (Al margen de la sociedad), de Tinto Brass.

1971. "The Devils" (Los demonios), de Ken Russell. "The Trojan Women", de Michael Cacoyannis (Vídeo: "Las troyanas"). "La vacanza" (La vacación), de Tinto Brass. "Mary, Queen of Scots" (María, reina de Escocia), de Charles Jarrott.

1974. "Murder on the Orient Express" (Asesinato en el Orient Express), de Sidney Lumet.

1975. "Out of Season", de Alan Bridges (Vídeo: "Fuera de temporada").

1976. "The Seven-Per-Cent Solution" (Elemental, Dr. Freud), de Herbert Ross.

1977. "Julia" (Julia), de Fred Zinnemann.

1978. "Agatha" (Agatha), de Michael Apted.

1979. "Yanks" (Yanquis), de John Schlesinger. "Bear Island" (Operación isla del oso), de Don Sharp.

1983. "Sing Sing", de Sergio Corbucci (Vídeo: "Sing Sing").

1984. "The Bostonians" (Las bostonianas), de James Ivory. "Wetherby" (Wetherby), de David Hare.

1985. "Steaming", de Joseph Losey.

1986. "Comrades", de Bill Douglas. "Prick Up Your Ears" (Ábrete de orejas), de Stephen Frears.

1987. "Consuming Passions" (Pasión devoradora), de Giles Foster.

1990. "Diceria dell'untore", de Beppe Cino. "Pokhorony Stalina/Stalin's Funeral", de Evgeny Evtushenko. "The Ballad of the Sad Cafe" (La balada del Sad Café), de Simon Callow.

1991. "Howards End" (Regreso a Howards End), de James Ivory.

1993. "Un muro de silencio", de Lita Stantic. "Storia di una capinera" (La novicia), de Franco Zeffirelli. "House of the Spirits" (La casa de los espíritus), de Bille August.

1994. "Mother's Boys" (Regreso inesperado), de Yves Simoneau. "Little Odessa" (Little Odessa/Cuestión de sangre), de James Gray.

1995. "A Month by the Lake" (Un mes en el lago), de John Irvin.

1996. "Looking for Richard" (En busca de Ricardo III), de Al Pacino. "Mission: Impossible" (Misión imposible), de Brian De Palma. "Smilla's Sense of Snow" (Smila, misterio en la nieve), de Bille August.

1997. "Wilde" (Wilde), de Brian Gilbert. "Mrs. Dalloway" (La señora Dalloway), de Marleen Gorris. "Déjà Vu", de Henry Jaglom.

1998. "Deep Impact" (Deep Impact), de Mimi Leder. "Lulu on the Bridge" (Lulu on the Bridge), de Paul Auster.

1999. "The Cradle Will Rock" (Abajo el telón), de Tim Robbins. "Uninvited/L'escluso", de Carlo Gabriel Nero. "Girl, Interrupted" (Inocencia interrumpida), de James Mangold. "Mirka" (Mirka), de Rachid Benhadj.

2000. "A Rumor of Angels", de Peter O'Fallon. "The Three Kings", de Shaun Mosley. "The Pledge" (El juramento), de Sean Penn.

2002. "Crime and Punishment", de Menahem Golan (Vídeo: "Crimen y castigo").

2004. "The Fever", de Carlo Gabriel Nero (+ productora). "Short Order", de Anthony Byrne.

2005. "The Keeper: The Legend of Omar Khayyam", de Kayvan Mashayekh. "The White Countess" (La condesa rusa), de James Ivory. "The Thief Lord" (El príncipe de los ladrones), de Richard Claus.

2006. "Venus" (Venus), de Roger Michell.

2007. "Evening" (El atardecer), de Lajos Koltai. "Atonement" (Expiación, más allá de la pasión), de Joe Wright. "The Riddle", de Brendan Foley. "How About You..." (La grandeza de vivir), de Anthony Byrne.

2008. "Restraint", de David Denneen. "Gud, lukt och henne", de Karin Westerlund.

2009. "Identity of the Soul", de Thomas Høegh.

2010. "Letters to Juliet" (Cartas a Julieta), de Gary Winick. "Miral", de Julian Schnabel. "The Whistleblower", de Larysa Kondracki (Vídeo: "La verdad oculta").

2011. "Coriolanus" (Coriolanus), de Ralph Fiennes. "Anonymous" (Anonymous), de Roland Emmerich.

2012. "Song for Marion" (Una canción para Marion), de Paul Andrew Williams. "The Last Will and Testament of Rosalind Leigh", de Rodrigo Gudiño.

2013. "The Butler" (El mayordomo), de Lee Daniels.

2014. "Foxcatcher" (Foxcatcher), de Bennett Miller.

2016. "The Secret Scripture", de Jim Sheridan.

— Televisión —

1959. "A Midsummer Night's Dream", de Peter Hall.
1960. "The Elder Statesman", de Naomi Capon.
1963. "As You Like It", de Michael Elliott y Ronald Eyre.
1964. "Maggie", de Naomi Capon. "Sally", de Patrick Dromgoole.
1965. "La Musica", de John Nelson-Burton.
1966. "A Farewell to Arms", de Rex Tucker.
1969. "The Coward Revue", de James Gilbert.
1973. "A Picture of Katherine Mansfield", de Alan Cooke.
1980. "Playing for Time" (Música para sobrevivir/El campo de la muerte), de Daniel Mann.
1981. "Wagner" (Wagner), de Tony Palmer.
1982. "My Body, My Child" (Mi cuerpo, mi hijo), de Marvin J. Chomsky.
1984. "Snow White and the Seven Dwarfs" (Blancanieves y los siete enanitos), de Peter Medak.
1985. "Three Sovereigns for Sarah" (Tres monedas para Sarah), de Philip Leacock.
1986. "Peter the Great" (Pedro el Grande), de Marvin J. Chomsky y Lawrence Schiller. "Second Serve" (Segundo servicio), de Anthony Page.
1988. "A Man for All Seasons" (El poder del triunfo), de Charlton Heston.
1990. "Orpheus Descending" (Ardiente pasión), de Peter Hall.
1991. "Young Catherine", de Michael Anderson. "What Ever Happened to Baby Jane?" (¿Qué fue de Baby Jane?), de David Greene.
1993. "They Watch" (Mirada al más allá), de John Korty.
1994. "Great Moments in Aviation", de Beeban Kidron.
1995. "Down Came a Blackbird" (El ocaso), de Jonathan Sanger. "The Wind in the Willows", de Dave Unwin.
1996. "Two Mothers for Zachary" (Dos madres para Zachary), de Peter Werner. "The Willows in Winter", de Dave Unwin.
1997. "Bella Mafia" (Bella mafia), de David Greene.
2000. "If These Walls Could Talk 2" (Mujer contra mujer), episodio de Jane Anderson.
2001. "Jack and the Beanstalk: the Real Story" (Jack y las judías mágicas), de Brian Henson.
2002. "The Gathering Storm" (Amenaza de tormenta), de Richard Loncraine. "The Locket", de Karen Arthur.
2003. "Byron", de Julian Farino.
2006. "The Shell Seekers", de Piers Haggard.
2008. "Ein Job", de Christian Görlitz.
2009. "The Day of the Triffids" (El día de los trífidos), de Nick Copus.
2013. "The Call Out", de Carlo Gabriel Nero. "The Thirteenth Tale" (El cuento número trece), de James Kent.
2015. "The Go-Between", de Pete Travis.

FRANCO NERO - filmografía

— Cine —

1963. "Un delitto", de Luigi Bazzoni (CM).

1964. "La ragazza in prestito", de Alfredo Giannetti. "La Celestina P... R...", de Carlo Lizzani.

1965. "Io la conoscevo bene" (Yo la conocía bien), de Antonio Pietrangeli. "I criminali della galassia", de Antonio Margheriti. "Gli uomini dal passo pesante" (Las pistolas del norte de Texas), de Albert Band y Mario

Sequi. "I diafanoidi vengono da Marte", de Antonio Margheriti. "Il terzo occhio", de Mino Guerrini. "La morte viene dal pianeta Aytin", de Antonio Margheriti.

1966. "Tecnica di un omicidio" (Técnica de un homicidio), de Franco Prosperi. "Django" (Django), de Sergio Corbucci. "La Bibbia" (La Biblia), de John Huston. "Texas, addio" (Adiós, Texas), de Ferdinando Baldi. "Le colt cantarono la morte e fu tempo di massacro", de Lucio Fulci (Vídeo: "Concierto para un colt/Las pistolas cantaron la muerte/ Los colts cantaron la muerte y fue tiempo de matanza").

1967. "Camelot" (Camelot), de Joshua Logan. "Il giorno della civetta" (El día de la lechuza), de Damiano Damiani. "L'uomo, l'orgoglio, la vendetta" (El hombre, el orgullo y la venganza), de Luigi Bazzoni.

1968. "Sequestro di persona", de Gianfranco Mingozzi. "Un tranquillo posto di campagna", de Elio Petri (Vídeo: "Un lugar tranquilo en el campo"). "Il mercenario" (Salario para matar), de Sergio Corbucci.

1969. "Un detective" (Cuando la ambición se tiñe de rojo), de Romolo Guerrieri. "Bitka na Neretvi" (La batalla del río Neretva), de Veljko Bulajic. "Tristana", de Luis Buñuel. "Gott Mit Uns" (Dios está con nosotros), de Giuliano Montaldo.

1970. "The Virgin and the Gypsy", de Christopher Miles. "Vamos a matar, compañeros" (Los compañeros), de Sergio Corbucci. "Dropout" (Al margen de la sociedad), de Tinto Brass (+ productor). "Confessione di un commissario di polizia al procuratore della Repubblica" (Confesiones de un comisario), de Damiano Damiani.

1971. "Giornata nera per l'Ariete" (El día negro), de Luigi Bazzoni. "L'istruttoria è chiusa: dimentichi" (El caso está cerrado, olvídelo), de Damiano Damiani. "Viva la muerte... tua" (Viva la muerte... tuya), de Duccio Tessari. "La vacanza" (La vacación), de Tinto Brass (+ productor).

1972. "Pope Joan" (La papisa Juana), de Michael Anderson. "Le moine", de Ado Kyrou (Vídeo: "El monje"). "Los amigos" (Los amigos), de Paolo Cavara. "Senza ragione", de Silvio Narizzano (Vídeo: "Ríos de sangre").

1973. "La polizia incrimina, la legge assolve" (La policía detiene, la ley juzga), de Enzo G. Castellari. "Il delitto Matteotti" (El caso Matteotti), de Florestano Vancini. "Zanna Bianca" (Colmillo Blanco), de Lucio Fulci. "I guappi" (Hermanos de sangre), de Pasquale Squitieri.

1974. "Mussolini, ultimo atto", de Carlo Lizzani (Vídeo: "Mussolini, último acto"). "Il cittadino si ribella" (El ciudadano se rebela), de Enzo G. Castellari. "Il ritorno di Zanna Bianca" (La carrera del oro), de Lucio Fulci. "Corruzione al palazzo di giustizia" (Corrupción en el palacio de justicia), de Marcello Aliprandi. "Perchè si uccide un magistrato" (Porqué se asesina a un magistrado), de Damiano Damiani.

1975. "Cipolla Colt" (Los locos del oro negro), de Enzo G. Castellari. "Gente di rispetto" (Gente de respeto), de Luigi Zampa. "Marcia trionfale" (Marcha triunfal), de Marco Bellocchio.

1976. "Scandalo" (Miedo al escándalo de una mujer casada), de Salvatore Samperi. "Les magiciens", de Claude Chabrol (Vídeo: "Profecía de un delito"). "21 Hours at Munich" (21 horas en Múnich), de William A. Graham. "Keoma" (Keoma), de Enzo G. Castellari. "Autostop rosso sangue" (El cínico y la casada), de Pasquale Festa Campanile.

1977. "Sahara Cross" (Golpe perfecto en el Sáhara), de Tonino Valerii.

1978. "Force 10 from Navarone" (Fuerza 10 de Navarone), de Guy Hamilton. "Stridulum/The Visitor" (El visitante del más allá), de Giulio Paradisi.

1979. "Un dramma borghese", de Florestano Vancini (Vídeo: "Un drama burgués") (+ productor). "Le rose di Danzica", de Alberto Bevilacqua. "Il cacciatore di squali" (El cazador de tiburones), de Enzo G. Castellari (+ productor).

1980. "The Man with Bogart's Face" (A lo loco y con la cara del otro), de Robert Day. "Il giorno del Cobra" (El día del Cobra), de Enzo G. Castellari. "Il bandito dagli occhi azzurri", de Alfredo Giannetti (Vídeo: "El bandido de los ojos azules") (+ productor).

1981. "Banovic Strahinja" (El halcón), de

Vatroslav Mimica. "Enter the Ninja" (La justicia de Ninja), de Menahem Golan. "The Salamander" (La salamandra roja), de Peter Zinner.

1982. "Kamikaze", de Wolf Gremm. "Querelle" (Querelle), de Rainer Werner Fassbinder. "Der Bauer von Babylon", de Dieter Schidor. "Grog", de Francesco Laudadio. "Krasnie Kolokola" (Campanas rojas), de Sergei Bondarchuk.

1984. "Un marinaio e mezzo", de Tommaso Dazzi. "Andre Schafft Sie Alle", de Peter Fratzscher.

1985. "Il pentito" (El arrepentido), de Pasquale Squitieri.

1986. "Sweet Country" (Dulce país), de Michael Cacoyannis.

1987. "The Girl", de Arne Mattson (Vídeo: "Culpable de seducción"). "Django 2, il grande ritorno" (El regreso de un héroe), de Nello Rossati. "Marathon/Run for Your Life", de Terence Young (Vídeo: "El violento"). "Grosso guaio a Cartagena", de Tommaso Dazzi (Vídeo: "Huida hacia el peligro").

1988. "Stille Nacht/Magdalene", de Monica Teuber. "Top Line", de Nello Rossati (Vídeo: "Top Line"). "Il giovane Toscanini" (El joven Toscanini), de Franco Zeffirelli.

1990. "Die Hard 2" (La jungla 2: alerta roja), de Renny Harlin. "Diceria dell'untore", de Beppe Cino (+ productor). "Amelia Lopes O'Neil", de Valeria Sarmiento.

1992. "From Time to Time", de Jeff Blyth (CM). "Fratelli e sorelle", de Pupi Avati. "Prova di memoria", de Marcello Aliprandi (+ productor). "Zoloto/Oro"(18-12), de Fabio Bonzi.

1994. "Jonathan degli orsi", de Enzo G. Castellari (+ productor y argumento). "Talk of Angels" (Pasiones rotas), de Nick Hamm.

1995. "The Innocent Sleep" (El sueño inocente), de Scott Michell. "Io e il re", de Lucio Gaudino. "Italkim Ba'im/Arrivano gli italiani", de Eyal Halfon.

1996. "Honfoglalas", de Gabor Koltay. "Il tocco" (A tres bandas), de Enrico Coletti. "La medaglia", de Sergio Rossi.

1998. "The Versace Murder", de Menahem Golan (Vídeo: "El asesinato de Versace").

1999. "Li chiamarano... Briganti!", de Pasquale Squitieri. "Mirka" (Mirka), de Rachid Banhadj. "Uninvited/L'escluso", de Carlo Gabriel Nero (+ productor). "Maestrale", de Sandro Cecca.

2000. "Chimera", de Pappi Corsicato.

2001. "Sacra Corona", de Gabor Koltay. "La ragion pura", de Silvano Agosti. "Meggido: Omega Code 2", de Brian Trenchard-Smith. "Ultimo stadio", de Ivana De Matteo.

2002. "Fumata blanca", de Miquel García Borda. "L'ultimo pistolero", de Alessandro Dominici (CM).

2003. "Cattive inclinazioni", de Pierfrancesco Campanella.

2004. "Post coitum", de Juraj Jakubisko. "Guardiani delle nuvole", de Luciano Odorisio.

2005. "Forever blues", de Franco Nero (+ productor y guionista). "Hans", de Louis Nero.

2006. "Amore e libertà - Masaniello", de Angelo Antonucci.

2007. "Mineurs", de Fulvio Wetzl. "Bastardi", de Federico Del Zoppo y Andrés Arce Maldonado. "Two Families", de Romano Scavolini. "La rabbia", de Louis Nero (+ productor). "Márió, a varázsló/Mario il mago", de Tamás Almási (+ productor).

2008. "Bathory", de Juraj Jakubisko (Vídeo: "Bathory, la condesa de sangre"). "Elena", de Salvo Bitonti (CM). "Una storia di lupi", de Cristiano Donzelli (CM). "Ti stramo: Ho voglia di un'ultima notte da manuale prima di tre baci sopra il cielo", de Pino Insegno y Gianluca Sodaro. "Mord ist mein Geschäft, Liebling", de Sebastian Niemann.

2009. "Lullaby", de Louis Nero (CM). "Palestrina, princeps musicae", de Georg Brintrup.

2010. "Angelus Hiroshimae", de Giancarlo Planta. "Letters to Juliet" (Cartas a Julieta), de Gary Winick. "Prigionero di un segreto", de Carlo Fusco. "Rasputin", de Louis Nero. "Father", de Pasquale Squitieri.

2011. "New Order", de Marco Rosson (+ productor).

2012. "Canepazzo", de David Petrucci. "The Last Alchemist", de Michele Massari (CM). "A Memória que me Contam", de Lúcia Murat. "The Woods", de Michael Mandell. "Django Unchained" (Django desencadenado), de Quentin Tarantino.

2013. "Quel che resta", de Laszlo Barbo. "Handy", de Vincenzo Cosentino. "Cadences obstinées", de Fanny Ardant.

2014. "Mamula", de Milan Todorovic. "Otok Ljubavi/Love Island", de Jasmila Zbanic (+ productor). "Figli di Maam", de Paolo Consorti.

2015. "Il buio", de Giuliano Oppes (CM). "Gemma di maggio", de Giuliano Giacomelli y Lorenzo Giovenga (CM). "The Kid", de Vladislav Kozlov (CM). "The Broken Key", de Louis Nero. "Il ragazzo della Giudecca", de Alfonso Bergamo.

2016. "Silent Life", de Vladislav Kozlov.

— Televisión —

1975. "The Legend of Valentino" (La leyenda de Valentino), de Melville Shavelson.
1978. "The Pirate" (El pirata), de Ken Annakin.
1982. "Wagner" (Wagner), de Tony Palmer.
1984. "The Last Days of Pompeii" (Los últimos días de Pompeya), de Peter Hunt. "Die Förstenbuben", de Peter Patzak.
1986. "Il generale" (Garibaldi), de Luigi Magni. "Un altare per la madre", de Edith Bruck.
1987. "Oggi ho vinto anch'io" (Doble victoria), de Ludovico Gasparini. "Chi tocca muore/ Touch and Die" (Tocado y muerto), de Piernico Solinas.
1988. "Windmills of the Gods" (Como furia de dioses), de Lee Philips. "I promessi sposi" (Los novios), de Salvatore Nocita.
1989. "Il magistrato" (El magistrado), de Kathy Muller.
1990. "Patrizia", de Flavio Mogherini.
1991. "Young Catherine", de Michael Anderson. "Julianus Barat", de Gabor Koltay.
1993. "Der Fall Lucona/The Lucona Affair", de Jack Gold. "Azzurro profondo" (La chica del delfín), de Filippo De Luigi. "Das Babylon Komplott", de Peter Patzak.
1994. "Nemici intimi", de Piernico Solinas. "Desideria e l'anello del drago" (El anillo del dragón), de Lamberto Bava.
1996. "Il ritorno di Sandokan" (El regreso de Sandokan), de Enzo G. Castellari.
1997. "David" (David), de Robert Markowitz. "Il deserto di fuoco" (Desierto de fuego), de Enzo G. Castellari. "Bella Mafia" (La bella mafia), de David Greene. "Nessuno escluso", de Massimo Spano. "Painted Lady", de Julian Jarrold.
1998. "Il tesoro di Damasco" (El tesoro de Damasco), de José M.ª Sánchez.
1999. "La voce del sangue", de Alessandro Di Robilant.
2000. "San Paolo" (Pablo de Tarso), de Roger Young.
2001. "Crociati" (Las Cruzadas), de Dominique Othenin-Girard. "Gli angeli dell'isola verde", de Enzo G. Castellari. "Liebe, Lügen, Leidenschaften", de Marco Serafini.
2002. "Todsünde: Das Toskana-Karussell", de Peter Patzak.
2003. "Herz ohne Krone", de Peter Patzak.
2005. "Summer Solstice", de Giles Foster.
2006. "La sacra famiglia" (La sagrada familia), de Raffaele Mertes.
2008. "Mein Herz in Chile" (La herencia de los Hansen), de Jörg Grünler. "Eine Nacht im Grandhotel", de Thorsten Näter. "Four Seasons", de Giles Foster.
2009. "Sant'Agostino" (San Agustín), de Christian Duguay.

14

Tonda Marton

La dama de Broadway

«Someone to Watch Over Me»
Ella Fitzgerald

«Le temps de l'amour»
Françoise Hardy

Hubo una época en mi vida en la que decidí probar nuevas experiencias profesionales y opté por entrar en la industria teatral. Me lo tomé como un nuevo reto en unos años complicados para las producciones televisivas y cinematográficas, que hasta entonces constituían mi forma de vida y sustento. Intenté diversificar, conocer nuevas áreas de negocio, trabajar en otras opciones artísticas y apostar, aún no sé por qué, por un sector que me atraía.

Pasado el tiempo, la experiencia general la considero positiva, siempre se aprende aunque en el camino encuentres todo tipo de dificultades y monstruos de distinto pelaje. Nada en el sector teatral se asemeja al negocio del cine. Tal vez se parezca en el concepto básico de concebir una producción, original o adaptada, contratar a un equipo técnico y artístico, tener una sala de exhibición o representación y, finalmente, depositar tus esperanzas en la venta de una entrada que

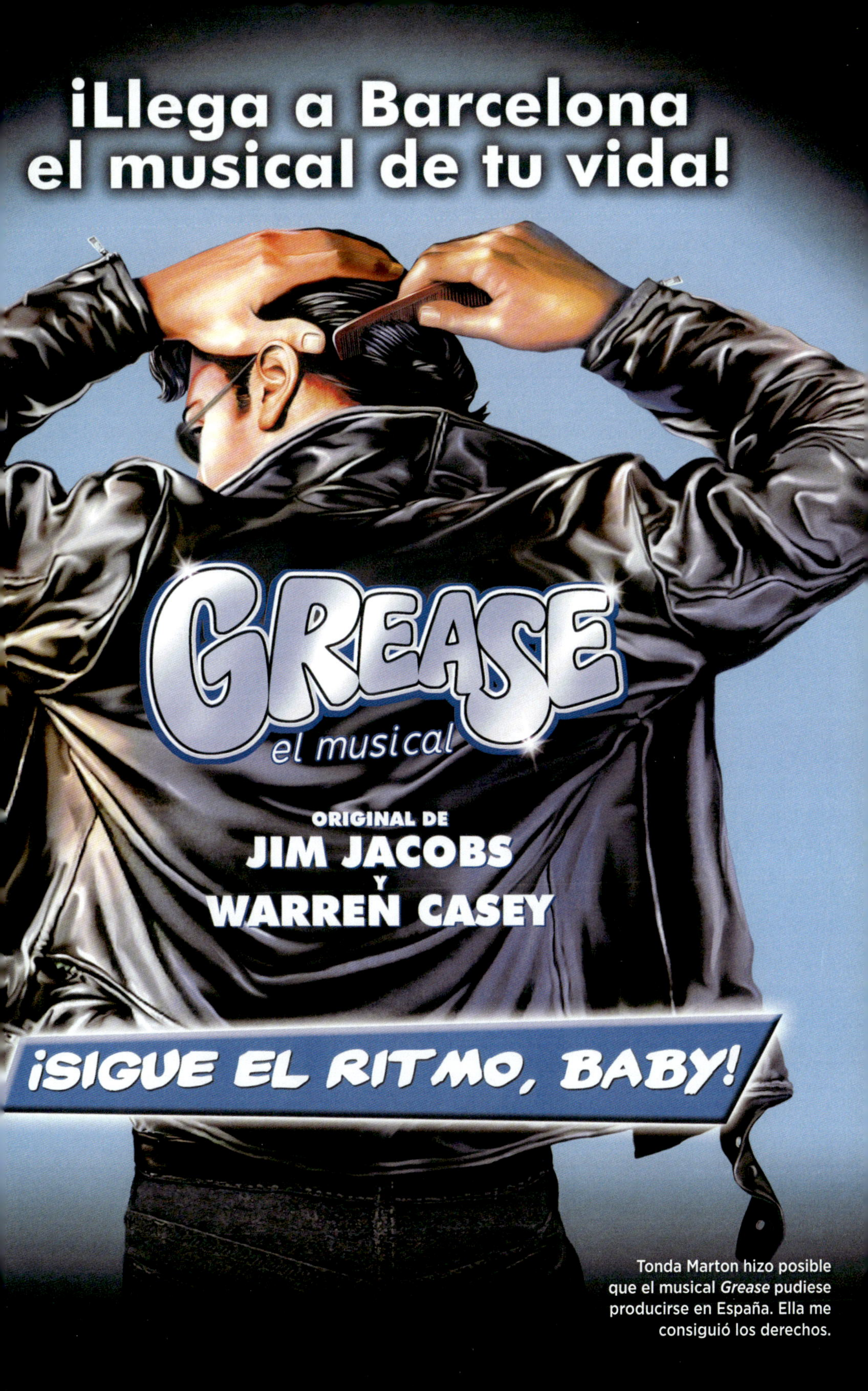

Tonda Marton hizo posible que el musical *Grease* pudiese producirse en España. Ella me consiguió los derechos.

haga feliz a un espectador, confiando siempre en que este se lo cuente a otros muchos.

Como puede verse, todo se parece, pero nada es igual. Empezando por las propias gentes del teatro —no todas, por supuesto—, acostumbradas a la miseria y al malvivir artístico. En este asunto mi sorpresa fue mayúscula. Comparado con el teatro, el noble arte del cine y la siempre adictiva producción televisiva parecen el refugio del voluntariado de UNICEF. Yo he visto a prolíficos directores de teatro, tanto de texto como de musical, en su recta final artística y acabados creativamente, sin nadie ya a quien engañar, recogiendo a hurtadillas las propinas que se dejaban en un restaurante. Esa picaresca triste y miserable se muestra como —el peor— de los reflejos de un sector en constante agonía económica, pero vivo en lo histórico y lo creativo. Si amar el teatro es casi tanto como amar la vida, es obvio que se merece una mejor vida.

Pero volvamos a mi aventura personal. Como ya se ha dicho, he visto verdaderos muertos vivientes y he cometido el error de confiar en alimañas groseras, deplorables y zampabollos, pero también he conocido a magníficas personas y a grandes profesionales. A este último grupo pertenece por derecho propio una mujer desconocida por el gran público en España, pero indispensable en Broadway: Tonda Marton. Agente teatral, agitadora cultural y de inquieta ideología izquierdista —ella llama a sus empleados The Red Army—, Tonda es la viva imagen de la rectitud, el respeto y la profesionalidad.

Conversar con ella es conocer un sinfín de anécdotas. Baste con decir que cuando Tonda era una niña, su padre, Andrew Martin, trasladó su residencia a Madrid, contratado por Samuel Bromston para ser el ayudante de dirección de Nicholas Ray en *55 días en Pekín*. Aunque la historia no lo acredita, se cuenta que fue Andrew Marton quien realmente dirigió la película. Calmó los ánimos de Charlton Heston, que día sí y día también amenazaba con marcharse de aquel lío descomunal. Nicholas Ray estuvo más fuera que dentro del film y el único que mantuvo la calma, como resulta lógico por otra parte, fue David Niven, que no paraba de repetir y de invitar a todo el mundo a bajar el tono de voz y tomarse una copa. En ese irrepetible ambiente vivía una jovencita llamada Tonda, que aún hoy recuerda los zapateados a altas horas de la madrugada de su vecina del piso superior: Ava Gardner. Años después, ella cree que optó por dedicarse al teatro porque no iba a soportar el día a día y la frivolidad con la que se vive en el mundo del cine.

En la actualidad, The Marton Agency representa todos los derechos teatrales de las obras de Woody Allen y es una de las puertas de entrada a Europa del mejor teatro americano, sea clásico o contemporáneo, de texto o musical. En lo personal y en lo profesional, debo mucho a esta señora judía, de culto discurso y sabios consejos.

Ella me ha acompañado, arropado y defendido de felonías y calumnias infamantes en el plano personal y ayudado en todas y cada una de mis producciones americanas sin pedir nada a cambio, tan solo amistad y confianza.

Cuando voy a Nueva York, ceno al menos una vez con ella y dejo que fluyan las anécdotas. Escucho hipnotizado y agradecido todo el saber de la gran dama de Broadway.

Mi amiga Tonda Marton.

» Aunque figure como director Nicholas Ray, la película la dirigió de principio a fin el padre de Tonda: Andrew Marton.

15 Peter Jackson

El señor de los frikillos

«La Mamma Morta»
Ópera *Andrea Chénier*
Kiri Te Kanawa

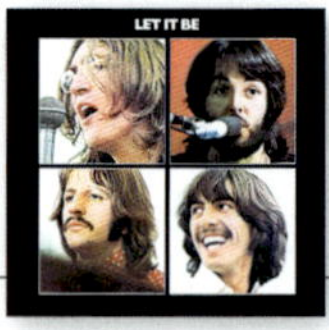

«Let it be»
The Beatles

El Festival de Sitges se ha caracterizado desde siempre por ser una factoría de nuevos talentos. Allí —y solo hablando de mi período como director, 1982-1992— se dieron a conocer por vez primera directores como Luc Besson, Sam Raimi, Quentin Tarantino, John Sayles, Neil Jordan, John McNaughton, Stuart Gordon y tal vez, por encima de todos, al mayor desconocido en Europa: Peter Jackson, el señor de los frikillos.

Este agradable neozelandés llegó en 1992 viajando en turista y trayendo bajo el brazo una película inolvidable, gamberra, irreverente y divertida, *Braindead: tu madre se ha comido a mi perro* (*Braindead*, 1992). Cinéfilo, simpático, rechoncho y sorprendido de la amabilidad del público y del cariño de la prensa, Jackson era un hombre feliz en un festival que parecía haberse diseñado para él y sus camisetas góticas.

Si alguien me lo preguntara, diría casi con toda seguridad que el término *friki* nació esa edición del Festival, aunque la

Jackson, con la edición
especial de la publicación
del 25.º aniversario del Festival.

Real Academia Española de la lengua tardase veinte años en aceptarlo y posteriormente incluirlo. Tratándose de un tipo campechano, joven y muy próximo en el trato, recuerdo con enorme cariño lo mucho que disfrutaba comiendo y tomando notas de los platos que más le gustaban de la gastronomía catalana. En una palabra —o tres—: cine, comida y música.

—Ah, pero ¿hay algo más? —solía decir.

En uno de esos encuentros me comentó que estaba preparando una película no fantástica, aunque con un trasfondo de crimen y misterio: *Criaturas celestiales* (*Heavenly Creatures*, 1994), en mi opinión una obra maestra que marca el antes y después de Peter Jackson en la industria del cine. Film arriesgado sobre la fina línea entre el bien y el mal, conmovedor relato que destila clase y rezuma cinefilia. La historia de la escritora Anne Perry —seudónimo de Juliet Marion Hulme— en un entorno de amor, amistad y muerte. Luego llegaría la trilogía de *El señor de los anillos* (*The Lord of the Rings*). El mundo de los anillos situó a Nueva Zelanda como país productor cinematográfico. Inventó una nueva industria: construyó estudios de rodaje, laboratorios, técnicos de imagen y sonido, y creó miles de puestos de trabajo; desde la albañilería a la alta especialización, pasando por la carpintería y los equipamientos básicos. Peter se empecinó en rodar en su país, convirtiéndolo con tan solo tres películas en referente mundial. Situar en el mapa físico y cinematográfico a Nueva Zelanda es la deuda eterna que su país tendrá por siempre con el director.

Como dijo el primer ministro neozelandés: «Peter Jackson es nuestro Shakespeare, nuestro Molière, nuestro Leonardo Da Vinci y nuestra Marilyn Monroe juntos. Desde su aparición, el turismo se ha multiplicado por cien, superando a Australia como primer destino en Oceanía. El país, su presente y su futuro estarán por siglos en deuda con él».

Tras la trilogía de *El señor de los anillos* (2001-2003) vendría *King Kong* (2005), contundente y bellísima película en su estética y deliciosa en su emotividad, pero carente del alma ingenua y la efectividad rotunda del original. Finalmente, la trilogía de *El hobbit* (2012-2014) pone punto y seguido en la carrera de un director irrepetible.

Por ellas, el azorado y orondo cinéfilo que llegó a Sitges en el que era para él y hasta entonces el viaje más largo de su vida

⌃ Me gusta pensar que la María que recibió descansa en su casa rodeada de Globos de Oro y Oscar.

—Auckland-Barcelona, veintidós horas con tres escalas—, obtuvo más de treinta nominaciones a los premios Oscar, consiguiendo diecisiete galardones por *El retorno del rey*.

Jamás Peter Jackson pensó en semejante futuro. Como siempre comentaba, él era un tipo al que le gustaba el cine de terror y el fantástico, en un país sin prácticamente tradición cinematográfica ni industria. Un hombre que aspiraba a rodar las películas que le gustaba consumir como espectador.

Un buen hombre y un friki que, sin él saberlo, creó legión. No nos hemos vuelto a ver.

— Actividades diversas —

1989. "The Lounge Bar", de Don McGlashan y Harry Sinclair. *Cortometraje. Efectos especiales.*

1992. "Valley of the Stereos", de George Port. *Cortometraje. Productor.*

1994. "Jack Brown Genius", de Tony Hiles (Vídeo: "Un loco genial"). *Productor, guión y director de la 2.ª unidad.*

1997. "Contact" (Contact), de Robert Zemeckis. *Efectos visuales.*

2003. "The Long and Short of It", de Sean Astin. *Cortometraje. Productor y actor.*

2005. "RKO Production 601", de Ron Magid y Phil Savenick. *Productor.*

2007. "Hot Fuzz" (Arma fatal), de Edgar Wright. *Actor.*

2009. "District 9" (Distrito 9), de Neill Blomkamp. *Productor.*

2011. "The Adventures of Tintin" (Las aventuras de Tintin: el secreto del unicornio), de Steven Spielberg. *Productor y director de la 2.ª unidad.*

2012. "West of Memphis", de Amy Berg. *Productor.*

— Realizaciones —

1976. "The Valley", con Ken Hannom, Pete O'Herne. *Cortometraje* (+ guionista, actor, efectos especiales y montaje).

1987. "Bad Taste" (Mal gusto), con Terry Potter, Pete O'Herne, Craig Smith, Mike Minett, Doug Wren (+ productor, guionista, fotografía, efectos especiales, actor y montaje).

1989. "Meet the Feebles", con Danny Mulheron, Donna Akersten, Stuart Devenie, Mark Hadlow, Ross Jolly (Vídeo: "El delirante mundo de los Feebles") (+ productor, guionista y operador).

1992. "Braindead" (Braindead: tu madre se ha comido a mi perro), con Timothy Balme, Diana Peñalver, Elizabeth Moody, Ian Watkin, Brenda Kendall (+ guionista, efectos visuales y actor).

1994. "Heavenly Creatures" (Criaturas celestiales), con Melanie Lynskey, Kate Winslet, Sarah Peirse, Clive Merrison, Diana Kent (+ productor, guionista y actor).

1996. "The Frighteners" (Agárrame esos fantasmas), con Michael J. Fox, Trini Alvarado, Peter Dobson, John Astin, Jeffrey Combs (+ productor, guionista y actor).

2001. "The Lord of the Rings: the Fellowship of the Ring" (El señor de los anillos: la comunidad del anillo), con Elijah Wood, Ian McKellen, Orlando Bloom, Cate Blanchett, Ian Holm (+ productor, guionista y actor).

2002. "The Lord of the Rings: the Two Towers" (El señor de los anillos: las dos torres), con Elijah Wood, Ian McKellen, Viggo Mortensen, Cate Blanchett, Christopher Lee (+ productor, guionista y actor).

2003. "The Lord of the Rings: the Return of the King" (El señor de los anillos: el retorno del rey), con Elijah Wood, Viggo Mortensen, Sean Astin, Ian McKellen, Cate Blanchett (+ productor, guionista y actor).

2005. "The Lost Spider Pit Sequence". *Cortometraje* (+ guionista). "King Kong" (King Kong), con Naomi Watts, Adrien Brody, Jack Black, Thomas Kretschmann, Colin Hanks (+ productor, guionista y actor).

2008. "Crossing the Line", con Tom Hobbs, Calum Gittins, Kyle Ashley, Patrick Kalyn, Rocky Curby. *Cortometraje. Co-dirigido por Neill Blomkamp* (+ guionista).

2009. "The Lovely Bones" (The Lovely Bones), con Mark Wahlberg, Rachel Weisz, Saoirse Ronan, Susan Sarandon, Stanley Tucci (+ productor, guionista y actor).

2010. "King Kong 360 3-D". *Cortometraje* (+ guionista).

2012. "The Hobbit: an Unexpected Journey" (El Hobbit: un viaje inesperado), con Martin Freeman, Ian McKellen, Andy Serkis, Cate Blanchett, Elijah Wood (+ productor, guionista y actor).

2013. "The Hobbit: The Desolation of Smaug" (El Hobbit: la desolación de Smaug), con Martin Freeman, Ian McKellen, Richard Armitage, Cate Blanchett, Andy Serkis (+ productor, guionista y actor).

2014. "The Hobbit: The Battle of the Five Armies" (El Hobbit: la batalla de los cinco ejércitos), con Martin Freeman, Ian McKellen, Richard Armitage, Cate Blanchett, Christopher Lee (+ productor, guionista y actor).

— Televisión —

1995. "Forgotten Silver" (La verdadera historia del cine), con Thomas Robins, Beatrice Ashton, Richard Shirtcliffe, Sarah McLeod, Peter Corrigan. *Co-dirigida por Costa Botes* (+ productor y guionista).

16
Eric Idle

En el reino de Spamalot

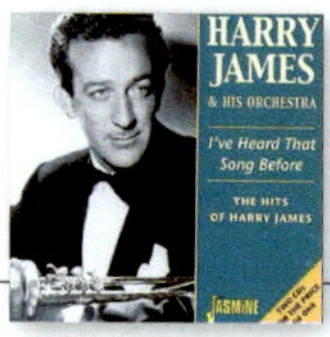

«I´ve Heard that Song Before»
Harry James & His Orquestra
Helen Forrest - Vocals

«Always Look on the Bright Side of Life»
The Life of Bryan

Los Monty Python revolucionaron por completo el panorama de la comedia con un programa de televisión escrito, interpretado y dirigido por ellos mismos en la década de los años setenta.

Monty Python Flying Circus supuso la recuperación del humor absurdo inteligente y convirtió a sus componentes —John Cleese, Michael Palin, Terry Jones, Eric Idle, Graham Chapman y Terry Gilliam (el único americano)— en referentes mundiales del humor. El éxito fue de tal magnitud que en 1975 el grupo decide realizar su primer largometraje cinematográfico: *Los caballeros de la mesa cuadrada y sus locos seguidores* (*Monty Python and the Holy Grail*), dirigida por Terry Gilliam y Terry Jones. Como era de esperar, la película causa furor y se convierte en un clásico en el Reino Unido y arrasa en las taquillas de todo el mundo.

Quiero que sirva este preámbulo para situar mi relación con Eric Idle, un maravilloso caradura que vive y deja vivir, pero que, sobre todo, bebe y deja beber.

Con Eric idle junto a El Tricicle, el Rey Arturo y la Dama del Lago. La cara brillante de la vida que algunos se empeñaron en ensuciar.

A finales del año 2006 y principios del 2007, decido activar la compra de los derechos de *Spamalot, The Musical*, o lo que es lo mismo, la versión teatral de *Los caballeros de la mesa cuadrada y sus locos seguidores*, con ciertas licencias, nuevos gags y divertidas canciones. Como era lógico, la obra fue un gran éxito en el West End londinense y también en Broadway. Me puse en contacto con mi amiga de Nueva York, la agente teatral Tonda Marton, y adquirí para la empresa los derechos de representación para España. Durante el 2007 y principios del 2008, realizamos el desarrollo, la preproducción, los *castings*… y finalmente estrenamos en septiembre del 2008 en Barcelona. Es importante resaltar que para una producción tan compleja y costosa se requería contratar en la dirección a alguien que entendiera y participara del humor Monty Python y que a la vez tuviera la experiencia necesaria para controlar semejante proyecto.

Lo vi claro desde el principio: *Spamalot, el musical* solo la podía dirigir El Tricicle. Antes de tomar la decisión, recuerdo que los invité a Londres a ver la obra y los tres quedaron encantados, hasta el punto de participar ellos mismos en la producción con una pequeña parte de la inversión. El trabajo de Paco, Joan y Carles fue extraordinario y el resultado, magnífico. Sigo pensando que *Spamalot* fue la más grande superproducción de teatro musical jamás hecha en Barcelona desde la iniciativa privada.

La obra no mereció el triste final que tuvo en Madrid y en la que yo ya no participé. Solo los necios, los torpes o los incapaces pueden destruir aquello que tan bien funcionaba.

A estas alturas, alguien se estará preguntando ya cuándo va a aparecer el bueno de Eric Idle en este capítulo. Pues bien, justo ahora: a principios del 2009 lo invité para que conociera en Barcelona lo que habíamos hecho con su obra. Recuerdo que al finalizar la presentación me dio la mano y me dijo: «Caballero, estoy impresionado. Es el mejor *Spamalot* que he visto en el extranjero, incluso es mucho mejor que alguno que está de gira por el Reino Unido. Felicidades».

Los años y la experiencia te ayudan a distinguir cuándo alguien te dice algo por compromiso o por convencimiento, y Idle estaba feliz del trato que le habíamos dado a su criatura. En esos breves días de su estancia en Barcelona, ya pude intuir que su afición al vino blanco y al champán rosado lo transformaba en un tipo mucho más divertido, incluso amable. Pude constatar todo eso tres años después en Santa Mónica, donde vive. Recuerdo que fuimos a cenar a *Le Dôme*, un exclusivo y carísimo restaurante en Sunset Blvd., donde suele reunirse el mundo del espectáculo. También recuerdo que pagué yo la cuenta, mientras Eric me recordaba con una sonrisa que los cómicos nunca pagan, para eso ya están los productores. Luego me adelantó que estaban pensando, con el resto del grupo, en hacer un gran «*one week show*» en Londres, como despedida definitiva, como en efecto así fue. «Me siento viejo —me dijo—, creo que cuando empecé en este negocio el mar Muerto estaba solo enfermo.»

Pero atacó de nuevo y me ofreció volver a montar *Spamalot* en España y Latinoamérica. Ante mi cara de perplejidad y asombro, añadió: «Bueno, tal vez dentro de unos años, cuando quieras». Dado mi poco entusiasmo, cambió el rumbo de la conversación y lo situó en lo que realmente le gusta de la vida y no se bebe: el fútbol.

Hablamos mucho del Barça y de la Premier League, que sigue jornada a jornada, aunque eso lo lleve a instalar en su jardín una antena parabólica del tamaño de un paracaídas.

Always look on the bright side of life.

Qué tipo más raro.

— Cine —

1967. "Albert Carter Q.O.S.O.", de Ian Brims (CM) (+ guión).

1971. "And Now for Something Completely Different" (Se armó la gorda), de Ian McNaughton (+ guión).

1974. "Monty Python and the Holy Grail" (Los caballeros de la mesa cuadrada y sus locos seguidores), de Terry Gilliam y Terry Jones (+ guión).

1976. "Pleasure at Her Majesty's", de Roger Graef (+ guión).

1979. "The Life of Brian" (La vida de Brian), de Terry Jones (+ guión).

1982. "Monty Python Live at the Hollywood Bowl" (Monty Python en Hollywood), de Terry Hughes (+ guión).

1983. "Monty Python's The Meaning of Life" (El sentido de la vida), de Terry Jones (+ guión). "Yellowbeard" (Los desmadrados piratas de Barba Amarilla), de Mel Damski.

1985. "National Lampoon's European Vacation" (Las vacaciones europeas de una chiflada familia americana), de Amy Heckerling.

1988. "The Adventures of Baron Munchausen" (Las aventuras del barón Munchausen), de Terry Gilliam.

1989. "Nuns on the Run" (Monjas a la carrera), de Jonathan Lynn.

1990. "Too Much Sun", de Robert Downey (Vídeo: "Locuras de familia"). "Everything You Need to Know About Buying and Selling a Used Car, But Were Afraid to Ask", de Sheldon Greenberg (MM).

1991. "Missing Pieces" (Contigo llegó el desastre), de Leonard Stern.

1992. "Mom and Dad Save the World", de Greg Beeman.

1993. "Splitting Heirs" (Recién nacido y ya coronado), de Robert Young (+ guión y productor).

1994. "Honey, I Shrunk the Audience", de Randal Kleiser.

1995. "Casper" (Casper), de Brad Silberling.

1996. "The Wind in the Willows" (Viento en los sauces), de Terry Jones.

1997. "An Alan Smithee Film: Burn, Hollywood, Burn" (¡Arde Hollywood!), de Arthur Hiller.

1999. "Dudley Do-Right" (Dudley de la montaña), de Hugh Wilson. "Pirates: 3D Show", de Keith Melton (CM) (+ guión).

2000. "Brightness", de Andrew Tsao (CM).

2003. "Hollywood Homicide" (Hollywood: Departamento de Homicidios), de Ron Shelton.

2004. "Ella Enchanted" (Hechizada), de Tommy O'Haver.

2010. "Not the Messiah: He's a Very Naughty Boy", de Aubrey Powell (Vídeo: "No es el Mesías [Es un sinvergüenza]") (+ guión).

2012. "What About Dick?", de Aubrey Powell y Eric Idle (+ guión).

— Televisión —

1966. "Alice in Wonderland", de Jonathan Miller.
1978. "The Rutles: All You Need Is Cash", de Eric Idle y Gary Weis (+ guión).
1985. "The Pied Piper of Hamelin" (El flautista de Hamelin), de Nicholas Meyer.
1987. "The Mikado", de John Michael Phillips.
1989. "Around the World in 80 Days" (La vuelta al mundo en 80 días), de Buzz Kulik.
2002. "The Scream Team", de Stuart Gillard.
2003. "Christmas Vacation 2: Cousin Eddie's Island Adventure" (Las locas aventuras del primo Eddie), de Nick Marck.

17 Forrest J. Ackerman

El abuelo de todos los frikis

«Moonlight Serenade»
Glenn Miller Orchestra

«Fun, Fun, Fun»
The Beach Boys

Forrest J. Ackerman fue un adelantado a su tiempo, un aficionado compulsivo del cine fantástico y, sobre todo, de terror y ciencia ficción.

Era un coleccionista obsesivo que pasaba el rastrillo cuando finalizaban los rodajes para llevarse a su casa lo que los estudios tiraban a la basura. Un cazador furtivo de autógrafos y de fotos con famosos, cuando aún no se había inventado la palabreja *selfie*. Era, en definitiva, un friki con todas las de la ley; tal vez el primer abuelo megafriki de la historia.

Su pasión lo llevó a fundar y dirigir la legendaria revista *Famous Monsters* y a convertirse en el incuestionable gurú del cine fantástico escrito en la década de los setenta y los ochenta. Me falta añadir que, además de todo lo expuesto, Forrest era una buena persona, siempre con la misma cara, eso sí, de quien ha olvidado donde ha aparcado el coche.

Desgraciadamente y como veremos más adelante, tuvo un inesperado, desgraciado y triste final. Pero vayamos por partes y situémonos en la primavera de 1987, en el barrio de Los Feliz de Hollywood, donde tenía su casa museo y vivía con su mujer. Allí nos dirigimos el secretario general del Festival y yo. Para entrevistarnos con él contamos con los siempre profesionales servicios de un viejo amigo del Festival de Sitges: Luis Gasca, alguien capaz de entrevistar a Espartaco Santoni para la revista *Hola*, escribir una biografía de Marilyn Monroe, montar una exposición sobre Frankenstein —la inolvidable «Frankie goes to Sitges» (1987)— y todo ello al mismo tiempo. He conocido a poca gente con esa capacidad para el trabajo y el orden. Uno de esos tipos que planifica hasta los tiempos de espera en los aeropuertos.

Pero volvamos a nuestra historia. Luis nos advirtió que Forry —como lo llamaban sus amigos— era muy divertido contando historias, pero también muy pesado. Para él el tiempo no tenía significado si se encontraba a gusto hablando de bichos y monstruos, exactamente lo contrario a Luis.

Nosotros, esencialmente, queríamos invitarlo para que formara parte del jurado internacional del Festival, algo que de forma emocionada aceptó de inmediato. Estuvimos en su casa más de tres horas, que parecieron tres días. Por nuestros ojos desfilaron la cabeza de E. T. firmada y dedicada por el propio Spielberg, la primera maqueta de *El halcón milenario* de *Star Wars*, el auténtico anillo de Bela Lugosi que lució en el primer Drácula y diversas prótesis, pelucas y vendas que utilizaron Boris Karloff y Elsa Lanchester en *La novia de Frankenstein*. Todo ello entre cientos de objetos, guiones firmados y partes de decorados robados.

Así era la casa del señor Ackerman, un depósito olvidado por el tiempo en el que tan solo él sabía cómo moverse. El remate nos llegó cuando nos disponíamos a salir de su vivienda. En la piscina de su jardín tenía una maqueta de ocho metros del Nautilus de *20.000 leguas de viaje submarino* y varias aletas dorsales del tiburón de Steven Spielberg flotando pacíficamente a su lado. Forry nos despidió amablemente dejándonos la sensación de haber pasado la tarde jugando en la casa de un niño de metro noventa que nos había invitado a merendar.

Como era de esperar, su presencia en Sitges desató la emoción y la pasión de los frikillos nacionales, convirtiéndose a ese nivel en una de las grandes estrellas de aquella edición, marcada por una versión reducida del diluvio universal; eso que hoy se llama «ciclogénesis», antes conocida por «gota fría», y que nuestros abuelos siempre llamaron «una tormenta de cojones». Tal fue el estruendo del agua y el aparato eléctrico que durante la proyección del bueno de Sam Raimi de *Terroríficamente muertos* (*Evil Dead 2*, 1987) los espectadores confundían los efectos especiales con el fenómeno atmosférico del exterior. Nunca vi llover así.

La parte triste y trágica de esta historia pasó después del Festival, cuando Forry y su esposa decidieron desplazarse hasta Italia para conocer parte de la tierra de los ancestros de ella. En Nápoles, un perturbado se abalanzó con un martillo sobre el parabrisas de su vehículo de alquiler y golpeó repetidamente a su mujer. Quedó tetrapléjica, fue trasladada a Los Ángeles y falleció meses después.

Forrest J. Ackerman cayó entonces por un precipicio emocional sin fin. Su casa fue incautada por los bancos, siempre tan empáticos, humanos, comprensivos y misericordes con el dolor ajeno. Su colección se subastó y consiguió malvivir sus últimos días gracias a la ayuda económica de directores como Joe Dante, Richard Fleischer o el propio Spielberg.

Qué lamentable final para un buen tipo que solo quería coleccionar los cromos de sus monstruos favoritos.

Cada vez que recuerdo esta historia, pienso en lo cruel que puede ser el destino, deparándonos la peor pesadilla de nuestra existencia, incluso en aquellos que disfrutaban jugando con la muerte.

— Actividades diversas —

1957. "Invasion of the Saucer Men", de Edward L. Cahn (Vídeo: "La invasión de los hombres del espacio"). *Asesor técnico.*

1965. "The Wizard of Mars", de David L. Hewitt. *Asesor técnico.*

1967. "Mad Monster Party?", de Jules Bass. *Guionista.*

1983. "Filmgore", de Ken Dixon. *Guionista.*

1991. "Amazing Worlds of Science Fiction and Fantasy", de Ray Ferry. *Guionista.*

1993. "Dinosaur Movies", de Donald F. Glut. *Asesor técnico.*

1996. "Letter to an Angel", de Ron Ford (CM). *Argumento.*

1998. "Universal Horror", de Kevin Brownlow. *Asesor técnico.*

2004. "CreepTales", de Tim Boxell, Stephen Hegyes, Steve Hegyi, Ken Mandel, Greg Middleton, Roger Nygard, James Salisbury y Rod Slane. *Asesor técnico.*

— Como actor —

1944. "Hey, Rookie!", de Charles T. Barton.

1947. "The Farmer's Daughter" (Un destino de mujer), de H.C. Potter.

1948. "The Winner's Circle", de Felix E. Feist.

1964. "The Time Travelers", de Ib Melchior (Vídeo: "Los viajeros del tiempo").

1966. "Queen of Blood", de Curtis Harrington (Vídeo: "Planeta sangriento").

1967. "The Power" (El poder), de Byron Haskin.

1971. "Dracula vs. Frankenstein/Blood of Frankenstein", de Al Adamson (Vídeo: "Drácula versus Frankenstein") (+ asesor técnico).

1973. "Schlock" (El monstruo de las bananas), de John Landis.

1976. "Hollywood Boulevard", de Allan Arkush y Joe Dante. "King Kong" (King Kong), de John Guillermin.

1977. "The Kentucky Fried Movie" (Made in USA), de John Landis.

1978. "The Aftermath", de Steve Barkett (Vídeo: "El día después del juicio final").

1980. "The Howling" (Aullidos), de Joe Dante.

1983. "Scalps", de Fred Olen Ray. "Thriller", de John Landis (CM).

1987. "Evil Spawn", de Kenneth J. Hall y Ted Newsom (Vídeo: "Engendro satánico"). "Amazon Women on the Moon" (Amazonas en la luna), episodio de Robert K. Weiss. "Return of the Living Dead Part II" (La divertida noche de los zombies), de Ken Wiederhorn.

1988. "The Wizard of Speed and Time", de Mike Jittlov (Vídeo: "El mago de la velocidad y el tiempo"). "Curse of the Queerwolf", de Mark Pirro.

1989. "My Mom's a Werewolf", de Michael Fischa (Vídeo: "Mi madre es una mujer lobo"). "The Laughing Dead", de Somtow Sucharitkul. "Transylvania Twist", de Jim Wynorski (Vídeo: "Transilvania twist").

1990. "My Lovely Monster", de Michel Bergmann (+ guionista). "Hard to Die", de Jim Wynorski.

1991. "Nudist Colony of the Dead", de Mark Pirro.

1992. "Braindead" (Braindead: tu madre se ha comido a mi perro), de Peter Jackson. "Innocent Blood" (Sangre fresca), de John Landis.

1994. "That Little Monster", de Paul Bunnell. "Ceremony", de Joe Castro. "Beverly Hills Cop III" (Superdetective en Hollywood III), de John Landis.

1995. "Bikini Drive-In", de Fred Olen Ray. "Attack of the 60 Foot Centerfold", de Fred Olen Ray.

1996. "Vampirella", de Jim Wynorski (Vídeo: "Vampirella") (+ productor y argumento). "Dinosaur Valley Girls", de Donald F. Glut. "Future War", de Anthony Doublin.

2000. "The Vampire Hunters Club", de Donald F. Glut (CM).

2001. "The Double-D Avenger", de William Winckler. "SadoMannequin", de Jim Torres (CM). "The Creep", de Mark Del Rio.

2003. "Skinned Deep", de Gabriel Bartalos.

2005. "The Naked Monster", de Wayne Berwick y Ted Newsom. "Scarlet Moon", de Warren F. Disbrow.

2006. "Signs of Life", de Robert Sexton (CM).

2008. "The Boneyard Collection", de Edward L. Plumb.

2009. "The Dead Undead", de Matthew Anderson y Edward Conna. "Second Unit", de Ian Johnston y Michael MacDonald (CM).

— Televisión —

1979. "Starstruck", de Alfred Viola.
2005. "The Scorned", de Robert Kubilos.

18 Quentin Tarantino

Con él llegó el exceso

«I Got Rhythm»
Marilyn Moore

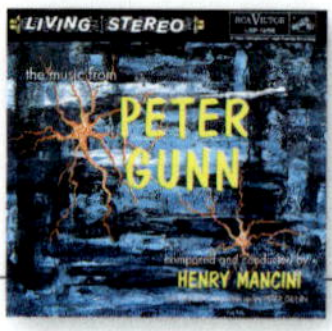

Tema original de «Peter Gunn»
Henry Mancini

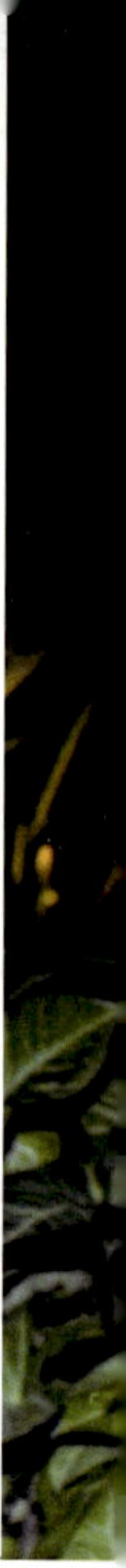

En mi último año como director del Festival tuve la suerte de concentrar a tres directores megaestrella. Uno, Ridley Scott, lo era y nos recordaba que lo era en todo momento; otro, Peter Jackson, solo se preocupaba de ver cine y no tosía por no molestar; y finalmente, un maestro cinéfilo insaciable, alguien a quien, pese a que ni él mismo lo supiera, la historia del cine lo estaba esperando con los brazos abiertos: Quentin Tarantino.

Los tres coincidieron en 1992 en Sitges y esta es la historia de Quentin.

Comienza en el Festival de Cine de Cannes de ese mismo año. Allí, concretamente en el Marche du Film, exhiben una película que me encanta, pero que no me parece cien por cien del género fantástico: *Reservoir Dogs* (1992). Tras una reunión con la productora original, la ya desaparecida Carolco, y sobre todo gracias a la decidida ayuda del distribuidor nacional, Marcel Jassé, decido programar la película y de paso invitar a

Quentin Tarantino era un perfecto desconocido cuando llegó al Festival de 1992. Allí conoció a Santiago Segura y en plena corriente de simpatía mútua, promocionó el cortometraje *Evilio*. Había nacido el *T-Shirt Selfmarketing* que Segura ha perfeccionado como nadie.

su director, un tal Tarantino. que según me avanzaron «te va a encantar porque solo sabe hablar de cine».

Y llegó el terremoto Quentin Tarantino, que sabía más del Festival de Sitges que yo mismo, y, efectivamente, no paraba de hablar de cine. Mejor dicho, no paraba de hablar, fuera de lo que fuese. Así me enteré de sus orígenes como mal estudiante, gamberro, chico de vídeoclub y devorador de películas comerciales, así como de su pasión por la música y los cómics. Tarantino hablaba como sus personajes, con diálogos estupendos y muy trabajados, a una velocidad endiablada y un tono alto, como si todos los que lo escuchaban fueran sordos. Y pasaron los almuerzos, las cenas y algún desayuno —recuerdo especialmente el del último día de su estancia— hablando de cine americano clásico, de cine italiano de los setenta y de todas las películas de artes marciales que uno pueda recordar, que en mi caso, no son muchas. Agotador.

Llegó acompañado de su productor, descubridor y amigo Lawrence Bender y de un escurridizo, frente a la prensa, Tim

Roth, protagonista de *Reservoir Dogs* y actor fetiche de Tarantino. Por aquel entonces todos eran —incluso Roth— unos perfectos desconocidos para el gran público, en contraste con la siguiente visita del director al Festival, en la que tenía que sacudirse a manotazos a todo *friki-fan* que se le colgaba del cuello. Dura forma de pagar el precio de la fama cuando eres director-estrella.

Quentin se fue y me avanzó que tenía medio escrita una película que inició en Sitges, era *Pulp Fiction* (1994). También me dijo algo que posteriormente, cuando nos hemos visto, le he recordado.

Me comentó que a él le cuesta mucho decidirse por un proyecto. Tiene tantas opciones en su complicada cabeza que no sabe por dónde empezar. Si nos fijamos, alguien con semejante fuerza creativa tan solo ha rodado ocho películas en casi veinticinco años.

Y es que todo en Tarantino es excesivo.

También su enorme talento.

— Actividades diversas —

1987. "King Lear", de Jean-Luc Godard. *Actor.* "Maximum Potential", de John Langley. *Ayudante de producción.*

1989. "Vegatables", de Laura Lovelace. *Actor.*

1991. "Past Midnight", de Jan Eliasberg. *Productor y guión.*

1992. "Eddie Presley", de Jeff Burr. *Actor.*

1993. "True Romance" (Amor a quemarropa), de Tony Scott. *Guión.* "Killing Zoe" (Killing Zoe), de Roger Avary. *Productor.*

1994. "Sleep with Me" (Duerme conmigo), de Rory Kelly. *Actor.* "The Coriolis Effect", de Louis Venosta (CM). *Actor.* "Natural Born Killers" (Asesinos natos), de Oliver Stone. *Argumento.* "Somebody to Love" (Alguien a quien amar), de Alexandre Rockwell. *Actor.*

1995. "Destiny Turns on the Radio", de Jack Baran (Vídeo: "Johnny Destiny"). *Actor.* "Desperado" (Desperado), de Robert Rodriguez. *Actor.* "Crimson Tide" (Marea roja), de Tony Scott. *Actor.* "Dance Me to the End of Love", de Aaron Goffman (CM). *Actor y guión.* "From Dusk Till Dawn" (Abierto hasta el amanecer), de Robert Rodriguez. *Productor, actor y guión.*

1996. "Girl 6" (Girl 6), de Spike Lee. *Actor.* "Curdled" (Tú asesina que nosotras limpiamos la sangre), de Reb Braddock. *Productor, actor y guión.*

1997. "Full Tilt Boogie" (Full Tilt Boogie), de Sarah Kelly. *Productor y actor.*

1998. "Good Said, Ha!", de Julia Sweeney. *Productor.* "From Dusk Till Dawn: Texas Blood Money" (Abierto hasta el amanecer 2), de Scott Spiegel. *Productor y argumento.*

1999. "From Dusk Till Dawn: Hangman's Daughter" (Abierto hasta el amanecer 3: la hija del verdugo), de P.J. Pesce. *Productor.*

2000. "Little Nicky" (Little Nicky), de Steven Brill. *Actor.*

2004. "My Name Is Modesty", de Scott Spiegel (Vídeo: "Mi nombre es Modesty"). *Productor.*

2005. "Hostel" (Hostel), de Eli Roth. *Productor.* "Daltry Calhoun", de Katrina Holden Bronson. *Productor.*

2006. "Freedom's Fury", de Colin K. Gray y Megan Raney. *Productor.*

2007. "Hostel 2" (Hostel 2), de Eli Roth. *Productor.* "Planet Terror" (Planet Terror), de Robert Rodriguez. *Productor y actor.* "Sukiyaki Western Django", de Takashi Miike. *Actor.* "Diary of the Dead", de George A. Romero (Vídeo: "El diario de los muertos"). *Actor.*

2008. "Hell Ride", de Larry Bishop (Vídeo: "Hell Ride"). *Productor.*

2010. "Coming Home", de James Riggs (CM). *Productor.*

2013. "Scenes fom Django Unchained - UK Winner", de Toby Roberts (CM). *Guión.*

2014. "She's Funny That Way" (Lío en Broadway), de Peter Bogdanovich. *Actor.*

— Realizaciones —

1983. "Love Birds in Bondage". *Co-dirigida por Scott Magill. Cortometraje* (+ guión y actor).
1987. "My Best Friend's Birthday", con Craig Hamann, Rowland Wafford, Alan Sanborn, Allen Garfield, Linda Kaye (+ productor, guión, actor y montaje).
1992. "Reservoir Dogs" (Reservoir Dogs), con Harvey Keitel, Tim Roth, Chris Penn, Steve Buscemi, Lawrence Tierney (+ guión y actor).
1994. "Pulp Fiction" (Pulp Fiction), con John Travolta, Samuel L. Jackson, Uma Thurman, Harvey Keitel, Tim Roth (+ guión y actor).
1995. "Four Rooms" (Four Rooms), episodio *The Man from Hollywood*, con Tim Roth, Bruce Willis, Paul Calderon, Marisa Tomei, Kathy Griffin (+ productor, guión y actor).
1997. "Jackie Brown" (Jackie Brown), con Pam Grier, Samuel L. Jackson, Robert Forster, Bridget Fonda, Robert De Niro (+ guión).
2003. "Kill Bill" (Kill Bill), con Uma Thurman, Lucy Liu, Vivica A. Fox, Michael Madsen, Daryl Hannah (+ guión).
2005. "Sin City" (Sin City, ciudad del pecado), con Jessica Alba, Benicio del Toro, Rutger Hauer, Mickey Rourke, Bruce Willis. *Co-dirigida por Robert Rodriguez y Frank Miller.*
2007. "Death Proof" (Death Proof), con Kurt Russell, Rosario Dawson, Vanessa Ferlito, Jordan Ladd, Rose McGowan (+ guión, fotografía y actor).
2009. "Inglorious Basterds" (Malditos bastardos), con Brad Pitt, Diane Kruger, Mélanie Laurent, Christoph Waltz, Daniel Brühl (+ guión y actor).
2012. "Django Unchained" (Django desencadenado), con Jamie Foxx, Christoph Waltz, Leonardo DiCaprio, Kerry Washington, Samuel L. Jackson (+ guión y actor).
2015. "The Hateful Eight" (Los odiosos ocho), con Kurt Russell, Jennifer Jason Leigh, Samuel L. Jackson, Tim Roth, Bruce Dern (+ guión).

19

Robert Wise

Un toque de distinción

«Anything Goes»
Dakota Staton

«The Sound of Music»
Julie Andrews

Haber conocido a personas y directores como Robert Wise hace que uno se sienta orgulloso de dedicarse a esta profesión, de formar parte de la familia del mundo del espectáculo y del cine en particular.

Wise era un caballero en la plena extensión de la palabra, un hombre noble y generoso en la vida cotidiana y un director enamorado de su trabajo. También nos deja el testamento de un artesano fiable, cuidadoso y un hábil e incansable estajanovista. Un legado único y delicioso.

Era el abuelito perfecto cuyas *batallitas* nacían prácticamente con el cine mudo y acababan con sus supermusicales, como *West Side Story* (1961) o *Sonrisas y lágrimas* (*The Sound of Music*, 1965). Recuerdo perfectamente cómo se le iluminaba el rostro cuando hablaba de Julie Andrews: la admiraba profundamente. Valoraba su personalidad, su profesionalidad, la pasión por el trabajo bien hecho y, sobre todas las cosas, su permanente sonrisa. Ella y su marido, Blake Edwards, estaban enamorados de la vida. Nunca la vio de mal humor, enfadada o triste. Ni tan siquiera cuando le dieron el papel de Eliza Doolittle (*My Fair Lady*, 1964) a Audrey Hepburn para ser doblada en las canciones de la película, mientras que Julie Andrews triunfaba en Broadway con la misma obra y el mismo personaje. Julie era el paradigma de la perfección convertida en actriz, alguien que no dejaba de repetir y repetirse la frase de Lewis Carroll que tan bien definía su lema preferido: «Puedes llegar a cualquier parte siempre que andes lo suficiente».

Wise poseía además una portentosa memoria que me maravillaba cuando le preguntaba por la edad de oro de Hollywood o por magníficas películas suyas como *Ultimátum a la tierra* (*The Day the Earth Stood Still*, 1951) o *Nadie puede vencerme* (*The Set-up*, 1949), en mi opinión, una de las cinco mejores películas de la historia sobre el mundo del boxeo. Robert Wise se paseó y cultivó casi todos los géneros con excepción de la comedia, porque decía de él mismo que no era gracioso y que no sabía hacer reír. Tal bagaje artístico llegó a su culminación con su acercamiento al cine fantástico de la mano de *La amenaza de Andrómeda* (*The Andromeda Strain*, 1971) y *Star Trek, the Movie* (1979).

Pero hay otra historia menos laboral y más humana y divertida que me gustaría contar aquí con respecto a Robert Wise. Él aceptó la invitación del Festival de Cine de Sitges bajo dos conceptos: en primer lugar, por su dilatada trayectoria como director, y en segundo, por ser el presidente de la Academia de Artes y Ciencias de Hollywood. Esto último propició que me invitase junto al secretario general del Festival a la siguiente edición de entrega de los premios Oscar.

Corría el año 1988 y Wise nos recibió en Hollywood con idéntico señorío y amabilidad que la mostrada en Sitges. Aunque llegué con tres días de anticipación para superar el *jet lag*, alquilar el esmoquin y la limusina, el tiempo se hizo corto una vez más y Wise debía supervisar los ensayos de la ceremonia y, además, invitarnos a cenar y ser un gran anfitrión. Y así fue cómo me vi en la 60.ª edición de los premios Oscar, presentados aquel año por Chevy Chase y en la que arrasó Bernardo Bertolucci con *El último emperador* (*The Last Emperor*, 1987). Como anécdota de esa noche nunca olvidaré que compartí urinario con Burt Lancaster en una de las pausas del espectáculo y su presencia me dejó prácticamente mudo, tanto como a su inseparable colega y amigo en mil aventuras Nick Cravat, aunque aquel fuera sordomudo de nacimiento. Recordaré también la larga siesta del presidente de Filmax, a quien habíamos invitado: un perillán que no vio ni un minuto de la ceremonia, solo la durmió.

Sirvan estas breves líneas en memoria de Robert Wise, para recordar asimismo a otro amigo fallecido que nos acompañó esa noche: Ramón *The Sow* Nieto. Enorme compañero, permanente anfitrión y colaborador del Festival en Los Ángeles.

Un buen tipo con mala suerte en la vida.

— Como montador —

1934. "Of Human Bondage" (Cautivo del deseo), de John Cromwell. *Montaje de sonido.* "The Gay Divorcee" (La alegre divorciada), de Mark Sandrich. *Montaje de sonido.*

1935. "The Informer" (El delator), de John Ford. *Montaje de sonido.* "Top Hat" (Sombrero de copa), de Mark Sandrich. *Montaje de sonido.*

1939. "The Story of Vernon and Irene Castle" (La historia de Irene Castle), de H.C. Potter. *Asistente.* "Bachelor Mother" (Mamá a la fuerza), de Garson Kanin. "Fifth Avenue Girl" (La muchacha de la 5.ª Avenida), de Gregory La Cava. "The Hunchback of Notre Dame" (Esmeralda la zíngara), de William Dieterle.

1940. "My Favorite Wife" (Mi mujer favorita), de Garson Kanin. "Dance, Girl, Dance", de Dorothy Arzner (Vídeo: "Baila, chica, baila").

1941. "Citizen Kane" (Ciudadano Kane), de Orson Welles. "All That Money Can Buy" (El hombre que vendió su alma), de William Dieterle.

1942. "The Magnificent Ambersons" (El cuarto mandamiento), de Orson Welles. "Seven Days' Leave" (Siete noches en Nueva York), de Tim Whelan.

1943. "Bombardier", de Richard Wallace (Vídeo: "Bombardero"). "The Fallen Sparrow", de Richard Wallace (Vídeo: "Perseguido"). "The Iron Major", de Ray Enright.

— Como productor —

1953. "Return to Paradise" (Retorno al paraíso), de Mark Robson.
1970. "The Baby Maker" (Un bebé para mi esposa), de James Bridges.
1971. "Happy Birthday, Wanda June", de Mark Robson.
1986. "Wisdom", de Emilio Estévez (Vídeo: "Wisdom, el delincuente").
1992. "At Night the Sun Shines", de Guillermo Real (CM).

— Realizaciones —

1944. "The Curse of the Cat People", con Simone Simon, Kent Smith, Jane Randolph, Elizabeth Russell, Ann Carter (Vídeo: "La venganza de la mujer pantera"). *Co-dirigida por Gunther von Fritsch.* "Mademoiselle Fifi", con Simone Simon, Kurt Kreuger, John Emery, Alan Napier, Helen Freeman (Vídeo: "Mademoiselle Fifi").

1945. "The Body Snatcher", con Boris Karloff, Bela Lugosi, Henry Daniell, Edith Atwater, Russell Wade (Vídeo: "El ladrón de cadáveres"). "A Game of Death", con John Loder, Audrey Long, Edgar Barrier, Russell Wade, Russell Hicks.

1946. "Criminal Court", con Tom Conway, Martha O'Driscoll, June Clayworth, Robert Armstrong, Addison Richards (Vídeo: "Juzgado criminal").

1947. "Born to Kill", con Claire Trevor, Lawrence Tierney, Walter Slezak, Philip Terry, Elisha Cook Jr (Vídeo: "Nacido para matar").

1948. "Mystery in Mexico", con William Lundigan, Jacqueline White, Ricardo Cortez, Tony Barrett, Jacqueline Dalya (Vídeo: "Misterio en México"). "Blood on the Moon", con Robert Mitchum, Barbara Bel Geddes, Robert Preston, Walter Brennan, Tom Tully (Vídeo: "Sangre sobre la luna").

1949. "The Set-Up", con Robert Ryan, Audrey Totter, George Tobias, Alan Baxter, James Edwards (Vídeo: "Combate trucado/ Nadie puede vencerme").

1950. "Three Secrets" (Tres secretos), con Eleanor Parker, Patricia Neal, Ruth Roman, Frank Lovejoy, Leif Erickson. "Two Flags West" (Entre dos juramentos), con Linda Darnell, Joseph Cotten, Jeff Chandler, Cornel Wilde, Dale Robertson.

1951. "The House on Telegraph Hill" (La casa de la colina), con Richard Basehart, Valentina Cortese, William Lundigan, Fay Baker, Gordon Gebert (+ guión). "The Day the Earth Stood Still" (Ultimátum a la tierra), con Michael Rennie, Patricia Neal, Hugh Marlowe, Sam Jaffe, Billy Gray.

1952. "The Captive City", con John Forsythe, Joan Camden, Harold J. Kennedy, Victor Sutherland, Marjorie Crossland (Vídeo: "La ciudad cautiva"). "Something for the Birds", con Victor Mature, Patricia Neal, Edmund Gwenn, Larry Keating, Gladys Hurlbut.

1953. "Destination Gobi" (Tempestad en Asia), con Richard Widmark, Don Taylor, Darryl Hickman, Martin Milner, Casey Adams. "The Desert Rats" (Las ratas del desierto), con Richard Burton, James Mason, Robert Newton, Chips Rafferty, Robert Douglas. "So Big" (Trigo y esmeralda), con Jane Wyman, Sterling Hayden , Nancy Olson, Steve Forrest, Martha Hyer.

1954. "Executive Suite" (La torre de los ambiciosos), con William Holden, June Allyson, Barbara Stanwyck, Fredric March, Walter Pidgeon.

1955. "Helen of Troy" (Helena de Troya), con Rossana Podestà, Stanley Baker, Jacques Sernas, Cedric Hardwicke, Harry Andrews.

1956. "Tribute to a Bad Man" (La ley de la horca), con James Cagney, Don Dubbins, Stephen McNally, Irene Papas, Vic Morrow. "Somebody Up There Likes Me" (Marcado por el odio), con Paul Newman, Pier Angeli, Everett Sloane, Eileen Heckart, Sal Mineo.

1957. "This Could Be the Night", con Jean Simmons, Paul Douglas, Anthony Franciosa, Joan Blondell, ZaSu Pitts. "Until They Sail" (Mujeres culpables), con Paul Newman, Jean Simmons, Joan Fontaine, Sandra Dee, Piper Laurie.

1958. "Run Silent, Run Deep" (Tórpedo), con Clark Gable, Burt Lancaster, Jack Warden, Brad Dexter, Don Rickles. "I Want to Live!" (¡Quiero vivir!), con Susan Hayward, Simon Oakland, Virginia Vincent, Theodore Bikel, Wesley Lau.

1959. "Odds Against Tomorrow" (Apuestas contra el mañana), con Harry Belafonte, Robert Ryan, Shelley Winters, Ed Begley, Gloria Grahame (+ productor).

1961. "West Side Story" (West Side Story), con Natalie Wood, Richard Beymer, George

Chakiris, Rita Moreno, Russ Tamblyn. *Co-dirigida por Jerome Robbins* (+ productor).

1962. "Two for the Seesaw" (Cualquier día en cualquier esquina), con Robert Mitchum, Shirley MacLaine, Edmon Ryan, Elizabeth Fraser, Eddie Firestone (+ productor).

1963. "The Haunting" (La mansión encantada), con Julie Harris, Claire Bloom, Richard Johnson, Russ Tamblyn, Lois Maxwell (+ productor).

1965. "The Sound of Music" (Sonrisas y lágrimas), con Julie Andrews, Christopher Plummer, Eleanor Parker, Peggy Wood, Richard Haydn (+ productor).

1966. "The Sand Pebbles" (El Yang Tse en llamas), con Steve McQueen, Richard Attenborough, Richard Crenna, Candice Bergen, Simon Oakland (+ productor).

1968. "Star!" (La estrella), con Julie Andrews, Richard Crenna, Michael Craig, Daniel Massey, Robert Reed.

1971. "The Andromeda Strain" (La amenaza de Andrómeda), con Arthur Hill, David Wayne, James Olson, Kate Reid, Paula Kelly (+ productor).

1973. "Two People" (Encuentro en Marrakech), con Peter Fonda, Lindsay Wagner, Estelle Parsons, Alan Fudge, Geoffrey Horne (+ productor).

1975. "The Hindenburg" (Hindenburg), con George C. Scott, Anne Bancroft, William Atherton, Roy Thinnes, Gig Young (+ productor).

1977. "Audrey Rose" (Las dos vidas de Audrey Rose), con Marsha Mason, Anthony Hopkins, John Beck, Norman Lloyd, Susan Swift.

1979. "Star Trek" (Star Trek, la conquista del espacio), con William Shatner, Leonard Nimoy, DeForest Kelley, Stephen Collins, Persis Khambatta.

1989. "Rooftops", con Jason Gedrick, Troy Beyer, Eddie Velez, Alexis Cruz, Tisha Campbell.

1999. "A Storm in Summer", con Peter Falk, Aaron Meeks, Natassja Kinski, Andrew McCarthy, Ruby Dee. *Telefilm exhibido en diversos festivales cinematográficos.*

Presidente de la Academia de Artes y Ciencias de Hollywood, director de cualquier género cinematográfico y, ante todo, una bellísima persona.

Ultimátum a la Tierra, maravilloso alegato pacifista rodado pocos años después de finalizar la Segunda Guerra Mundial.

20 Tony Bill

Los ojos del conquistador

«The Entertainer»
The Sting

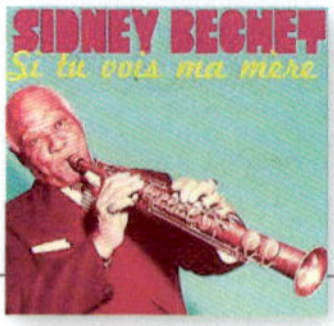

«Si tu vois ma mère»
Sidney Bechet

Vamos a trasladarnos al año 1983, nada más y nada menos. Fue mi primer Festival de Sitges como director absoluto. En aquel momento tenía muchas ideas, mucha ilusión, mucha responsabilidad, mucho miedo y muy poco dinero para poner en práctica el modelo de certamen que quería desarrollar. Y también tenía que buscar apoyos y ayudas. Para ello nadie mejor que mi colega y compañero de profesión, Carlos Pumares, para localizar invitados. Todo fue desarrollándose a la perfección: Carlos me presentó a Enrique Herreros —probablemente el español con más contactos en el mundo del cine, en aquellos años— y él me propuso a Tony Bill, productor de moda en Hollywood, ganador de un premio Oscar por *El golpe* (*The Sting*, 1973) y prototipo de una nueva hornada de productores y directores que llegaban para cambiarlo todo, sin tocar casi nada. Bill estaba de moda por haber coproducido *Taxi Driver* (1976), Palma de Oro del Festival de Cannes, y por ser del grupo de amigos de Martin Scorsese.

Lo que nadie sabía es que también formaba parte del exclusivo club de conquistadores de Hollywood, compuesto por Warren Beatty, George Hamilton y el propio Bill. Recordemos que veníamos del *sexo libre* y el *amor hippie* de los años setenta, algo que nuestro trío se tomó muy en serio. En aquellos años, solía decirse que si abrías la guía telefónica de la ciudad de Los Ángeles, de todas las mujeres que estuvieran registradas entre los dieciocho y los treinta y cinco años, probablemente más de la mitad habrían tenido relaciones con alguno de ellos o con los tres simultáneamente. La fama suele preceder a ciertos galanes seductores, algunos no pueden sustraerse a su pasado y Hollywood suele fomentar ese tipo de leyendas urbanas. El sexo y el cotilleo vende porque siempre hay alguien dispuesto a escuchar o leer sobre temas íntimos que afectan a los famosos. Pues bien, les voy a contar una historia que a mí me dejó aturdido —por aquel entonces era mucho más ingenuo— y que afortunadamente tuvo un final feliz, aunque esto último siempre depende de cómo se mire.

Resulta que Carmen *Tita* Cervera mantuvo, mucho antes de ser baronesa, una aventura con Tony Bill, y tanto debió de quedar prendada del productor que, cuando se enteró de que estaba en Sitges, no paraba de llamarlo al hotel —recuerden, en esos años no existían los teléfonos móviles, ni se había inventado Internet— diciéndole que en una hora se presentaba en el Festival dispuesta a todo. Carmen pasaba unos días en su casa de verano de Sant Feliu de Guíxols y, por tanto, era cierto, se podía presentar en Sitges en una hora. La reacción del señor Bill fue la misma que siente un esquiador cuando percibe el lejano rumor de un alud, sabiendo que lo va a sepultar con total seguridad.

—*The Tarzana is comming! The Tarzana is here!* —exclamó aterrorizado. La llamaba así por ser la viuda de Lex Barker, un gran Tarzán de la pantalla.

El buen hacer como relaciones públicas de Enrique Herreros evitó un drama. Él habló con Carmen advirtiéndole que Tony estaba acompañado y que en el Festival había muchos periodistas. No pasó nada, pero aún hoy resuenan sus gritos en los pasillos del hotel.

Pese a todos esos antecedentes, Tony Bill fue un perfecto presidente del jurado, lúcido en lo profesional y tranquilo en el aspecto sentimental, tal vez influenciado por el cándido aunque tenaz marcaje que sobre él ejercía su esposa Antoinette. Ese año también formaba parte del jurado José Luis Garci, reciente ganador del Oscar de Hollywood por *Volver a empezar* (1983) —premio en el que tuvo muchísimo que ver Enrique Herreros— y director español de moda en aquella época. Ellos decidieron premiar una película francesa en blanco y negro, sin apenas diálogos, de ciencia ficción apocalíptica y en la cual llovían peces del cielo. Estaba interpretada por un jovencísimo Jean Reno —recuerden, Juan Moreno y Herrera-Jiménez, un gaditano que siendo niño se trasladó a París y afrancesó su nombre sin perder su esencia— y dirigida por un tímido y agradecido Luc Besson, hoy en día todopoderoso factótum de la industria del cine comercial galo de superproducción.

Besson aún recuerda a Tony Bill y ese año que pasó por Sitges. Sigue pensando que el premio fue decisivo y determinante para su carrera.

Y yo también.

— Como actor —

1963. "Come Blow Your Horn" (Gallardo y calavera), de Bud Yorkin. "Soldier in the Rain" (Compañeros de armas y puñetazos), de Ralph Nelson.

1965. "None But the Brave" (Todos fueron valientes), de Frank Sinatra. "Marriage on the Rocks" (Divorcio a la americana), de Jack Donohue.

1966. "You're a Big Boy Now" (Ya eres un gran chico), de Francis Ford Coppola.

1967. "Slipstream", de Steven Spielberg (CM).

1968. "How to Steal the World", de Sutton Roley. "Never a Dull Moment" (Ni un momento de respiro), de Jerry Paris. "Ice Station Zebra" (Estación polar Cebra), de John Sturges.

1969. "Castle Keep" (La fortaleza), de Sydney Pollack. "Lanton Mills", de Terrence Malick (CM).

1970. "Flap" (El indio altivo), de Carol Reed.

1975. "Shampoo" (Shampoo), de Hal Ashby.

1976. "Las Vegas Lady" (Las Vegas Lady), de Noel Nosseck.

1979. "Little Dragons", de Curtis Hanson (Vídeo: "Los pequeños dragones") (+ productor). "Heart Beat" (Generación perdida), de John Byrum.

1985. "Pee-Wee's Big Adventure", de Tim Burton (Vídeo: "La gran aventura de Pee-Wee").

1987. "Less Than Zero" (Golpe al sueño americano), de Marek Kanievska.

1996. "Barb Wire" (Barb Wire), de David Hogan.

2000. "Lying in Wait", de D. Shone Kirkpatrick (Vídeo: "Mentiras verdaderas").

2005. "Must Love Dogs" (...Y que le gusten los perros), de Gary David Goldberg.

— Televisión —

1966. "Lee Oswald: Assassin", de Rudolph Cartier. "Death of a Salesman", de Alan Cooke. "On the March to the Sea", de Alan Gibson.
1967. "Dead Wrong", de Robert Butler.
1969. "A Thousand Red Flowers", de Daniel Petrie.
1972. "Haunts of the Very Rich", de Paul Wendkos.
1977. "Washington Behind Closed Doors" (La compañía), de Gary Nelson. "Having Babies II", de Richard Michaels.
1978. "The Initiation of Sarah" (En lo más profundo de la mente), de Robert Day. "With This Ring", de James Sheldon. "Are You in the House Alone?" (¿Estás sola en casa?), de Walter E. Grauman.
1980. "Portrait of an Escort" (Retrato de una acompañante), de Steven Hilliard Stern.
1981. "Freedom" (Libertad), de Joseph Sargent.
1982. "Washington Mistress" (Amante en Washington), de Peter Levin.
1983. "Running Out" (Encuentro inesperado), de Robert Day.
1985. "The Night Caller" (El visitante nocturno), de John Byrum.
1989. "Microcops", de David Jackson.
1991. "The Killing Mind" (Mente asesina), de Michael Ray Rhodes.
1998. "The Fixer" (El mediador), de Charles Robert Carner (+ productor). "Naked City: Justice with a Bullet" (Jungla urbana), de Jeff Freilich.

— Como productor —

1972. "Deadhead Miles", de Vernon Zimmerman.

1973. "Steelyard Blues" (Material americano), de Alan Myerson. "The Sting" (El golpe), de George Roy Hill.

1975. "Hearts of the West", de Howard Zieff (Vídeo: "Aquel loco, loco Oeste").

1976. "Harry and Walter Go to New York" (Harry y Walter van a Nueva York), de Mark Rydell.

1979. "Boulevard Nights", de Michael Pressman. "Going in Style", de Martin Brest.

2016. "Going in Style", de Zach Braff. "AERO: One Airplane", de Brian Beker.

— Televisión —

2001. "In the Time of the Butterflies" (En el tiempo de las mariposas), de Mariano Barroso.
2002. "Last Call" (Última llamada), de Henry Bromell.

— Realizaciones —

1980. "My Bodyguard" (Mi guardaespaldas), con Chris Makepeace, Adam Baldwin, Matt Dillon, Joan Cusack, Ruth Gordon.

1982. "Six Weeks" (Seis semanas), con Dudley Moore, Mary Tyler Moore, Katherine Healy, Shannon Wilcox, Joe Regalbuto.

1987. "Five Corners" (Cinco esquinas), con Jodie Foster, Tim Robbins, Todd Graff, John Turturro, Elizabeth Berridge (+ productor).

1990. "Crazy People" (Gente loca), con Dudley Moore, Daryl Hannah, Paul Reiser, T.J. Walsh, Bill Smitrovich.

1992. "Untamed Heart" (Corazón indomable), con Christian Slater, Marisa Tomei, Rosie Perez, Kyle Secor, Willie Garson (+ productor).

1993. "A Home of Our Own" (Nuestro propio hogar), con Kathy Bates, Edward Furlong, Clarissa Lassig, Sarah Schaub, Miles Feulner (+ actor).

2006. "Flyboys" (Héroes del aire), con James Franco, Martin Henderson, David Ellison, Jennifer Decker, Jean Reno.

— Televisión —

1983. "Full House", con Dennis Dugan, Kenneth Mars, Ari Meyers, Miriam Flynn, Ray Girardin.
1984. "The Princess and the Pea" (La princesa y el guisante), con Tom Conti, Liza Minnelli, Beatrice Straight, Nancy Allen, Pat McCormick. "Love Thy Neighbor" (Mi marido y tu mujer), con John Ritter, Penny Marshall, Cassie Yates, Bert Convy, Lukas Haas.
1986. "2 1/2 Dads", con George Dzundza, Lenore Kasdorf, Sal Viscuso, Shana O'Neil, Billy Warlock (+ productor).
1994. "Next Door" (El diablo vive enfrente), con James Woods, Randy Quaid, Kate Capshaw, Lucinda Jenney, Billy L. Sullivan. "One Christmas" (Una Navidad diferente), con Katharine Hepburn, Henry Winkler, Swosie Kurtz, T.J. Lowther, Julie Harris.
1996. "Beyond the Call" (Más allá del deber), con Sissy Spacek, David Strathairn, Arliss Howard, Janet Wright, Leslie Carlson (+ productor).
1997. "Oliver Twist" (Oliver Twist), con Richard Dreyfuss, Elijah Wood, David O'Hara, Alex Trench, Olivia Caffrey. "Rescuers: Stories of Courage: Two Families" (La fuerza del valor), episodio *We Are Circus*, con Daryl Hannah, Tim Matheson. *El otro episodio fue dirigido por Tim Hunter.*
1998. "A Chance of Snow" (Probabilidad de nieve), con JoBeth Williams, Michael Ontkean, Barbara Barrie, Dina Merrill, Charles Durning.
2000. "Harlan County War" (La guerra del condado de Harlan), con Holly Hunter, Stellan Skarsgård, Ted Levine, Wayne Robson, Charlotte Arnold.
2002. "White Wash: the Clarence Brandley Story" (Poder blanco), con Courtney B. Vance, Eamonn Walker, Gil Bellows, Chuck Shamata, Ron White.
2007. "Pictures of Hollis Woods" (Retratos de Hollis Woods), con Sissy Spacek, Alfre Woodard, Jodelle Ferland, James Tupper, Judith Ivey.

LUC BESSON - filmografía

— Actividades diversas —

1980. "Deux lions au soleil", de Claude Faraldo. *Ayudante de dirección.*

1981. "Les bidasses aux grandes manoeuvres", de Raphaël Delpard. *Ayudante de dirección.*

1983. "Le grand carnaval", de Alexandre Arcady. *Director de la 2.ª unidad.*

1984. "Ne quittez pas", de Sophie Schmit. *Cortometraje. Productor y actor.*

1986. "Kamikaze" (Kamikaze), de Didier Grousset. *Productor y guión.*

1991. "Lune froide", de Patrick Bouchitey. *Productor.*

1992. "Arrête ton cinèma", de Jan Rouiller. *Cortometraje. Productor.* "Les mamies", de Annick Lanoë. *Productor.*

1993. "Point of No Return" (La asesina), de John Badham. *Según su guión.* "L'enfant lion" (El niño león), de Patrick Grandperret. *Productor.*

1994. "Les truffes", de Bernard Nauer. *Productor.*

⌃ En 1983 fumar era políticamente correcto, aunque mataba igual que ahora. Bill ejerciendo de fumador pasivo (eso sí, muy atento).

1997. "Nil by Mouth" (Los golpes de la vida), de Gary Oldman. *Productor.*

1998. "Taxi" (Taxi Express), de Gérard Pirès. *Productor y guión.*

1999. "Taxi 2" (Taxi 2), de Gérard Krawczyk. *Productor, guión y actor.*

2000. "The Dancer", de Fred Garson. *Productor y guión.* "Exit", de Olivier Megaton. *Productor.*

2001. "Yamakasi, les samouraïs des temps modernes" (Yamakasi), de Ariel Zeitoun y Julien Seri. *Guión.* "15 août", de Patrick Alessandrin. *Productor.* "Kiss of the Dragon" (El beso del dragón), de Chris Nahon. *Productor y guión.* "Wasabi" (Wasabi, el trato sucio de la mafia), de Gérard Krawczyk. *Productor y guión.*

2002. "Blanche", de Bernie Bonvoisin. *Productor.* "Peau d'ange", de Vincent Perez. *Productor.* "The Transporter" (Transporter), de Louis Leterrier y Corey Yuen. *Productor y guión.* "Ong-Bak" (Ong Bak, el guerrero Muay Thai), de Prachya Pinkaew. *Productor.* "Rire et châtiment", de Isabelle Doval. *Productor.* "La turbulence des fluides", de Manon Briand. *Productor.* "La felicità non costa niente", de Mimmo Calopresti. *Productor.* "Taxi 3" (Taxi 3), de Gérard Krawczyk. *Productor y guión.*

2003. "Tristan", de Philippe Harel. *Productor.* "Moi César, 10 ans 1/2, 1m39", de Richard Berry. *Productor.* "Haute tension" (Alta tensión), de Alexandre Aja. *Productor.* "Fanfan la Tulipe" (Fanfan la Tulipe), de Gérard Krawczyk. *Productor y guión.* "Les côtelettes" (Les côtelettes), de Bertrand Blier. *Productor.* "Zéro un", de Jeanne Biras y otros. *Produc-*

tor. "Cheeky", de David Thewlis. *Productor.* "Michel Vaillant" (24 horas al límite), de Pascal Couvelaire. *Productor y guión.* "Les rivières pourpres 2: les anges de l'Apocalypse" (Ríos de color púrpura 2: los ángeles del Apocalipsis), de Olivier Dahan. *Productor y guión.*

2004. "À ton image", de Aruna Villiers. *Productor.* "Taxi" (Taxi: derrape total), de Tim Story. *Productor y guión.* "Mensonges et trahisons et plus si affinités...", de Laurent Tirard. *Productor.* "Banlieu 13", de Pierre Morel (Vídeo: "Distrito 13"). *Productor y guión.* "Ze film", de Guy Jacques. *Productor.* "Unleashed" (Danny the Dog), de Louis Leterrier. *Productor y guión.* "Le souffleur", de Guillaume Pixie. *Productor.* "Akoibon", de Edouard Baer. *Productor.*

2005. "Les yeux clairs", de Jérôme Bonnell. *Productor.* "Imposture", de Patrick Bouchitey. *Productor.* "The Three Burials of Melquiades Estrada" (Los tres entierros de Melquíades Estrada), de Tommy Lee Jones. *Productor.* "Au suivant!", de Jeanne Biras. *Productor.* "Transporter 2" (Transporter 2), de Louis Leterrier. *Productor y guión.* "Revolver" (Revolver), de Guy Ritchie. *Productor y guión.* "Colour Me Kubrick: A True...ish Story", de Brian W. Cook. *Productor.* "Entre ses mains", de Anne Fontaine. *Productor.* "Bunker paradise", de Stefan Liberski. *Productor.* "La boîte noire", de Richard Berry (Vídeo: "La caja negra"). *Productor.* "Bandidas" (Bandidas), de Espen Sandberg y Joachim Rønning. *Productor y guión.* "Les filles du botaniste", de Dai Sijie. *Productor.*

2006. "Avril" (Avril), de Gérald Hustache-Mathieu. *Productor.* "Quand j'étais chanteur" (Chanson d'amour), de Xavier Giannoli. *Productor.* "Dikkenek", de Olivier Van Hoofstadt. *Productor.* "Meurtrières", de Patrick Grandperret (Vídeo: "Asesinas"). *Productor.* "La jungle", de Mathieu Delaporte. *Productor.* "Love and Other Disasters" (Amor y otros desastres), de Alek Keshishian. *Productor.* "L'homme de sa vie", de Zabou Breitman. *Productor.* "Nuovomondo" (Nuevo mundo), de Emanuele Crialese. *Productor.* "Ne le dis à personne", de Guillaume Canet (Vídeo: "No se lo digas a nadie"). *Productor.* "Taxi 4", de Gérard Krawczyk. *Productor y guión.* "Michou d'Auber", de Thomas Gilou. *Productor.*

2007. "Frontera(s)", de Xavier Gens. *Productor.* "L'invité", de Laurent Bouhnik. *Productor.* "Si j'étais toi", de Vincent Perez (Vídeo: "El secreto"). *Productor.* "Un château en Espagne", de Isabelle Doval. *Productor.* "Le dernier gang", de Ariel Zeitoun (Vídeo: "Ajuste de cuentas"). *Productor.* "Hitman" (Hitman), de Xavier Gens. *Productor.* "Taken" (Venganza), de Pierre Morel. *Productor y guión.* "Les hauts murs", de Christian Faure. *Productor.* "Les liens du sang", de Jacques Maillot. *Productor.* "Passe-passe", de Tonie Marshall. *Productor.*

2008. "Sagan", de Diane Kurys. *Productor.* "Go Fast", de Olivier Van Hoofstadt (Vídeo: "A fondo"). *Productor.* "Transporter 3" (Transporter 3), de Olivier Megaton. *Productor y guión.* "Banlieu 13: Ultimatum", de Patrick Alessandrin (Vídeo: "Distrito 13: Ultimatum"). *Productor y guión.* "Envoyés très spéciaux", de Frédéric Auburtin. *Productor.* "Villa Amalia" (Villa Amalia), de Benoît Jacquot. *Productor.*

2009. "I Love You Phillip Morris" (Phillip Morris, ¡te quiero!), de Glenn Ficarra y John Requa. *Productor.* "À l'origine", de Xavier Giannoli (Vídeo: "Crónica de una mentira"). *Productor.* "Le missionnaire", de Roger Delattre. *Productor y guión.* "Home" (Home), de Yann Arthus-Bertrand. *Productor.* "Staten Island", de James DeMonaco (Vídeo: "Staten Island"). *Productor.* "Le siffleur", de Philippe Lefebvre. *Productor.* "Rose et noir" (Rosa y negro), de Gérard Jugnot. *Productor.* "From Paris with Love" (Desde París con amor), de Pierre Morel. *Productor y guión.* "L'immortel", de Richard Berry (Vídeo: "22 balas"). *Productor.* "Coursier", de Hervé Renoh. *Productor.* "Tête de turc", de Pascal Elbé. *Productor.*

2010. "Halal, police d'état", de Rachid Dhibou. *Productor.* "Au bistro du coin", de Charles Nemes. *Productor.*

2011. "Colombiana" (Colombiana), de Olivier Megaton. *Productor y guión.* "Un monstre à Paris", de Bibo Bergeron (Vídeo: "Un monstruo en París"). *Productor.* "La planque", de Akim Isker. *Productor.* "À l'aveugle", de Xavier Palud. *Productor y guión.*

2012. "Lockout" (MS1: Máxima seguridad), de James Mather y Stephen St. Leger. *Productor y guión.* "Taken 2" (Venganza: conexión Estambul), de Olivier Megaton. *Productor y guión.* "Un prince (presque) charmant", de Philippe Lellouche. *Guión.*

2014. "Three Days to Kill" (Tres días para matar), de McG. *Productor y guión.* "Brick

Mansions" (La fortaleza), de Camille Delamarre. *Productor y guión.* "The Homesman" (Deuda de honor), de Tommy Lee Jones. *Productor.* "Taken 3" (Venganza 3), de Olivier Megaton. *Productor y guión.*

2015. "The Transporter Refuelded" (Transporter Legacy), de Camille Delamarre. *Productor y guión.* "Warrior's Gate", de Matthias Hoene. *Productor y guión.*

2016. "The Lake", de Steven Quale. *Productor y guión.*

— Realizaciones —

1981. "L'avant dernier", con Pierre Jolivet, Jean Reno, Fabrice Roche, Luc Besson. *Cortometraje* (+ productor, actor y guión).

1982. "Le dernier combat" (Kamikaze 1999), con Pierre Jolivet, Jean Bouise, Fritz Wepper, Jean Reno, Christiane Krüger (+ productor y guión).

1984. "Pull Marine", con Isabelle Adjani. *Cortometraje.* "Subway" (Subway, en busca de Freddy), con Isabelle Adjani, Christophe Lambert, Richard Bohringer, Michel Galabru, Jean Bouise (+ productor, actor y guión).

1987. "Le grand bleu" (El gran azul), con Rosanna Arquette, Jean-Marc Barr, Jean Reno, Paul Shenar, Sergio Castellitto (+ productor, operador, actor y guión).

1988. "Mon légionnaire", con Serge Gainsbourg. *Cortometraje.*

1989. "Nikita" (Nikita, dura de matar), con Anne Parillaud, Marc Duret, Patrick Fontana, Alain Lathière, Laura Chéron (+ productor y guión).

1991. "Atlantis". *Documental* (+ productor, fotografía y montaje).

1994. "Léon" (El profesional), con Jean Reno, Gary Oldman, Natalie Portman, Danny Aiello, Peter Appel (+ productor y guión).

1997. "Le cinquième élément/The Fifth Element" (El quinto elemento), con Bruce Willis, Gary Oldman, Ian Holm, Milla Jovovich, Luke Perry (+ guión)

1999. "Jeanne d'Arc/Joan of Arc" (Juana de Arco), con Milla Jovovich, John Malkovich, Faye Dunaway, Pascal Greggory, Vincent Cassel (+ productor y guión).

2003. "Love Profusion", con Madonna. *Cortometraje.*

2005. "Angel-A", con Rie Rasmussen, Jamel Debbouze, Gilbert Melki, Serge Riaboukine, Akim Chir (+ productor).

2006. "Arthur et les Minimoys" (Arthur y los Minimoys), con Freddie Highmore, Mia Farrow, Penny Balfour, Ron Crawford, Douglas Rand (+ productor y guión).

2009. "Arthur et la vengeance de Maltazard" (Arthur y la venganza de Maltazard), con Freddie Highmore, Mia Farrow, Robert Stanton, Penny Balfour, Logan Miller (+ productor y guión).

2010. "Les aventures extraordinaires d'Adèle Blanc-Sec" (Adèle y el misterio de la momia), con Louise Bourgoin, Mathieu Amalric, Gilles Lellouche, Jean-Paul Rouve, Jacky Nercessian (+ guión). "Arthur et la guerra des deux mondes" (Arthur y la guerra de los mundos), con Freddie Highmore, Mia Farrow, Robert Stanton, Penny Balfour, Ron Crawford (+ productor y guión).

2011. "The Lady", con Michelle Yeoh, David Thewlis, Susan Wooldridge, Jonathan Raggett, Benedict Wong.

2013. "The Family" (Malavita), con Robert De Niro, Michelle Pfeiffer, Tommy Lee Jones, Dianna Agron, John D'Leo (+ guión).

2014. "Lucy" (Lucy), con Scarlett Johansson, Morgan Freeman, Choi Min-sik, Amr Waked, Analeigh Tipton (+ actor y guión).

21 George A. Romero

El papá de los zombis

«At Seventeen»
Janis Ian

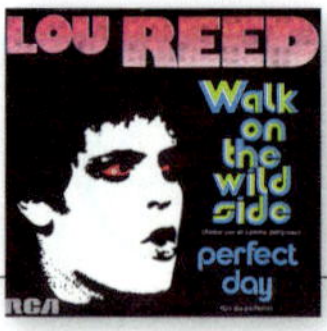

«Walk on the Wild Side»
Lou Reed

Si no fuese por su considerable volumen, uno diría que George A. Romero es invisible o, mejor dicho, que nadie se percata de su presencia.

Hombre de gran timidez aunque educado en extremo, Romero, pese a lo torero de su apellido, no habla ni entiende una sola palabra en castellano. Sus perdidas raíces latinas se remontan, según él, a su abuelo, que, por no dejar, no le dejó ni el idioma.

Él es el único director de cine vivo que puede presumir de haber creado y consolidado un mito cinematográfico: el ser no muerto, el zombi, y además —casi cincuenta años después de su magnífica *La noche de los muertos vivientes* (*Night of the Living Dead*, 1968)—, de seguir haciendo lo mismo. Hago hincapié en el hecho de que Romero convirtió en legión a todos aquellos seres purulentos aunque Jacques Tourneur abordara, en *Yo anduve con un zombie* (*I Walked with Zombie*, 1943), la temática de forma más poética en un trasfondo más íntimo y básicamente onírico.

⌃⌃ George A. Romero es el padre supremo de todos los zombies, pero jamás soñó con una época de esplendor como la actual. Yo, personalmente, veo muertos vivientes por todas partes.

Recuerdo vívidamente que George A. Romero profetizó, a mediados de los ochenta, que sus criaturas vivirían tiempos de gloria y esplendor, y que serían tan importantes para el género fantástico como los vampiros. Lo cierto es que el bueno de George poco se ha equivocado. La moda zombi tanto en cine como en televisión ha situado a esas estúpidas criaturas —en mi opinión, incomparables a la tradición romántica del mito del vampiro— en la cresta de la ola del consumo, la misma que surfea con éxito e indisimulada pasión el papá de todos ellos.

Si algo ha caracterizado a los zombis a lo largo de la historia del cine es su lamentable forma de desplazarse, esa mezcla de *bebé primeros pasos* y de idiota que quiere alcanzar una zanahoria colgada de una imaginaria cuerda que se balancea sobre sus absurdos ojos siempre abiertos. Personalmente, prefiero los que avanzan a velocidad supersónica como en *Guerra Mundial Z* (*World War Z*, 2013).

Son igualmente imbéciles, pero tengo la impresión, seguramente equivocada, de que la secuencia se acaba antes.

Coincidí con George A. Romero hace unos años en el restaurante Palm de Beverly Hills. Se estaba zampando la especialidad de la casa: un *Half and half*, o lo que es lo mismo, media langosta gigante de Maine y medio filete de Nebraska, todo ello completado por una montaña de aros de cebolla y un cubo desmesurado de patatas fritas. Nos saludamos y no tardó en avanzarme su nuevo proyecto, que en un alarde de originalidad sin precedentes se iba a titular *El diario de los muertos* (*Diary of the Dead*, 2007).

Por cierto, la carne la toma prácticamente cruda.

— Actividades diversas —

1986. "Flight of the Spruce Goose", de Lech Majewski (Vídeo: "El vuelo del Spruce Goose"). *Actor.*

1987. "Creepshow 2" (Creepshow 2), de Michael Gornick. *Guionista.*

1990. "Tales from the Darkside: the Movie" (El gato infernal), de John Harrison. *Guionista.* "Night of the Living Dead" (La noche de los muertos vivientes), de Tom Savini. *Productor y argumento.*

1991. "The Silence of the Lambs" (El silencio de los corderos), de Jonathan Demme. *Actor.*

2004. "Dawn of the Dead" (Amanecer de los muertos), de Zack Snyder. *Argumento.* "Chill Factor: House Call", de Tom Savini (CM). *Productor.*

2005. "Benefit for the Living Dead", de Dean Lachiusa. *Argumento.*

2006. "Night of the Living Dead 3D", de Jeff Broadstreet. *Argumento.* "Dead Eyes Open", de Ralf Möllenhoff. *Actor.*

2007. "Il pianto della statua", de Elisabetta Sgarbi (MM). *Argumento.*

2008. "Day of the Dead", de Steve Miner. *Argumento.* "One for the Fire: the Legacy of Night of the Living Dead", de Robert Lucas y Chris Roe. *Productor.*

2009. "Deadtime Stories", de Michael Fischa, Jeff Monahan y Tom Savini. *Productor y actor.*

2010. "The Crazies" (The Crazies), de Breck Eisner. *Productor y argumento.*

2011. "Another Night of the Living Dead", de Alan Smithee. *Argumento.* "Deadtime Stories 2", de Michael Fischa, Jeff Monahan y Matt Walsh. *Productor y actor.*

2013. "A Fish Story", de Matt Birman. *Actor.* "Night of the Living 3D Dead", de Samuel Victor. *Guionista.* "Into the Dark: Exploring the Horror Film", de Johanna Salomäki. *Productor.*

— Realizaciones —

1962. "Expostulations". *Cortometraje.*

1968. "Night of the Living Dead" (La noche de los muertos vivientes), con Judith O'Dea, Russell Streiner, Duane Jones, Karl Hardman, Keith Wayne (+ guionista, fotografía, montaje y actor).

1971. "There's Always Vanilla", con Raymond Laine, Judith Streiner, Johanna Lawrence, Richard Ricci, Roger McGovern (+ fotografía y montaje).

1972. "Hungry Wives", con Jan White, Raymond Laine, Ann Muffly, Joedda McClain, Neil Fisher (+ guionista, fotografía y montaje).

1973. "The Crazies/Code Name Trixie", con Lane Carroll, W.G. McMillan, Harold Wayne Jones, Lloyd Hollar, Richard Liberty (Vídeo: "Los Crazies/Hecatombe") (+ guionista, montaje y actor).

1976. "Martin", con John Amplas, Lincoln Maazel, Christine Forrest, Elyane Nadeau, Tom Savini (Vídeo: "El regreso de los vampiros vivientes") (+ guionista, montaje y actor).

1978. "Dawn of the Dead" (Zombi), con David Emge, Ken Foree, Scott H. Reiniger, Gaylen Ross, David Crawford (+ guionista, montaje y actor).

1981. "Knightriders" (Los caballeros de la moto), con Ed Harris, Gary Lahti, Tom Savini, Amy Ingersoll, Patricia Tallman (+ guionista y montaje).

1982. "Creepshow" (Creepshow), con Hal Holbrook, Leslie Nielsen, Viveca Lindfors, E.G. Marshall, Adrienne Barbeau (+ montaje).

1985. "Day of the Dead" (El día de los muertos), con Lori Cardille, Terry Alexander, Joseph Pilato, Jarlath Conroy, Richard Liberty (+ guionista y actor).

1988. "Monkey Shines" (Atracción diabólica), con Jason Beghe, John Pankow, Kate McNeil, Joyce Van Patten, Stanley Tucci (+ guionista).

1989. "Due occhi diabolici" (Los ojos del diablo), con Adrienne Barbeau, Ramy Zada, Bingo O'Malley, Jeff Howell, E.G. Marshall. *Co-dirigida por Dario Argento* (+ guionista).

1992. "The Dark Half" (La mitad oscura), con Timothy Hutton, Amy Madigan, Michael Rooker, Julie Harris, Robert Joy (+ guionista y productor).

1999. "Bruiser", con Jason Flemyng, Peter Stormare, Leslie Hope, Nina Garbiras, Tom Atkins (Vídeo: "El rostro de la venganza") (+ guionista).

2005. "Land of the Dead" (La tierra de los muertos vivientes), con Simon Baker, John Leguizamo, Asia Argento, Robert Joy, Dennis Hopper (+ guionista y actor).

2007. "Diary of the Dead", con Joshua Close, Scott Wentworth, Michelle Morgan, Joe Dinicol, Shawn Roberts (Vídeo: "El diario de los muertos") (+ guionista y actor).

2009. "Survival of the Dead", con Alan Van Sprang, Kenneth Welsh, Kathleen Munroe, Devon Bostick, Richard Fitzpatrick (Vídeo: "La resistencia de los muertos") (+ guionista).

— Televisión —

1974. "Willie Stargell: If I Didn't Play Baseball". *Documental.* "O.J. Simpson: Juice on the Loose". *Documental* (+ montaje).
1976. "Magic at the Roxy". *Musical* (+ productor).

22

Dario Argento

El hombre que nunca se duchaba

«My Heart Belongs to Daddy»
Marilyn Monroe

«Caravan»
Duke Ellington

Vaya por delante que el Dario Argento que yo conocí por vez primera en 1983 poco tiene que ver con el actual.

Tras habernos visto hace unos años en Cannes, hoy en día puedo afirmar que tal vez haya dejado de ser el director de moda del nuevo cine fantástico italiano, pero tengo que reconocer que por lo menos ya no huele mal.

En aquella lejana edición del Festival creo recordar que Argento era el presidente del jurado internacional. Venía avalado por importantísimos títulos como *El pájaro de las plumas de cristal* (*L'uccello dalle piume di cristallo*, 1970), *Cuatro moscas sobre terciopelo gris* (*Quatre mosche di velluto grigio*, 1971), *El gato de las nueve colas* (*Il gatto a nove code*, 1971) y *Tenebre* (*Tenebrae*, 1982). Como se puede

›› Atención al cabello de Argento, hacía semanas que no veía el champú. Junto a él, el gran Juan Conejo: serio, concentrado y magnífico profesional.

comprobar, entonces en Italia se pusieron de moda los títulos larguísimos con algún animalejo dentro. De todas ellas mi favorita siempre fue *Una lagartija con piel de mujer* (*Una lucertola con la pelle di donna*, 1971), de Lucio Fulci, título que por sí mismo puede entenderse como una oda al sentido del humor o directamente como un insulto machista.

Toda esa tendencia y forma de producir cine se dio en llamar *giallo*, teniendo en cuenta que no se refiere a un color (amarillo), sino a una clasificación genérica de los films. Algo parecido, para que se me entienda, a *cine negro*. Pues a lo que íbamos, Argento era el rey del género, y como tal se presentó en Sitges.

Tardé pocos segundos en descubrir, o más bien en oler, el primer rasgo significativo de su personalidad. Dario Argento era extremadamente sucio. Lucía una pelambrera grasienta adherida a la frente que más parecía un casco aplastado en la cabeza. Desaliñado, de penoso aspecto, lo mejor que uno podía hacer era mantenerse a una distancia de seguridad olfativa, algo que no siempre era fácil.

Luego surgía el director cinéfilo, algo tímido pero ilustrado conversador, ya que era sobre todo un apasionado del cine fantástico y policíaco (*poliziesco*). La anécdota de aquella edición fue que cuando faltaban dos días para terminar el Festival y conocer el fallo del jurado —vuelvo a recordar que él era el presidente—, Argento dijo que tenía que regresar a Roma con la máxima urgencia. Al parecer, su hija estaba enferma y requería su presencia. Tras visionar en pase privado las películas que le faltaban por juzgar, dejó escrito su veredicto y todos nos quedamos con dos palmos de narices, las mismas que habíamos utilizado para detectar su presencia durante una semana.

Por cierto, la hija a la que se refería se llamaba Asia y tenía ocho años.

¿Nos suena de algo?

— Actividades diversas —

1966. "Scusi, lei è favorevole o contrario?" (El gran amante), de Alberto Sordi. *Actor.*

1967. "Qualcuno ha tradito", de Franco Prosperi. *Guionista.*

1968. "Comandamenti per un gangster", de Alfio Caltabiano. *Guionista.* "Oggi a me... domani a te" (Ojo por ojo), de Tonino Cervi. *Guionista.* "Commandos" (Los chacales del desierto), de Armando Crispino. *Guionista.* "C'era una volta il West" (Hasta que llegó su hora), de Sergio Leone. *Argumento.* "Une corde... un colt/Cimitero senza croci" (Una cuerda... un colt), de Robert Hossein. *Guionista.* "La rivoluzione sessuale", de Riccardo Ghione. *Guionista.* "Metti, una sera a cena" (Supongamos que una noche, cenando), de Giuseppe Patroni Griffi. *Guionista.*

1969. "Probabilità zero", de Maurizio Lucidi. *Guionista.* "La legione dei dannati" (La brigada de los condenados), de Umberto Lenzi. *Guionista.* "Un esercito di cinque uomini" (Un ejército de cinco hombres), de Italo Zingarelli y Don Taylor. *Guionista.* "La stagione dei sensi", de Massimo Franciosa. *Guionista.*

1978. "Dawn of the Dead" (Zombi), de George A. Romero. *Supervisor del guión, música y montaje.*

1985. "Demoni" (Demons), de Lamberto Bava. *Guionista y productor.*

1986. "Demoni 2, l'incubo ritorna" (Demons 2, regresa la pesadilla), de Lamberto Bava. *Guionista y productor.*

1988. "La chiesa" (El engendro del diablo), de Michele Soavi. *Guionista y productor.*

1990. "La setta" (La secta), de Michele Soavi. *Guionista y productor.*

1992. "Innocent Blood" (Sangre fresca), de John Landis. *Actor.*

1995. "Il cielo è sempre più blu", de Antonello Grimaldi. *Actor.*

1996. "M.D.C., maschera di cera" (La máscara de cera), de Sergio Stivaletti. *Guionista y productor.*

2000. "Scarlet Diva", de Asia Argento. *Productor.*

— Televisión —

1973. "Il vicino di casa" (El vecino), de Luigi Cozzi. *Productor*. "La bambola" (La muñeca), de Mario Foglietti. *Productor.*
1987. "Turno di notte", serie de quince telefilms dirigidos por Lamberto Bava y Luigi Cozzi. *Productor*.

— Realizaciones —

1969. "L'uccello dalle piume di cristallo" (El pájaro de las plumas de cristal), con Tony Musante, Enrico Maria Salerno, Suzy Kendall, Mario Adorf, Eva Renzi (+ guionista y actor).

1970. "Il gatto a nove code" (El gato de nueve colas), con James Franciscus, Karl Malden, Catherine Spaak, Pier Paolo Capponi, Horst Frank (+ guionista).

1971. "Quattro mosche di velluto grigio" (Cuatro moscas sobre terciopelo gris), con Michael Brandon, Mimsy Farmer, Jean-Pierre Marielle, Bud Spencer, Aldo Bufi Landi (+ guionista).

1973. "Le cinque giornate", con Adriano Celentano, Enzo Cerusico, Marilù Tolo, Carla Tatò, Glauco Onorato (+ guionista y actor).

1975. "Profondo rosso" (Rojo oscuro), con David Hemmings, Daria Nicolodi, Gabriele Lavia, Macha Méril, Clara Calamai (+ guionista y actor).

1976. "Suspiria" (Suspiria), con Jessica Harper, Stefania Casini, Joan Bennett, Flavio Bucci, Alida Valli (+ guionista y música).

1979. "Inferno" (Inferno), con Leigh McCloskey, Irene Miracle, Sacha Pitoëff, Daria Nicolodi, Alida Valli (+guionista).

1982. "Tenebre" (Tenebre), con Anthony Franciosa, Daria Nicolodi, Giuliano Gemma, John Saxon, Christian Borromeo (+ guionista).

1984. "Phenomena" (Phenomena), con Jennifer Connelly, Daria Nicolodi, Donald Pleasence, Dalila Di Lazzaro, Patrick Bauchau (+ guionista y productor).

1987. "Opera", con Cristina Marsillach, Ian Charleson, Urbano Barberini, Daria Nicolodi, Antonella Vitale (Vídeo: "Terror en la ópera") (+ guionista y productor).

1989. "Due occhi diabolici" (Los ojos del diablo), con Harvey Keitel, Madeleine Potter, Martin Balsam, John Amos, Sally Kirkland. *Co-dirigida por George A. Romero* (+ guionista y productor).

1992. "Trauma", con Christopher Rydell, Asia Argento, Piper Laurie, Frederic Forrest, Laura Johnson (+ guionista, productor y montaje).

1996. "La sindrome di Stendhal" (El síndrome de Stendhal), con Asia Argento, Thomas Kretschmann, Marco Leonardi, Luigi Diberti, Paolo Bonacelli (+ guionista y productor).

1998. "Il fantasma dell'opera", con Julian Sands, Asia Argento, Andrea Di Stefano, Nadia Rinaldi, Coralina Cataldi Tassoni (Vídeo: "El fantasma de la ópera") (+ guionista).

2000. "Non ho sonno", con Max von Sydow, Stefano Dionisi, Chiara Caselli, Gabriele Lavia, Rossella Falk (Vídeo: "Insomnio") (+ guionista y productor).

2003. "Il cartaio", con Stefania Rocca, Liam Cunningham, Silvio Muccino, Adalberto Maria Merli, Fiore Argento (Vídeo: "El jugador") (+ guionista y productor).

2007. "La terza madre", con Asia Argento, Cristian Solimeno, Adam James, Valeria Cavalli, Philippe Leroy (Vídeo: "La madre del mal") (+ guionista y productor).

2009. "Giallo", con Adrien Brody, Emmanuelle Seigner, Elsa Pataky, Robert Miano, Valentina Izumi (Vídeo: "Giallo") (+ guionista).

2012. "Dracula 3D" (Drácula 3D), con Asia Argento, Rutger Hauer, Thomas Kretschmann, Marta Gastini, Unax Ugalde (+ guionista).

2015. "Macbeth", con Giuseppe Altomare, Valeria Sepe, Giorgio Giuseppini, Dario Di Vietri, Dimitra Theodossiou (+ guionista).

— Televisión —

1973. "Il tram" (El tranvía), con Enzo Cerusico, Paola Tedesco, Pierluigi Aprà, Gildo Di Marco, Tom Felleghy (+ guionista y productor). "Testimone oculare" (Testigo ocular), con Marilù Tolo, Riccardo Salvino, Glauco Onorato, Altea De Nicola, Gino Pagnani. *Co-dirigida por Roberto Pariante* (+ guionista y productor).
2005. "Ti piace Hitchcock?" (¿Te gusta Hitchcock?), con Elio Germano, Chiara Conti, Elisabetta Rocchetti, Cristina Brondo, Edoardo Stoppa (+ guionista). "Jenifer" (Jenifer), con Steven Weber, Laurie Brunetti, Carrie Anne Fleming, Kevin Crofton, Beau Starr.
2006. "Pelts" (Pieles), con Meat Loaf, Link Baker, Emilio Salituro, Elise Lew, John Saxon.

23

Testosterona, anabolizados

y asimilados a la cultura de masas

«Avalon»
Roxie Music

«Las Variaciones de Goldberg»
Bach

Todas las décadas del siglo XX han aportado a la historia del cine sus propias páginas de gloria, pero créanme si les digo que no ha habido otra más divertida y psicodélica que los años ochenta.

En primer lugar, encontramos un fenómeno tecnológico que revoluciona el sector: la aparición del concepto *home video*. La sacudida que tuvo en la industria audiovisual fue parecida a la de un terremoto. La producción, de repente, se veía enriquecida con una nueva opción de venta y también, por vez primera, se concebían producciones directamente para vídeo. En su mayor parte eran subproductos, pero servían para mover el dinero del sector. Definiciones como «directamente a vídeo» o «producto de videoclub» adquirieron rango y vocabulario de uso frecuente. El cine, a través del vídeo, parecía reinventarse una vez más.

Mundialmente, aparecieron cadenas de videoclub, nacieron estrellas del vídeo y también productoras especializadas en cine de acción que garantizaban en sus títulos tener un *buen vídeo*, en ocasiones más rentable que la propia explotación cinematográfica.

También el mundo de la música, travestido en España de movida, nos recordaba según The Buggles que el *Vídeo Killed the Radio Star*, por tanto coincidiremos en que los ochenta fueron años de excitación y agitación empresarial en todo el planeta. Era el caldo de cultivo ideal para que apareciesen nuestros gloriosos protagonistas.

A lo largo de los años he tenido la fortuna de vivir y conocer a todos, o casi todos, los superhombres *anabolizados* que han triunfado en la taquilla cinematográfica. No son precisamente portentos intelectuales de conversación inteligente, pero los hay de todo tipo y algunos merecen un capítulo especial, un desarrollo propio, dada su importancia —siempre relativa— o la magnitud de la anécdota que me tocó vivir.

Los hay, sin embargo, que gozaron o aún gozan de cierta fama y que, pese a haberlos tratado en persona, su relato resulta completamente insustancial como para dedicarles un capítulo aparte. Me he permitido el lujo de incluir a algún insecto volador —tipo Jackie Chan— que, lejos de ser una montaña de músculos, sí podría considerarse un neohéroe del cine asiático —en China es un semidiós—. Conocí al bueno de Jackie en el rodaje de *Los supercamorristas. Comidas a domicilio* (*Kuai can che*, 1984), una película cuyos exteriores y escenas de acción se filmaron íntegramente en Barcelona. Es tan cierto que no admite dobles ni especialistas en las secuencias peligrosas como que cualquier día de estos se matará. Confía tanto en su físico que no tiene en cuenta el paso del tiempo y sigue lanzándose al peligro en cada toma. Con él quise hablar sobre Bruce Lee, pero fue imposible: no quiso decir nada más allá de lo políticamente correcto. Negó la implicación de ningún tipo de mafia china en su muerte, aunque sí lo reconoció como el actor y el maestro que marcó el camino y abrió el género de las artes marciales al cine de acción.

Volví a ver al bueno de Jackie en Hong Kong muchos años después. Él seguía dando saltos impensables en películas imposibles y mantenía vivo el recuerdo sobre Barcelona, ciudad que adora.

Muy diferente fue mi encuentro con Wesley Snipes.

Creo recordar que fue en un caluroso otoño del año 2002, en Santa Mónica, lugar donde cada año se celebra el American Film Market, cita obligada para todos los productores y distribuidores mundiales. No sé muy bien cómo llegamos a reunirnos en una sala del hotel Loewes, centro neurálgico del certamen, pero no puedo olvidar cómo un Snipes totalmente borracho —antes de ser vampíro-cazavampiros en *Blade*— no sacaba ojo del escote de mi mujer, parapetándose en unas enormes gafas de sol negras que jamás se quitó.

Fue imposible hilvanar una conversación interesante. Era una de esas absurdas reuniones en las que no sabes de lo que hablan ni te interesa lo que te cuentan. Para el recuerdo tan solo queda la impecable imagen de un Wesley Snipes literalmente esculpido en ébano, vestido con una túnica blanca y tocado por una gorra imposible del mismo color. Como resulta habitual en estos personajes, una cadena con un extraño medallón de oro componían el *fashion look* perfecto para la velada. Pese a los altibajos de su carrera y de su vida personal, guardo un simpático recuerdo de aquella merienda-cena.

Mucho más banales y superficiales fueron mis encuentros con otro supermachote como Peter Weller, un Robocop visto y no visto. No me dejó ningún tipo de impresión, ni a mí ni a la historia del cine. De trato soberbio y chulesco, estaba más ocupado en fumar habanos y en intentar ligar cualquier cosa con faldas que en promocionar y trabajar para la película. Por increíble que parezca, Weller usaba en la vida real dentadura postiza integral, algo que lo aproximaba a su personaje en Robocop —¡Recuerden!: «Medio hombre, medio máquina: todo policía»— y que el muy guarro se sacaba de la boca en cualquier momento y circunstancia. Para rematar su personalidad, carecía de conversación, tal vez porque cuando lo mirabas a los ojos tan solo veías la pared.

Para terminar con mis superhéroes, debo hacer una doble confesión: no he coincidido nunca con Sylvester Stallone, cosa que lamento porque sé que es un tipo muy divertido en la distancia corta; y, sí, conozco personalmente a Arnold Schwarzenegger, pero prometí en un pacto de silencio firmado a sangre y fuego con el director general de Columbia Pictures —hoy en día Sony— no revelar lo que ocurrió en Madrid durante dos días —con sus correspondientes noches con el bueno de Arnie antes de ser el gobernador de California.

Ahí queda eso.

Si exprimiera más mi memoria creo que podría encontrar otros *anabolizados* y *testosterónicos* bistecs con patas, pero pienso que con lo que ya he contado y con lo que sigue hay suficiente para una vida.

Al menos para la mía.

— Como actor —

1986. "Wildcats", de Michael Ritchie (Vídeo: "Gatos salvajes"). "Streets of Gold", de Joe Roth (Vídeo: "Calles de oro").

1987. "Critical Condition" (Estado crítico), de Michael Apted. "Bad", de Martin Scorsese (CM).

1989. "Major League" (Una mujer en la liga), de David S. Ward. "King of New York", de Abel Ferrara (Vídeo: "El rey de Nueva York").

1990. "Mo' Better Blues" (Mo' better blues, cuanto más mejor), de Spike Lee.

1991. "New Jack City" (New Jack City), de Mario Van Peebles. "Jungle Fever" (Fiebre salvaje), de Spike Lee.

1992. "The Waterdance", de Neal Jimenez y Michael Steinberg. "White Men Can't Jump" (Los blancos no la saben meter), de Ron Shelton. "Passenger 57" (Pasajero 57), de Kevin Hooks.

1993. "Boiling Point", de James B. Harris (Vídeo: "Punto de ebullición"). "Rising Sun" (Sol naciente), de Philip Kaufman. "Sugar Hill" (Sugar Hill), de Leon Ichaso. "Demolition Man" (Demolition Man), de Marco Brambilla.

1994. "Drop Zone" (Salto al peligro), de John Badham.

1995. "To Wong Foo, Thanks for Everything, Julie Newmar" (A Wong Foo, gracias por todo, Julie Newmar), de Beeban Kidron. "The Money Train" (Asalto al tren del dinero), de Joseph Ruben. "Waiting to Exhale" (Esperando un respiro), de Forest Whitaker.

1996. "The Fan" (Fanático), de Tony Scott.

1997. "Murder at 1600" (Asesinato en la Casa Blanca), de Dwight H. Little. "One Night Stand" (Después de una noche), de Mike Figgis.

1998. "U.S. Marshals" (U.S. Marshals), de Stuart Baird. "Down in the Delta", de Maya Angelou (+ productor). "Blade" (Blade), de Stephen Norrington (+ productor).

1999. "Play It to the Bone" (Jugando a tope), de Ron Shelton.

2000. "The Art of War" (El arte de la guerra), de Christian Duguay (+ productor).

2001. "Liberty Stands Still", de Kari Skogland (Vídeo: "En el punto de mira").

2002. "Zigzag", de David S. Goyer. "Blade II" (Blade II), de Guillermo del Toro (+ productor). "Undisputed" (Invicto), de Walter Hill (+ productor).

2004. "Unstoppable" (Ladrones de mentes), de David Carson. "Blade: Trinity" (Blade: Trinity), de David S. Goyer (+ productor).

2005. "7 Seconds", de Simon Fellows (Vídeo: "7 segundos"). "The Marksman", de Marcus Adams (Vídeo: "El objetivo"). "Chaos" (Caos), de Tony Giglio.

2006. "The Detonator", de Po-Chih Leong (Vídeo: "El detonador"). "Hard Luck", de Mario Van Peebles (Vídeo: "Maldita suerte").

2007. "The Contractor", de Josef Rusnak (Vídeo: "La trampa del asesino").

2008. "The Art of War II: Betrayal", de Josef Rusnak (Vídeo: "El arte de la guerra II").

2009. "Brooklyn's Finest" (Los amos de Brooklyn), de Antoine Fuqua.

2010. "Game of Death", de Giorgio Serafini.

2012. "GallowWalkers", de Andrew Goth (Vídeo: "Cazador de demonios").

2014. "The Expendables 3" (Los mercenarios 3), de Patrick Hughes.

2015. "Chi-Raq", de Spike Lee.

— Televisión —

1988. "An Old Ghost Walks the Earth", de Michael Toshiyuki Uno.
1996. "America's Dream" (En busca del sueño americano), episodio de Bill Duke.
1998. "Futuresport" (Future Sport), de Ernest Dickerson (+ productor).
2000. "Disappearing Acts" (Actos desesperados), de Gina Prince-Bythewood (+ productor).

— Como productor —

1996. "John Henry Clarke: A Great and Mighty Walk", de St. Clair Bourne.
1998. "The Big Hit" (Equipo mortal), de Che-Kirk Wong.
2001. "Dr. Ben", de St. Clair Bourne.

Lucrecia Arias junto
a Wesley Snipes
en Hollywood.

24 Jean-Claude Van Damme

Ese tipo que vuela y da patadas

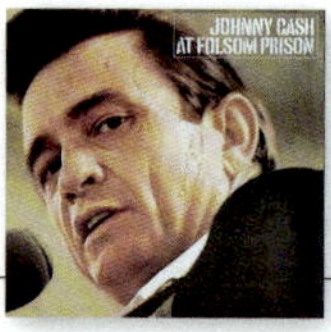

«Cocaine Blues»
Johnny Cash

«Don't You (Forget About Me)»
Simple Minds

En el año 1983 acudí por primera vez al ya extinto MIFED, mercado cinematográfico que se celebraba en Milán y que tenía como característica principal ser el más pesado y aburrido —todo el día encerrado, pisando moqueta— de cuantos eventos similares había en el mundo. Este, además, poseía la particularidad de programarse en noviembre como epílogo de la temporada: la última oportunidad para algunas empresas de comprar ese año.

Por dentro el MIFED era un auténtico mercado persa en el que se repartían los estands con las últimas producciones, de modo que coincidían los distribuidores a la caza de producto y los furtivos intentando vender cualquier proyecto. Así conocí a uno de los productores más listos y sagaces que se haya cruzado en mi vida. Se llamaba Avi Kleinberger y por aquel entonces vendía a un muchacho belga —de cerrado acento francófono—, maestro en gimnasia y artes marciales. Según su mentor iba a ser la nueva sensación del cine de acción.

⌃ Van Damme en pleno apogeo. A partir de *Soldado universal* inició un imparable declive y acabó riéndose de sí mismo.

Su primera película, modesta de producción, era pura adrenalina: saltos, mamporros y posturas imposibles de un tal Van Damme, que sin ser nada parecido a un actor tenía alma de héroe de vídeo. Avi me presentó al joven Jean-Claude en la cafetería del mercado. Era un chico tímido, prácticamente no hablaba inglés, aunque malvivía en Los Ángeles y tan solo anhelaba ser una estrella de Hollywood y, fundamentalmente, quería ser millonario. En aquel MIFED nadie hizo caso de su presencia, ni nadie compró su película, que acabó en manos de Cannon Films y de los supervidentes y descubridores de estrellas fugaces, Menahem Golam y Yoram Globus. Pasados siete meses, en el mercado del film de Cannes, *Desaparecido en combate* (*Missing in Action*, 1984) se vendió —apadrinada por el mismísimo Chuck Norris— por cinco veces más de lo que Avi pedía en Milán.

A medida que crecía el mercado mundial del vídeo, también lo hacía la fama de Van Damme. El resto de la historia es de sobra conocida: subida y bajada, éxito y olvido. Debo decir, sin embargo, que a diferencia de otras esfinges inexpresivas o pedazos de carne del cine de tortazos que nació en los ochenta Jean-Claude Van Damme tiene una filmografía comercial bastante apañadita, pese a no conseguir jamás eliminar su terrible acento. Es por ese motivo que todos los guionistas debían inventar la procedencia de sus personajes: Quebec, Bélgica o Haití, cualquiera menos Francia. Según dicen los franceses, porque nadie habla tan mal el francés.

Nuestras vidas estuvieron a punto de volver a cruzarse en 1992, cuando lo invité al Festival de Sitges para presentar *Soldado universal* (*Universal Soldier*, 1992), pero en el último momento canceló el viaje. La Columbia mandó en su lugar a Dolph Lundgren, un gigantón nórdico, afable, cordial y extremadamente profesional, o sea, otro bistec con patas.

Buen chico, pero no creo equivocarme demasiado si digo que hay más vida inteligente en una pecera que en una conversación con él.

— Como actor —

1983. "Rue Barbare" (El más salvaje entre todos), de Gilles Béhat.

1984. "Breakin'" (Breakdance), de Joel Silberg. "Missing in Action" (Desaparecido en combate), de Joseph Zito. "Monaco Forever", de William A. Levey.

1986. "No Retreat No Surrender", de Corey Yuen (Vídeo: "Retroceder nunca, rendirse jamás").

1987. "Predator" (Depredador), de John McTiernan.

1988. "Bloodsport" (Contacto sangriento), de Newt Arnold. "Black Eagle", de Eric Karson (Vídeo: "Águila negra").

1989. "Cyborg" (Cyborg), de Albert Pyun. "Kickboxer" (Kickboxer), de Mark DiSalle y David Worth.

1990. "A.W.O.L." (Lionheart, el luchador), de Sheldon Lettich. "Death Warrant" (Libertad para morir), de Deran Sarafian.

1991. "Double Impact" (Doble impacto), de Sheldon Lettich.

1992. "Universal Soldier" (Soldado universal), de Roland Emmerich.

1993. "Nowhere to Run" (Sin escape), de Robert Harmon. "The Last Action Hero" (El último gran héroe), de John McTiernan.

"Hard Target" (Blanco humano), de John Woo.

1994. "Timecop" (Timecop, policía en el tiempo), de Peter Hyams. "Street Fighter" (Street Fighter, la última batalla), de Steven de Souza.

1995. "Sudden Death" (Muerte súbita), de Peter Hyams.

1996. "The Quest" (En busca de la ciudad perdida), de Jean-Claude Van Damme. "Maximum Risk" (Al límite del riesgo), de Ringo Lam.

1997. "Double Team" (Double Team), de Tsui Hark.

1998. "Knock Off" (En el ojo del huracán), de Tsui Hark. "Legionnaire" (Soldado de fortuna), de Peter MacDonald.

1999. "Inferno" (Inferno), de John G. Avildsen. "Universal Soldier: the Return" (Soldado universal, el retorno), de Mic Rodgers.

2001. "Replicant" (Replicant), de Ringo Lam. "The Order" (The Order), de Sheldon Lettich.

2002. "Derailed" (Sin control), de Bob Misiorowski.

2003. "In Hell" (Salvaje), de Ringo Lam.

2004. "Narco", de Tristan Aurouet y Gilles Lellouche. "Wake of Death" (Justa venganza), de Philippe Martinez.

2005. "Second in Command", de Simon Fellows (Vídeo: "En territorio enemigo").

2006. "The Hard Cops", de Sheldon Lettich (Vídeo: "Hard Cops"). "Sinav", de Ömer Faruk Sorak.

2007. "Until Death", de Simon Fellows (Vídeo: "Desafío a la muerte"). "The Shepherd", de Isaac Florentine (Vídeo: "El patrullero: Patrulla fronteriza").

2008. "JCVD" (JCVD), de Mabrouk El Mechri.

2009. "Universal Soldier: Regeneration", de John Hyams.

2010. "The Eagle Path", de Jean-Claude Van Damme.

2011. "Assassination Games", de Ernie Barbarash (Vídeo: "Juego de asesinos"). "Beur sur la ville", de Djamel Bensalah. "Dragon Eyes", de John Hyams (Vídeo: "Los ojos del dragón"). "Rzhevsky protiv Napoleona", de Marius Balchunas.

2012. "The Expendables 2" (Los mercenarios 2), de Simon West. "Universal Soldier: Day of Reckoning", de John Hyams. "6 Bullets", de Ernie Barbarash. "U.F.O.", de Dominic Burns.

2013. "Welcome to the Jungle", de Rob Meltzer (Vídeo: "Bienvenido a la jungla"). "Enemies Closer", de Peter Hyams (Vídeo: "Cerco al enemigo").

2014. "JCVD's Make My Movie Challenge, de Andy Maxwell (CM). "Swelter", de Keith Palmer. "Full Love", de Jean-Claude Van Damme.

2015. "Pound of Flesh", de Ernie Barbarash. "Jian Bing Man", de Dong Chengpeng.

2016. "Kickboxer", de John Stockwell.

25

Hulk Hogan

Agustina de Aragón hace pesas

«Living in America»
James Brown

«Beauty and the Beast»
Angela Landsbury

Todos sabemos que *Hulk* Hogan, veterano luchador de *catch wrestling* —lucha libre americana—, es de todo menos actor.

El motivo de su inclusión en este libro no es otro que lo divertido de su historia y que, a fin de cuentas, el personaje era simplón pero también entretenido y bonachón. Una montaña de músculo y proteínas de lo más simpática.

Él sabía lo que fue —campeón del mundo de lucha libre—, lo que era —un actor «pegote» del momento— y lo que representaba —nada—. De esa forma, estábamos todas las partes advertidas. Hogan vino al Festival de Sitges en la edición de 1991 traído por la productora New Line y por la machaconería de su director general, Rolf Mittweg, amigo personal y cachondo vocacional.

La película que representaba era *Comando suburbano* (*Suburban Commando*, 1991), un engendro cómico fantástico concebido como experimento comercial para Hogan. Si funciona-

⌃ Una montaña de carne. Insustancial, insípido, pero simpático.

ba, rodarían otras películas con él; de lo contrario, adiós a la carrera cinematográfica del buen *wrestler*. Como bien es sabido, pasó lo segundo y nuestro héroe desapareció prácticamente del mapa audiovisual pese a intervenir en otros títulos y *telemovies*.

Una de las mejores anécdotas de aquella edición del Festival la puso Rafa Fernández, por entonces enviado especial de la Cadena SER. Hogan sufría una importante alopecia, de hecho tan solo conservaba el pelo largo y rubio de la nuca. Para disimularla solía ponerse un vistoso pañuelo rojo en la cabeza, siempre a juego con un impresentable chándal. Cuando Rafa lo vio entrar en la sala de actos del hotel Calípolis, exclamó a pleno pulmón:

—¡Anda! ¡Pero si ahí va Agustina de Aragón!

No es necesario contar el jolgorio que se armó con el resto de la prensa.

Menos mal que Hogan no se enteró, seguramente porque cree que culturismo viene de cultura.

— Como actor —

1982. "Rocky III" (Rocky III), de Sylvester Stallone.

1983. "Bimini Code", de Barry Clark.

1989. "No Holds Barred", de Thomas J. Wright (Vídeo: "Lucha sin límite") (+ productor).

1991. "Suburban Commando" (Suburban commando), de Burt Kennedy (+ productor).

1993. "Mr. Nanny", de Michael Gottlieb (Vídeo: "Mister Nanny").

1996. "Spy Hard" (Espía como puedas), de Rick Friedberg. "The Secret Agent Club", de John Murlowski (Vídeo: "Mentiras muy arriesgadas"). "Santa with Muscles", de John Murlowski (Vídeo: "¡Menudo Santa Claus!").

1997. "McCinsey's Island", de Sam Firstenberg.

1998. "3 Ninjas: High Noon at Mega Mountain" (3 ninjas en el parque de atracciones), de Sean McNamara. "The Ultimate Weapon", de Jon Cassar (Vídeo: "Arma final").

1999. "Muppets from Space" (Los teleñecos en el espacio), de Tim Hill.

2005. "Remainder", de Jan Paul Banas (+ productor).

2009. "Little Hercules", de Mohamed Khashoggi.

2012. "Zombie Hamlet", de John Murlowski.

— Televisión —

1984. "Goldie and the Bears", de Russ Mayberry.
1993. "Thunder in Paradise" (Operación Trueno), de Douglas Schwartz (+ productor).
1994. "Thunder in Paradise 2", de Douglas Schwartz (+ productor).
1995. "Thunder in Paradise 3", de Douglas Schwartz.
1997. "Shadow Warriors/Assault on Devil's Island" (Asalto a la isla del diablo), de Jon Cassar (+ productor).
1998. "Shadow Warriors II: Assault on Death Mountain" (Asalto a la montaña), de Jon Cassar (+ productor).

26 Steven Seagal

Akidota perdido

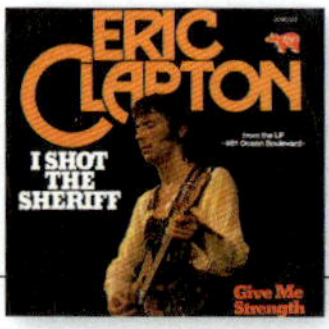

«I Shot the Sheriff»
Eric Clapton

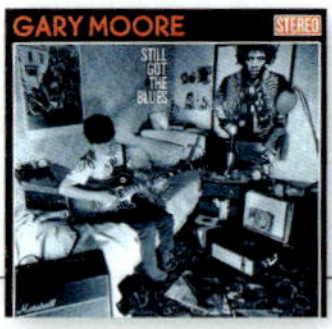

«Still got the Blues»
Gary Moore

Me resulta muy difícil escribir sobre Steven Seagal y pretender además que alguien me crea cuando lea lo que voy a contar.

En primer lugar, estamos hablando de una persona que nunca ha sido actor, ni lo es ahora, ni por supuesto lo será jamás. Su vida transcurría plácidamente siendo un maestro en las artes marciales, concretamente en Akido, práctica japonesa que lo llevó a vivir varios años en aquel lejano país de cerezos en flor. Su *biomarketing* también afirma que habla japonés —algo bastante improbable porque no se expresa bien ni en inglés— y que ha conseguido la transmutación cerebral zen perfecta —tal como suena—, y que consiste en saber combinar la fuerza y la energía para transmitirlas a través de la paz interior. Todo eso, en otras palabras y tratándose de semejante mamarracho, tiene su equivalencia más aproximada en el encefalograma prácticamente plano.

Conocí al señor Seagal en una fiesta privada en los estudios Warner en Burbank, un barrio del gran Los Ángeles, dedicado casi por entero a la industria audiovisual, antes llamada cine. Él era un invitado como yo, ya que el sarao tenía como objeto mostrar a los posibles compradores las nuevas series de televisión que en aquellos L.A. Screenings del año 2000 presentaba la compañía.

Seagal acudió por orden de su productora para rellenar, contentar y hacerse unas fotos con los posibles clientes de las distintas cadenas de televisión del mundo. Yo representaba por entonces a TV3, la Televisió de Catalunya, y fui a la fiesta porque se celebraba en el Studio 2, el mismo donde, más de medio siglo antes, se había rodado *Robin de los bosques* (*The Adventures of Robin Hood*, 1938) de Michael Curtiz. Tan solo pensar en pisar el mismo suelo que pisaron Errol Flynn, Olivia de Havilland o Basil Rathbone ya era una buena razón para asistir.

Recuerdo que desde la puerta de entrada al recinto vi un enorme *display* con la figura habitual de Steven Seagal: vestido de negro, con algunos kilillos en la tripita y con su infalible coleta, apergaminada toda ella con litros de gomina. Los invitados se hacían fotos junto a él y sonreían jubilosos. La estupefacción cubrió mi rostro cuando comprobé que aquello no era un *display*, ni tan siquiera un póster en la pared: era el auténtico Steven Seagal en carne y hueso. Sí, el hombre que se transmuta en águila como símbolo de América y sobrevuela Alaska en un inmundo alegato presuntamente ecologista como *En tierra peligrosa* (*On Deadly Ground*, 1994); el mismo tipo que osa tocar la guitarra con su grupo Thunderbox junto a B. B. King, el actual ayudante del Marshall de Lousiana.

Pues allí, inmóvil, impasible y prácticamente mudo —tan solo contestaba con monosílabos—, mantenía el pobre un rictus que lo hermanaba con un muñeco de cera. Nuestro héroe, nuestro maestro *akidota* (sé perfectamente que es *akidoka*, pero prefiero recordarlo como *akidota*), es con diferencia uno de los seres más antipáticos y absurdos del negocio de las películas. Lo increíble es que sobrevivió a la era del vídeo y sigue trabajando en subproductos rodados en Bulgaria, Hungría o Rumanía con idéntico argumento y que tienen buena audiencia en ciertas cadenas de televisión españolas y rusas.

Siempre que veo anunciado alguno de sus films pienso en aquella famosa frase: «En el país de las amebas, el paramecio es el rey».

Era algo así, ¿no?

— Como actor —

1988. "Above the Law" (Por encima de la ley), de Andrew Davis (+ argumento y productor).

1990. "Hard to Kill" (Difícil de matar), de Bruce Malmuth. "Marked for Death" (Señalado por la muerte), de Dwight H. Little (+ productor).

1991. "Out for Justice" (Buscando justicia), de John Flynn (+ productor).

1992. "Under Siege" (Alerta máxima), de Andrew Davis (+ productor).

1994. "On Deadly Ground" (En tierra peligrosa), de Steven Seagal (+ productor).

1995. "Under Siege 2: Dark Territory" (Alerta máxima 2), de Geoff Murphy (+ productor).

1996. "Executive Decision" (Decisión crítica), de Stuart Baird. "The Glimmer Man" (Glimmer Man), de John Gray (+ productor).

1997. "Fire Down Below", de Felix Enriquez Alcala (Vídeo: "En tierra peligrosa 2") (+ productor).

1998. "My Giant", de Michael Lehmann (Vídeo: "Aquí mi gigante"). "The Patriot" (El último patriota), de Dean Semler (+ productor).

2001. "Ticker" (Tiempo límite), de Albert Pyun. "Exit Wounds" (Herida abierta), de Andrzej Bartkowiak.

2002. "Half Past Dead" (Al filo de la muerte), de Don Michael Paul (+ productor). "The Foreigner", de Michael Oblowitz (Vídeo: "El extranjero") (+ productor).

2003. "Out for a Kill" (Venganza ciega), de Michael Oblowitz (+ productor). "Belly of the Beast" (Las entrañas de la bestia), de Ching Siu-Tung (+ argumento y productor).

2004. "Clementine", de Kim Du-yeong (Vídeo: "Clementine"). "Out of Reach", de Po-Chih Leong (Vídeo: "Rescate al límite") (+ productor). "Into the Sun", de Mink [Christopher Wingfield Morrison] (Vídeo: "Yakuza: el imperio del sol naciente") (+ guionista y productor).

2005. "Submerged", de Anthony Hickox (Vídeo: "Submerged") (+ productor). "Today You Die", de Don E. Fauntleroy (Vídeo: "Vengador") (+ productor). "Black Dawn", de Alexander Gruszynski (Vídeo: "Golpe al amanecer") (+ productor).

2006. "Mercenary for Justice", de Don E. Fauntleroy (Vídeo: "Mercenary") (+ guionista y productor). "Shadow Man", de Michael Keusch (Vídeo: "Shadow Man") (+ guionista y productor). "Attack Force", de Michael Keusch (Vídeo: "Equipo de ataque") (+ guionista y productor).

2007. "Flight of Fury", de Michael Keusch (Vídeo: "El vuelo de la ira") (+ guionista y productor). "Urban Justice", de Don E. Fauntleroy (Vídeo: "Justicia urbana") (+ productor). "Pistol Whipped", de Roel Reiné (Vídeo: "A tiro limpio") (+ productor). "The Onion Movie", de James Kleiner [Tom Kuntz y Mike Maguire].

2008. "Kill Switch", de Jeff King (Vídeo: "Kill Switch") (+ guionista y productor). "Against the Dark", de Richard Crudo (Vídeo: "Cazadores de sangre") (+ productor).

2009. "Driven to Kill", de Jeff King (+ productor). "The Keeper", de Keoni Waxman (+ guionista y productor). "A Dangerous Man", de Keoni Waxman (+ productor).

2010. "Machete" (Machete), de Robert Rodriguez y Ethan Maniquis. "Born to Raise Hell", de Lauro Chartrand (+ guionista y productor).

2011. "Sheep Impact", de Brendan Gibbons (CM).

2012. "Maximum Conviction", de Keoni Waxman (+ productor).

2013. "Force of Execution", de Keoni Waxman (+ productor).

⌃ Probablemente el pasmado más grande que jamás he conocido.

2014. "A Good Man", de Keoni Waxman (+ productor). "Gutshot Straight", de Justin Steele (Vídeo: "Juego sucio en Las Vegas").

2015. "Absolution", de Keoni Waxman (+ productor). "Killing Salazar", de Keoni Waxman. "Cyborg Nemesis", de Albert Pyun. "Asian Connection", de Daniel Zirilli. "Code of Honor", de Michael Winnick. "The Perfect Weapon", de Titus Paar.

— Como productor —

1998. "Not Even the Trees", de Nacho Arenas.
1999. "Prince of Central Park", de John Leekley (Vídeo: "El príncipe de Central Park").
2001. "The Path Beyond Thought", de Binh Dang (MM).
2005. "Mang lung/Dragon Heat", de Daniel Lee.

27 Menahem Golan y la Cannon Films

El delirio ochentero

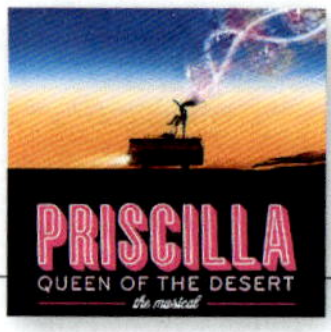

«Priscilla, Queen of the Desert»
The Musical

«Eye of the Tiger»
Survivor

Menahem Golan (1929-2014) era un aplicado director y productor de cine de la generación de Francis Ford Coppola, con un interesante futuro, tanto en la dirección como en el montaje.

Tras unos inicios de seriedad y cinefilia en los que incluso fue contratado por Roger Corman y sobrevivió, Golan da un giro total a su destino cuando decide montar a principios de los años ochenta la productora Cannon Films, junto a otro visionario judío, el productor Yoram Globus. Ellos y un importante grupo financiero israelí apostaron por un modelo de negocio basado en el momento cinematográfico que les tocó vivir. Para empezar con su ambicioso plan, marcaron una serie de puntos innegociables, aquellos que definirían la filosofía de su productora.

En primer lugar abordaban una gran producción anual, entre doce y quince títulos, de los cuales dos al menos eran casi superproducciones. A continuación contrataban a veteranos

⌃ Cinéfilo, culto y divertido. Golan conocía como pocos el negocio del cine.

directores de cine comercial y de acción —años después, dieron oportunidad a jóvenes promesas y a algún que otro talento—, al servicio de un guión simple, de puro entretenimiento para vídeoclub. Como colofón, rescataron del olvido a estrellas como Charles Bronson, para *Yo soy la justicia* (*Death Wish*, 1982), por ejemplo, y fabricaron nuevos superhéroes como Chuck Norris (*Delta Force*, 1986). Todo ello se remataba con una enorme campaña de *marketing* y publicidad que siempre se iniciaba en el Festival de Cine de Cannes. Allí se adueñaban de la fachada del hotel Carlton y presentaban todas sus nuevas producciones para la temporada.

Ellos eran unos tipos fantásticos para conversar y, fundamentalmente, escuchar. Asistí a dos reuniones y a una cena con ellos a lo largo de la década que duró Cannon Films en activo. Lo tenían muy claro: el cine debía dar dinero. Aquello era un negocio y ellos, como productores, siempre eran los primeros en cobrar. Cabe añadir que sus precios eran de los más caros del mercado, un detalle nada baladí. La Cannon Films llegó a ser una *minimajor* —esta de verdad— en el concierto de la producción mundial. Títulos como *El exterminador* (*The Exterminator* 2, 1984), *El guerrero americano* (*American Ninja*, 1985), *Invasión USA* (1985), *Cobra, el brazo fuerte de la ley* (*Cobra*, 1986)... y así sin parar en un frenesí de películas *fast food*. Algo irrepetible en la reciente historia del cine.

Forman parte de esa producción cutre-de-luxe y cutre-psicodélica *Superman IV: En busca de la paz* (*Superman IV: The Quest for Peace*, 1987), inexplicable experimento comercial si lo separamos de la década de los ochenta y del apogeo del sector del vídeo. También corresponde a esos años la saga Allan Quatermain, con Richard Chamberlain y una jovencita Sharon Stone. Pese a todo, hay una película que justifica por sí misma toda la existencia de la Cannon: *Fuerza vital* (*Lifeforce*, 1985) de Tobe Hooper, magnífica aportación al cine de vampiros, zombis y alienígenas desnudos.

Si algún alma perdida quiere saber más sobre la delirante Cannon Films, le recomiendo el documental *Electric Boogaloo*, de Mark Hartley. Su imperio inició el declive en los noventa. Algunas costosas producciones fallidas, el enfrentamiento personal entre Golan y Globus por cómo reconducir la compañía y, sobre todo, los nuevos tiempos acabaron con una intrépida aventura empresarial que, vista con la perspectiva que da el tiempo, tuvo más luces que sombras.

Lo cual no es poco en este negocio.

— Como productor —

1964. "Sallah Shabati", de Ephraim Kishon.

1968. "Nes B'Ayara", de Leo Filler.

1971. "Ani Ohev Otach Rosa" (Rosa, te amo), de Moshe Mizrahi.

1973. "Ha-Bayit Berechov Chelouche", de Moshe Mizrahi.

1974. "Abu el Banat", de Moshe Mizrahi.

1975. "The Four Deuces", de William H. Bushnell (Vídeo: "Cuatro forajidos").

1976. "Mishpahat Tzan'ani", de Boaz Davidson. "God's Gun/Diamante Lobo" (Seis balas, una venganza, una oración), de Gianfranco Parolini. "The Passover Plot", de Michael Campus. "Lupo B'New York", de Boaz Davidson. "Kid Vengeance" (Venganza sangrienta), de Joseph Manduke.

1977. "Eskimo Limon" (Polo de limón), de Boaz Davidson.

1978. "The Alaska Wilderness Adventure", de Fred Meader.

1979. "Nisuin Nusah Tel Aviv", de Joel Silberg. "Yotzim Kavua" (En continuo movimiento), de Boaz Davidson. "Imi Hageneralit", de Joel Silberg.

1980. "The Godsend" (...¡O una maldición del infierno!), de Gabrielle Beaumont. "The Happy Hooker Goes Hollywood", de Alan Roberts. "Schizoid" (Psicópata), de David Paulsen. "Seed of Innocence/Teen Mothers", de Boaz Davidson. "Dr. Heckyl and Mr. Hype" (Dr. Heckyl y Mr. Hype), de Charles B. Griffith. "New Year's Evil" (Fin de año maldito), de Emmett Alston. "Yisraelim Matzhikim", de Tzvi Shissel.

1981. "Shifshuf Naim" (Chicle picante), de Boaz Davidson. "Lady Chatterley's Lover" (El amante de Lady Chatterley), de Just Jaeckin. "Body and Soul" (En cuerpo y alma), de George Bowers. "Hospital Massacre" (Rayos X), de Boaz Davidson.

1982. "Death Wish II" (Yo soy la justicia), de Michael Winner. "The Last American Virgin" (El último americano virgen), de Boaz Davidson. "That Championship Season" (Cuando fuimos campeones), de Jason Miller. "Il tesoro delle 4 corone" (El tesoro de las cuatro coronas), de Ferdinando Baldi. "One More Chance", de Sam Firstenberg. "House of the Long Shadows", de Peter Walker (Vídeo: "La casa de las sombras largas/La casa de las sombras de pasado"). "Nana", de Dan Wolman. "Hercules" (El desafío de Hércules), de Luigi Cozzi.

1983. "Sapiches", de Boaz Davidson. "The Wicked Lady" (La dama perversa), de Michael Winner. "Ten to Midnight" (Al filo de medianoche), de J. Lee Thompson. "Sababa", de Tzvi Shissel (Vídeo: "Los otros juegos de guerra"). "Revenge of the Ninja" (La venganza de Ninja), de Sam Firstenberg. "Sahara" (Aventuras en el Sáhara), de Andrew V. McLaglen (+ argumento). "I sette magnifici gladiatori", de Bruno Mattei (Vídeo: "Los siete gladiadores").

1984. "Love Streams" (Corrientes de amor), de John Cassavetes. "Roman Za'ir", de Dan Wolman (Vídeo: "Baby Love"). "Maria's Lovers" (Los amantes de María), de Andrei Konchalovsky. "The Ultimate Solution of Grace Quigley" (La última solución de Grace Quigley), de Anthony Harvey. "Breakin'" (Breakdance), de Joel Silberg. "Making the Grade" (Golfo de alquiler), de Dorian Walker. "The Ambassador" (Embajador en Oriente Medio), de J. Lee Thompson. "The Naked Face" (A cara descubierta), de Bryan Forbes. "Sword of the Valiant" (El caballero verde), de Stephen Weeks. "Ordeal by Innocence" (Culpable de inocencia), de Desmond Davis. "I'm Almost Not Crazy", de Michael Ventura. "Bolero" (Bolero), de John Derek. "Exterminator 2" (Exterminador 2), de Mark Buntzman. "Ninja III: the Domination" (La dominación), de Sam Firstenberg. "Ha-Meticha Ha'Gdola", de Yigal Shilon y Yehuda Barkan. "Edut Me'ones", de Raphael Rebibo (Vídeo: "Testigo a la fuerza"). "Missing in Action" (Desaparecido en combate), de Joseph Zito. "Breakin' 2: Electric Boogaloo" (Electric Boogaloo), de Sam Firstenberg. "Ahava Ilemeth", de Joel Silberg. "The Assisi Underground" (Los clandestinos de Asís), de Alexander Ramati. "Le avventure dell'incredibile Ercole" (La furia del coloso), de Luigi Cozzi.

1985. "Hot Resort", de John Robins. "Missing in Action 2: the Beginning" (Desaparecido en combate 2), de Lance Hool. "Nine Deaths of the Ninja", de Emmet Alston (Vídeo: "Las nueve muertes de Ninja"). "Mata Hari" (Mata Hari), de Curtis Harrington. "Déjà Vu" (Ella, escalofriante realidad), de Anthony Richmond. "Harimu Ogen", de Dan Wolman (Vídeo: "Cacao a bordo"). "Rappin'", de Joel Silberg (Vídeo: "Rappin'"). "Lifeforce" (Fuerza vital), de Tobe Hooper. "Thunder Alley", de J.S. Cardone (Vídeo: "Thunder Alley"). "Hot Chili", de William Sachs (Vídeo: "Hot chili") (+ guionista). "American Ninja" (El guerrero americano), de Sam Firstenberg. "War and Love", de Moshe Mizrahi. "Invasion USA" (Invasión USA), de Joseph Zito. "Interno berlinese" (Berlín interior), de Liliana Cavani. "Death Wish 3" (El justiciero de la noche), de Michael Winner. "Runaway Train" (El tren del infierno), de Andrei Konchalovsky. "King Solomon's Mines" (Las minas del rey Salomón), de J. Lee Thompson. "Fool for Love", de Robert Altman (Vídeo: "Loco de amor"). "Camorra: un complicato intrigo di donne, vicoli e delitti" (Camorra: contacto en Nápoles), de Lina Wertmüller. "Ha-Me'ahev", de Michal Bat-Adam (Vídeo: "Amanecer cruel"). "Salome" (Salomé), de Claude D'Anna.

1986. "The Naked Cage" (La jaula desnuda), de Paul Nicholas. "Field of Honor" (El campo del honor), de Hans Scheepmaker. "America 3000", de David Engelbach (Vídeo: "América 3000"). "Murphy's Law" (La ley de Murphy), de J. Lee Thompson. "Dangerously Close" (Los centinelas), de Albert Pyun. "Cobra" (Cobra, el brazo fuerte de la ley), de George Pan Cosmatos. "Invaders from Mars" (Invasores de Marte), de Tobe Hooper. "Asilo di polizia/ Dumb Dicks", de Filippo Ottoni. "The Texas Chainsaw Massacre Part 2", de Tobe Hooper (Vídeo: "La matanza de Texas 2"). "Otello" (Otello), de Franco Zeffirelli. "Malkat Hakitah", de Isaac Zepel Yeshurun. "Avenging Force" (La fuerza de la venganza), de Sam Firstenberg. "The Frog Prince", de Jackson Hunsicker. "52 Pick-Up" (52 vivo o muerto), de John Frankenheimer. "Firewalker" (El templo del oro), de J. Lee Thompson. "Allan Quatermain and the Lost City of Gold" (Quatermain en la ciudad perdida del oro), de Gary Nelson. "Superfantagenio" (Aladino), de Bruno Corbucci. "Duet for One" (Ansias de vivir), de Andrei Konchalovsky. "Assassination" (El guardaespaldas de la primera dama), de Peter Hunt. "Mercenary Fighters", de Riki Shelach.

1987. "Number One with a Bullet", de Jack Smight (Vídeo: "Una bala para el número uno"). "The Barbarians & Co." (Los bárbaros), de Ruggero Deodato. "Down Twisted" (El tesoro de San Lucas), de Albert Pyun. "Street Smart" (El reportero de la calle 42), de Jerry Schatzberg. "The Hanoi Hilton", de Lionel Chetwynd (Vídeo: "Hanoi Hilton"). "Beauty and the Beast", de Eugene Marner. "Shy People", de Andrei Konchalovsky (Vídeo: "Vidas distantes"). "Hansel and Gretel", de Len Talan. "American Ninja 2: the Confrontation" (El guerrero americano 2, la confrontación), de Sam Firstenberg. "Barfly" (El borracho), de Barbet Schroeder. "Mascara" (Maquillaje para matar), de Patrick Conrad. "Snow White", de Michael Berz. "The Emperor's New Clothes", de David Irving. "Tough Guys Don't Dance" (Los hombres duros no bailan), de Norman Mailer. "King Lear", de Jean-Luc Godard. "Too Much", de Eric Rochat (Vídeo: "Eres demasiado"). "Superman IV: the Quest for Peace" (Superman IV: en busca de la paz), de Sidney J. Furie. "Going Bananas/My African Adventure", de Boaz Davidson (Vídeo: "Mi aventura africana") (+ guionista). "Masters of the Universe" (Masters del universo), de Gary Goddard. "The Kitchen Toto", de Harry Hook (Vídeo: "África en el corazón"). "Surrender" (Una novia para dos), de Jerry Belson. "Dancers", de Herbert Ross. "Death Wish IV: the Crackdown" (Yo soy la justicia II), de J. Lee Thompson. "Under Cover", de John Stockwell (Vídeo: "Policías violentos") (+ guionista). "Braddock: Missing in Action III" (Braddock: desaparecido en combate III), de Aaron Norris. "Appointment with Death" (Cita con la muerte), de Michael Winner. "Business As Usual", de Lezli-An Barrett (Vídeo: "Chantaje a una mujer"). "I giorni randagi", de Filippo Ottoni.

1988. "Bloodsport" (Contacto sangriento), de Newt Arnold. "Alien from L.A.", de Albert Pyun (Vídeo: "Alien from L.A."). "Powaqqatsi" (Powaqqatsi), de Godfrey Reggio. "Salsa" (Salsa), de Boaz Davidson. "Puss in Boots", de Eugene Marner. "Journey to the Center of the Earth", de Rusty Lemorande (Vídeo: "Viaje al centro de la tierra"). "Hero and the Terror" (El héroe y el terror), de William Tannen. "Haunted Summer", de Ivan Passer (Vídeo: "Verano atormentado"). "Manifesto", de Dusan Makavejev. "Messenger of Death" (Mensajero de la muerte), de J. Lee Thompson. "A Cry in the Dark" (Un grito en la oscuridad), de Fred Schepisi. "Doin' Time on Planet Earth", de Charles Matthau. "Kinjite" (Kinjite, prohibido en Occidente), de J. Lee Thompson.

1989. "Red Riding Hood", de Adam Brooks. "Sinbad of the Seven Seas" (Simbad, el rey de los mares), de Enzo G. Castellari. "Cyborg" (Cyborg), de Albert Pyun. "The Phantom of the Opera" (El fantasma de la ópera), de Dwight H. Little. "The Rose Garden" (Juicio a un desconocido), de Fons Rademakers. "Bad Jim", de Clyde Ware. "Captain America", de Albert Pyun (Vídeo: "Capitán América").

1990. "The Forbidden Dance" (Lambada, el baile prohibido), de Greydon Clark (+ guionista y canciones). "Death Warrant" (Libertad para morir), de Deran Sarafian. "O Quinto Macaco", de Eric Rochat. "Night of the Living Dead" (La noche de los muertos vivientes), de Tom Savini. "Street Hunter", de John A. Gallagher (Vídeo: "El cazador callejero"). "Bullseye!" (Atraco a falda armada), de Michael Winner. "Killing Streets" (Zorros del desierto), de Stephen Cornwell (+ argumento).

1991. "The Finest Hour" (Halcones de mar), de Shimon Dotan. "Dance Macabre/ Terror of Manhattan", de Greydon Clark (Vídeo: "Danza macabra").

1992. "Invader", de Philip J. Cook (Vídeo: "La invasión de los extraterrestres"). "Desert Kickboxer", de Isaac Florentine (Vídeo: "La furia del halcón"). "Prison Planet", de Armand Gazarian. "American Cyborg: Steel Warrior", de Boaz Davidson (Vídeo: "American Cyborg, el guerrero de acero").

1993. "Teenage Bonnie and Klepto Clyde", de John Shepphird. "Mad Dog Coll", de Greydon Clark y Ken Stein. "Emmanuelle au 7ème ciel", de Francis Leroi. "Dead Center", de Steve Carver (+ argumento). "Death Wish 5: the Face of Death", de Allan A. Goldstein (Vídeo: "Venganza personal").

1994. "Stickfighter", de B. J. Davis.

1998. "Speedway Junky", de Nickolas Perry.

1999. "Days of Love", de Eitan Dotan y Evgeny Afineevsky. "Escape to Grizzly Mountain", de Anthony Dalesandro. "After Sex", de Cameron Thor.

2002. "Impossible Love", de Evgeny Afineevsky (CM).

2007. "Children of Wax", de Ivan Nitchev (+ guionista). "Rak Klavim Ratzim Hofshi", de Arnon Zadok.

— Actividades diversas —

1963. "The Young Racers", de Roger Corman (Vídeo: "Los jóvenes corredores"). *Ayudante de dirección.*
1968. "Commandos" (Los chacales del desierto), de Armando Crispino. *Guionista.*
1990. "Delta Force 2: the Colombian Connection" (Delta Force 2), de Aaron Norris. *Argumento.*
1995. "Zihron Devarim", de Amos Gitai. *Actor.*
2009. "Oy Vey! My Son Is Gay!!", de Evgeny Afineevsky. *Guionista.*

— Realizaciones —

1963. "El Dorado", con Topol, Gila Almagor, Yossi Yadin, Shaike Ophir, Shimon Finkel (+ guionista y actor).

1964. "Shemona B'Ekevot Ahat", con Geula Gill, Elisheva Michaeli, Shaike Ophir, Eitan Priver, Bomba Tzur (+ productor). "Dalia Vehamalahim", con Véronique Vendell, Arik Einstein, Israel Gurion, Oded Teomi, Ya'ackov Ben-Sira.

1966. "Mivtza Kahir/Einer spielt falsch", con Audie Murphy, George Sanders, Marianne Koch, Gila Almagor, Yossi Yadin (+ productor). "Fortuna/La fille de la mer morte", con Ahuva Goren, Gila Almagor, Mike Marshall, Pierre Brasseur, Saro Urzì (+ guionista y productor).

1968. "Tuvia Vesheva Benotav/Tevje und seine sieben Töchter", Shmuel Rodensky, Betty Segal, Ninet Dinar, Robert Hoffmann, Peter van Eyck (+ guionista y productor).

1969. "What's Good for the Goose", con Norman Wisdom, Sally Geeson, Sarah Atkinson, Derek Francis, Terence Alexander (+ guionista). "Margo Sheli", con Levana Finkelstein, Oded Teomi, Avner Hizkiyahu, Bracha Ne'eman, Abraham Ronai (+ guionista y productor).

1970. "Lupo", con Yehuda Barkan, Leah Koenig, Avirama Golan, Moti Giladi, Gabi Amrani (+ guionista y productor). "Ha-Pritza Hagdola", con Rick Jason, Peter Brown, Yehoram Gaon, Yehuda Barkan (+ guionista y productor).

1971. "Katz V'Carasso", con Shmuel Rodensky, Yehuda Barkan, Gadi Yagil, Joseph Shiloach, Nitza Shaul (+ guionista). "Malkat Hakvish", con Yehuda Barkan, Gila Almagor, Miriam Bernstein-Cohen, Leah Koenig, Pnina Rosenblum (+ guionista y productor). "999 Aliza Mizrahi", con Yossi Banai, Avner Hizkiyahu, Edna Fliedel, Ziva Rodann, Uri Zohar (+ guionista y productor). "Bricha El Hashemesh/Escape to the Sun", con Laurence Harvey, Josephine Chaplin, John Ireland, Lila Kedrova, Jack Hawkins (Vídeo: "Huida al sol") (+ guionista y productor).

1972. "Shod Hatelephonim Hagadol", con Shaike Ophir, Yehuda Efroni, Avner Hizkiyahu, Uriella White, Israel Gurion (Vídeo: "El gran robo telefónico") (+ guionista).

1973. "Kazablan" (Kazablan), con Yehoram Gaon, Efrat Lavie, Arieh Elias, Etti Grotes, Yehuda Efroni (+ guionista, productor y montaje).

1974. "Lepke" (Lepke), con Tony Curtis, Anjanette Comer, Michael Callan, Warren Berlinger, Vic Tayback.

1975. "Diamonds" (Golpe de mil millones de dólares), con Robert Shaw, Richard Roundtree, Barbara Hershey, Shelley Winters, Shaike Ophir (+ guionista y productor).

1976. "Mivtsa Yonatan" (Operación Relámpago), con Yehoram Gaon, Gila Almagor, Assi Dayan, Klaus Kinski, Sybil Danning (+ guionista y productor).

1978. "Kesher Ha'Uranium/A chi tocca, tocca...!" (La conspiración del uranio), con Fabio Testi, Janet Agren, Assi Dayan, Siegfried Rauch, Gianni Rizzo. *Co-dirigida por Gianfranco Baldanello* (+ guionista y productor).

1979. "The Magician of Lublin/Ha-Kosem Mi'Lublin" (El mago de Lublin), con Alan Arkin, Louise Fletcher, Valerie Perrine, Shelley Winters, Lou Jacobi (+ guionista y productor).

1980. "The Apple" (La manzana), con Catherine Mary Stewart, George Gilmour, Grace Kennedy, Joss Ackland, Vladek Sheybal (+ guionista y productor).

1981. "Enter the Ninja" (La justicia de Ninja), con Franco Nero, Susan George, Sho Kosugi, Christopher George, Alex Courtney (+ productor).

1983. "Over the Brooklyn Bridge" (Al otro lado de Brooklyn), con Elliott Gould, Margaux Hemingway, Sid Caesar, Carol Kane, Shelley Winters (+ productor).

1986. "The Delta Force" (Delta Force), con Chuck Norris, Lee Marvin, George Kennedy, Hanna Schygulla, Shelley Winters (+ guionista y productor).

1987. "Over the Top" (Yo, el Halcón), con Sylvester Stallone, Susan Blakely, Robert Loggia, Rick Zumwalt, David Mendenhall (+ productor).

1988. "Hanna's War" (Héroes inocentes), con Ellen Burstyn, Maruschka Detmers, Anthony Andrews, Donald Pleasence, David Warner (+ guionista y productor).

1989. "Mack the Knife" (Mack the Knife), con Raul Julia, Richard Harris, Julia Migenes, Roger Daltrey, Julie Walters (+ guionista, productor y canciones).

1992. "Hit the Dutchman", con Bruce Nozick, Jack Conley, Sally Kirkland, Jennifer Pusheck, Christopher Bradley (Vídeo: "A la caza del holandés") (+ guionista, productor y actor).

1993. "Deadly Heroes", con Michael Paré, Claudette Mink, Jan-Michael Vincent, Billy Drago, Alon Aboutboul (Vídeo: "Demasiado riesgo") (+ argumento y actor).

1995. "Russisches Roulette", con Oliver Reed, Barbara Carrera, Jan-Michael Vincent, Karen Moncrieff, Zachi Noy.

1996. "Luise knackt den Jackpot", con Marianne Sägebrecht, Oliver Reed, David Warner, Silvia Seidel, James Pertwee.

1997. "Put K Slave", con Frank Finlay, DuDu Fisher, Flo Lawrence, Zhanna Drutskaya, Irina Mayorova (+ guionista).

1998. "Armstrong", con Frank Zagarino,

Kimberly Kates, Charles Napier, Joe Lara, Richard Lynch (Vídeo: "Amenaza nuclear") (+ guionista, productor y actor). "The Versace Murder", con Franco Nero, Steven Bauer, Shane Perdue, Matt Servitto, David Wolfson (Vídeo: "El asesinato de Versace") (+ guionista). "Breaking the Silence", con Joe Lara, Billy Drago, Christopher Atkins, Bentley Mitchum, Julie St. Claire (Vídeo: "Pánico en la embajada") (+ guionista y productor).

2000. "Kumite" (+ guionista y productor).

2001. "Death Game", con Bo Brown, Joe Lara, Maureen LaVette, Billy Drago, Richard Lynch (Vídeo: "Death Game") (+ productor).

2002. "Crime and Punishment", con Crispin Glover, Vanessa Redgrave, John Hurt, Margot Kidder, John Neville (Vídeo: "Crimen y castigo") (+ guionista y productor). "Ha-Shiva MeHodu", con Assi Dayan, Riki Gal, Aki Avni, Orli Perl, Dana Parnas (+ productor).

2003. "Final Combat", con Tonny White, Sonia Couling, Gary Stretch, Andrew Stehlin, Pete Cunningham (+ guionista).

2005. "Yamim Shel Ahava", con Maya Buskila, Nir Levy, Joseph Shiloach, Zachi Noy, Amos Lavi (+ guionista y productor).

2007. "Rikud Mesukan", con Zohar Liba, Eliana Bakier, Hilik Cohen, Omer Barnea, Raffi Tavor (+ guionista, productor y actor).

2008. "Marriage Agreement", con Meir Suissa, Anat Barzilai, Hila Eran, Shelly Skandrani, Yehuda Efroni (+ guionista).

— Televisión —

1992. "Silent Victim", con Michele Greene, Ely Pouget, Kyle Secor, Rosemary Newcott, Ralph Wilcox (+ productor).
1996. "Die Tunnelgangster von Berlin", con Oliver Reed, Tina Ruland, James Pertwee, Hanns Zischler, Torster Lennie Münchow.

YORAM GLOBUS - filmografía

— Como productor —

1966. "Fortuna/La fille de la mer morte", de Menahem Golan.

1968. "Nes B'Ayara", de Leo Filler.

1969. "Margo Sheli", de Menahem Golan.

1970. "Lupo", de Menahem Golan. "Ha-Pritza Hagdola", de Menahem Golan.

1971. "Katz V'Carasso", de Menahem Golan. "Malkat Hakvish", de Menahem Golan. "Ani Ohev Otach Rosa" (Rosa, te amo), de Moshe Mizrahi.

1972. "Shod Hatelephonim Hagadol", de Menahem Golan (Vídeo: "El gran robo telefónico").

1973. "Ha-Bayit Berechov Chelouche", de Moshe Mizrahi. "Kazablan" (Kazablan), de Menahem Golan.

1974. "Abu el Banat", de Moshe Mizrahi. "Lepke" (Lepke), de Menahem Golan.

1975. "The Four Deuces", de William H. Bushnell (Vídeo: "Cuatro forajidos"). "Diamonds" (Golpe de mil millones de dólares), de Menahem Golan.

1976. "God's Gun/Diamante Lobo" (Seis balas, una venganza, una oración), de Gianfranco Parolini. "Mivtsa Yonatan" (Operación Relámpago), de Menahem Golan. "Kid Vengeance" (Venganza sangrienta), de Joseph Manduke.

1977. "Eskimo Limon" (Polo de limón), de Boaz Davidson.

1978. "Kesher Ha'Uranium/A chi tocca, tocca...!" (La conspiración del uranio), de Menahem Golan y Gianfranco Baldanello. "The Alaska Wilderness Adventure", de Fred Meader.

1979. "Nisuin Nusah Tel Aviv", de Joel Silberg. "Yotzim Kavua" (En continuo movimiento), de Boaz Davidson. "The Magician of Lublin/ Ha-Kosem Mi'Lublin" (El mago de Lublin), de Menahem Golan. "Imi Hageneralit", de Joel Silberg.

1980. "The Godsend" (...¡O una maldición del infierno!), de Gabrielle Beaumont. "The Happy Hooker Goes Hollywood", de Alan Roberts. "Schizoid" (Psicópata), de David Paulsen. "Seed of Innocence/Teen Mothers", de Boaz Davidson. "The Apple" (La manzana), de Menahem Golan. "Dr. Heckyl and Mr. Hype" (Dr. Heckyl y Mr. Hype), de Charles B. Griffith. "New Year's Evil" (Fin de año maldito), de Emmett Alston. "Yisraelim Matzhikim", de Tzvi Shissel.

1981. "Shifshuf Naim" (Chicle picante), de Boaz Davidson. "Lady Chatterley's Lover" (El amante de Lady Chatterley), de Just Jaeckin. "Enter the Ninja" (La justicia de Ninja), de Menahem Golan. "Body and Soul" (En cuerpo y alma), de George Bowers. "Hospital Massacre" (Rayos X), de Boaz Davidson.

1982. "Death Wish II" (Yo soy la justicia), de Michael Winner. "The Last American Virgin" (El último americano virgen), de Boaz Davidson. "That Championship Season" (Cuando fuimos campeones), de Jason Miller. "Il tesoro delle 4 corone" (El tesoro de las cuatro coronas), de Ferdinando Baldi. "One More Chance", de Sam Firstenberg. "House of the Long Shadows", de Peter Walker (Vídeo: "La casa de las sombras largas/La casa de las sombras de pasado"). "Nana", de Dan Wolman. "Hercules" (El desafío de Hércules), de Luigi Cozzi.

1983. "Sapiches", de Boaz Davidson. "The Wicked Lady" (La dama perversa), de Michael Winner. "Ten to Midnight" (Al filo de medianoche), de J. Lee Thompson. "Sababa", de Tzvi Shissel (Vídeo: "Los otros juegos de guerra"). "Revenge of the Ninja" (La venganza de Ninja), de Sam Firstenberg. "Sahara" (Aventuras en el Sáhara), de Andrew V. McLaglen. "I sette magnifici gladiatori", de Bruno Mattei (Vídeo: "Los siete gladiadores"). "Over the Brooklyn Bridge" (Al otro lado de Brooklyn), de Menahem Golan.

1984. "Love Streams" (Corrientes de amor), de John Cassavetes. "Roman Za'ir", de Dan Wolman (Vídeo: "Baby Love"). "Maria's Lovers" (Los amantes de María), de Andrei Konchalovsky. "The Ultimate Solution of Grace Quigley" (La última solución de Grace Quigley), de Anthony Harvey. "Breakin'" (Breakdance), de Joel Silberg. "Making the Grade" (Golfo de alquiler), de Dorian Walker. "The Ambassador" (Embajador en Oriente Medio), de J. Lee Thompson. "The Naked Face" (A cara descubierta), de Bryan Forbes. "Sword of the Valiant" (El caballero verde), de Stephen Weeks. "Ordeal by Innocence" (Culpable de inocencia), de Desmond Davis. "I'm Almost Not Crazy", de Michael Ventura. "Bolero" (Bolero), de John Derek. "Exterminator 2" (Exterminador 2), de Mark Buntzman. "Ninja III: the Domination" (La dominación), de Sam Firstenberg. "Edut Me'ones", de Raphael Rebibo (Vídeo: "Testigo a la fuerza"). "Missing in Action" (Desaparecido en combate), de Joseph Zito. "Breakin' 2: Electric Boogaloo" (Electric Boogaloo), de Sam Firstenberg. "Ahava Ilemeth", de Joel Silberg. "The Assisi Underground" (Los clandestinos de Asís), de Alexander Ramati. "Le avventure dell'incredibile Ercole" (La furia del coloso), de Luigi Cozzi.

1985. "Hot Resort", de John Robins. "Missing in Action 2: the Beginning" (Desaparecido en combate 2), de Lance Hool. "Nine Deaths of the Ninja", de Emmet Alston (Vídeo: "Las nueve muertes de Ninja"). "Mata Hari" (Mata Hari), de Curtis Harrington. "Déjà Vu" (Ella, escalofriante realidad), de Anthony Richmond. "Harimu Ogen", de Dan Wolman (Vídeo: "Cacao a bordo"). "Rappin'", de Joel Silberg (Vídeo: "Rappin'"). "Lifeforce" (Fuerza vital), de Tobe Hooper. "Thunder Alley", de J.S. Cardone (Vídeo: "Thunder Alley"). "Hot Chili", de William Sachs (Vídeo: "Hot chili"). "American Ninja" (El guerrero americano), de Sam Firstenberg. "War and Love", de Moshe Mizrahi. "Invasion USA" (Invasión USA), de Joseph Zito. "Interno berlinese"

(Berlín interior), de Liliana Cavani. "Death Wish 3" (El justiciero de la noche), de Michael Winner. "Runaway Train" (El tren del infierno), de Andrei Konchalovsky. "King Solomon's Mines" (Las minas del rey Salomón), de J. Lee Thompson. "Fool for Love", de Robert Altman (Vídeo: "Loco de amor"). "Camorra: un complicato intrigo di donne, vicoli e delitti" (Camorra: contacto en Nápoles), de Lina Wertmüller. "Ha-Me'ahev", de Michal Bat-Adam (Vídeo: "Amanecer cruel"). "Salome" (Salomé), de Claude D'Anna.

1986. "The Delta Force" (Delta Force), de Menahem Golan. "The Naked Cage" (La jaula desnuda), de Paul Nicholas. "Field of Honor" (El campo del honor), de Hans Scheepmaker. "Behind Enemy Lines/P.O.W.: the Escape" (Más allá de las líneas enemigas), de Gideon Amir. "America 3000", de David Engelbach (Vídeo: "América 3000"). "Murphy's Law" (La ley de Murphy), de J. Lee Thompson. "Dangerously Close" (Los centinelas), de Albert Pyun. "Cobra" (Cobra, el brazo fuerte de la ley), de George Pan Cosmatos. "Invaders from Mars" (Invasores de Marte), de Tobe Hooper. "Asilo di polizia/Dumb Dicks", de Filippo Ottoni. "The Texas Chainsaw Massacre Part 2", de Tobe Hooper (Vídeo: "La matanza de Texas 2"). "Otello" (Otello), de Franco Zeffirelli. "Malkat Hakitah", de Isaac Zepel Yeshurun. "Avenging Force" (La fuerza de la venganza), de Sam Firstenberg. "The Frog Prince", de Jackson Hunsicker. "52 Pick-Up" (52 vivo o muerto), de John Frankenheimer. "Firewalker" (El templo del oro), de J. Lee Thompson. "Allan Quatermain and the Lost City of Gold" (Quatermain en la ciudad perdida del oro), de Gary Nelson. "Superfantagenio" (Aladino), de Bruno Corbucci. "Duet for One" (Ansias de vivir), de Andrei Konchalovsky. "Assassination" (El guardaespaldas de la primera dama), de Peter Hunt. "Mercenary Fighters", de Riki Shelach.

1987. "Over the Top" (Yo, el Halcón), de Menahem Golan. "Number One with a Bullet", de Jack Smight (Vídeo: "Una bala para el número uno"). "The Barbarians & Co." (Los bárbaros), de Ruggero Deodato. "Down Twisted" (El tesoro de San Lucas), de Albert Pyun. "Street Smart" (El reportero de la calle 42), de Jerry Schatzberg. "The Hanoi Hilton", de Lionel Chetwynd (Vídeo: "Hanoi Hilton"). "Beauty and the Beast", de Eugene Marner. "Shy People", de Andrei Konchalovsky (Vídeo: "Vidas distantes"). "Hansel and Gretel", de Len Talan. "American Ninja 2: the Confrontation" (El guerrero americano 2, la confrontación), de Sam Firstenberg. "Barfly" (El borracho), de Barbet Schroeder. "Mascara" (Maquillaje para matar), de Patrick Conrad. "Snow White", de Michael Berz. "The Emperor's New Clothes", de David Irving. "Tough Guys Don't Dance" (Los hombres duros no bailan), de Norman Mailer. "King Lear", de Jean-Luc Godard. "Too Much", de Eric Rochat (Vídeo: "Eres demasiado"). "Superman IV: the Quest for Peace" (Superman IV: en busca de la paz), de Sidney J. Furie. "Going Bananas/ My African Adventure", de Boaz Davidson (Vídeo: "Mi aventura africana"). "Masters of the Universe" (Masters del universo), de Gary Goddard. "The Kitchen Toto", de Harry Hook (Vídeo: "África en el corazón"). "Surrender" (Una novia para dos), de Jerry Belson. "Dancers", de Herbert Ross. "Death Wish IV: the Crackdown" (Yo soy la justicia II), de J. Lee Thompson. "Under Cover", de John Stockwell (Vídeo: "Policías violentos"). "Braddock: Missing in Action III" (Braddock: desaparecido en combate III), de Aaron Norris. "Appointment with Death" (Cita con la muerte), de Michael Winner. "Business As Usual", de Lezli-An Barrett (Vídeo: "Chantaje a una mujer"). "I giorni randagi", de Filippo Ottoni.

1988. "Bloodsport" (Contacto sangriento), de Newt Arnold. "Alien from L.A.", de Albert Pyun (Vídeo: "Alien from L.A."). "Powaqqatsi" (Powaqqatsi), de Godfrey Reggio. "Salsa" (Salsa), de Boaz Davidson. "Puss in Boots", de Eugene Marner. "Journey to the Center of the Earth", de Rusty Lemorande (Vídeo: "Viaje al centro de la tierra"). "Hero and the Terror" (El héroe y el terror), de William Tannen. "Haunted Summer", de Ivan Passer (Vídeo: "Verano atormentado"). "Manifesto", de Dusan Makavejev. "Messenger of Death" (Mensajero de la muerte), de J. Lee Thompson. "Hanna's War" (Héroes inocentes), de Menahem Golan. "A Cry in the Dark" (Un grito en la oscuridad), de Fred Schepisi. "Doin' Time on Planet Earth", de Charles Matthau. "Kinjite" (Kinjite, prohibido en Occidente), de J. Lee Thompson.

1989. "Red Riding Hood", de Adam Brooks. "Sinbad of the Seven Seas" (Simbad, el rey de los mares), de Enzo G. Castellari. "Cyborg" (Cyborg), de Albert Pyun."Mack the Knife" (Mack the Knife), de Menahem Golan. "The Rose Garden" (Juicio a un desconocido), de Fons Rademakers. "The Secret of the Ice Cave", de Radu Gabrea.

1990. "A Man Called Sarge", de Stuart Gillard. "The Forbidden Dance" (Lambada, el baile prohibido), de Greydon Clark. "Delta Force 2: the Colombian Connection" (Delta Force 2), de Aaron Norris. "Death Warrant" (Libertad para morir), de Deran Sarafian.

1992. "Lelalek Tatut", de Uri Barbash. "American Cyborg: Steel Warrior", de Boaz Davidson (Vídeo: "American Cyborg, el guerrero de acero").

1993. "Street Knight", de Albert Magnoli (Vídeo: "Calles violentas"). "The Mummy Lives", de Gerry O'Hara (Vídeo: "El misterio del sarcófago"). "Nightmare/Night Terrors", de Tobe Hooper (Vídeo: "Terror sin fin"). "Tipat Mazal", de Ze'ev Revach. "Hellbound", de Aaron Norris (Vídeo: "El agujero del infierno"). "Chain of Command", de David S. Worth (Vídeo: "Conspiración criminal").

1997. "Ha-Dybbuk B'sde Hatapuchim Hakdoshim", de Yossi Somer.

1998. "Speedway Junky", de Nickolas Perry.

2000. "Delta Force One: the Lost Patrol", de Joseph Zito. "Eskimo Limon: Hahagiga Nimshehet", de Tzvi Shissel.

2004. "Ha-Bsora Al-Pi Elohim", de Assi Dayan. "Mashehu Matok", de Dan Turgeman. "Va, vis et deviens" (Vete y vive), de Radu Mihaileanu.

2005. "All Is Well by Me", de Yaron Amitai y Erez Tadmor.

2006. "Mortgage", de Tal Granit y Sharon Maymon. "Michtavim Le America", de Hanan Peled. "Melah Ha'arets", de Uri Barbash. "O Jerusalem" (Oh, Jerusalén), de Elie Chouraqui.

2007. "Rak Klavim Ratzim Hofshi", de Arnon Zadok.

2010. "Havurat Rosh Kruv", de Ofir Lobel.

2015. "Children of the Fall", de Eitan Gafny.

28 David Cronenberg

Del *champagne* a la gaseosa emocional

«The Way we were»
Barbra Streisand

La Traviata
Maria Callas, 1958

En el capítulo del presente libro dedicado a Peter Bogdanovich, describo a este como uno de los directores más elegantes de la historia del cine junto a David Lynch y nuestra estrella David Cronenberg. Debo matizar que me refiero a la elegancia en las formas y el vestir, no siempre en su actividad artística, donde tan solo Lynch mantiene un tono coherente entre la técnica y el discurso, entre el qué y el cómo. Estoy de acuerdo en que, en el fondo, todas son valoraciones subjetivas impregnadas de una pátina, sin duda, clasista, fruto de mi educación y de las influencias que he ido acumulando a lo largo de mi vida. Pero puedo asegurar que prefiero mil veces desayunar con cualquiera de ellos antes que darle la mano a Dario Argento imaginándome qué habrá tocado anteriormente o, lo más preocupante, cuánto tiempo transcurre entre lavado y lavado. Mejor no pensar. Pero volviendo a Cronenberg conviene aclarar dos conceptos que no siempre son entendidos. En primer lugar, entre ambos David hay pocas cosas en común al margen del nombre. Lynch nada tiene que ver con Cronenberg más allá de la mera elegancia estética.

He tratado y conozco a los dos y por tanto puedo asegurar que, pese a compartir un público a veces común, su cine es radicalmente opuesto. Como si fuesen una avellana y una almendra, los dos son frutos secos, pero de sabor diferente. El segundo de los conceptos afecta directamente a Cronenberg, antagónico desde sus inicios canadienses con el cine que dirige y escribe en la actualidad. La persona que conocí en 1988 en el Festival de Sitges presentando su magnífica *La mosca* (*The Fly*, 1986) estaba enamorado del cine fantástico y asentado en Hollywood, desde donde nos había ofrecido propuestas tan interesantes como *Vídeodrome* (1982) o *La zona muerta* (*The Dead Zone*, 1983). Acabó la década de los ochenta con otra original maravilla: *Inseparables* (*Dead Ringers*, 1988), que originalmente debía titularse *Twins*, pero según él sonaba a comedia y se cambió. A partir de esa fecha, el desparrame intelectual de los noventa y la progresiva pérdida de interés por mi parte. Bien es cierto que *Crash* (1996), aunque proponía más que conseguía, puede considerarse como una película erótico-ortopédica con ideas estimulantes para amantes del sexo en su variante sadomaso y los automóviles; más concretamente, los accidentes de estos últimos entendidos como órganos sexuales: la excitación y el chute de adrenalina que se produce antes, durante y después del impacto. Una sofisticada perversión cuya gracia consiste en acabar en manos de un equipo de traumatología o, directamente, muerto. Mejor por tanto no estacionarse en el cine de Cronenberg de los noventa. Sus pretensiones de megaautor trascendental llegaron a aburrirme profundamente. Tanto, que no me reconcilié con él hasta *Una historia de violencia* (*A History of Violence*, 2005) y *Promesas del Este* (*Eastern Promises*, 2007), ambas con un magnífico Viggo Mortensen. Después de eso, otra vez la nada.

No olvido su imagen durante el Festival jugando con los Critters de Mike Garris, como un niño divirtiéndose con su mascota, ni su confesa pasión por la pornografía, la ópera y el *running* (*jogging*).

Precisamente de las falsas apariencias me gustaría hablar, ya que David Cronenberg podía pasar perfectamente por un tranquilo profesor de Física de exquisita educación y refinados modales: con sus impecables camisas Oxford y las americanas con parches de cuero en las coderas, por no comentar sus gafas que hoy en día lo llevarían a ser clasificado directamente de *gafapasta*. Pues bien, nada de todo aquel escaparate concuerda con la enfermiza y apasionante personalidad de quien lo habita. En el interior de Cronenberg cohabitan con escrupuloso respeto Jekyll y Hyde, aunque tú nunca sepas con exactitud quién es quién.

En la cena previa a la proyección de *La mosca*, sacó de quicio a Benjamin Benhamou, director general de Twenty Century Fox en España, amigo personal y gran valedor del Festival. Monsieur Benhamou, hombre culto y amante de la buena vida, del café corto y del White Horse largo, sabía mucho sobre dobles personalidades y algo sobre el vacileo existencial. Cronenberg insistía en preguntar cómo era posible que Benjamin fuese un nombre judío y Benhamou, por el contrario, un apellido árabe. Para él eso era inexplicable o directamente falso. Tan pesado se puso que el directivo de Fox acabó diciéndole: «Es más fácil y simple lo mío, que fue una decisión de mis padres, que lo tuyo, que deben decidirlo los psiquiatras». Pese a lo fuerte de la aseveración, nuestro invitado sonrió, asintió y le dio toda la razón. Quedamos para seguir con la conversación tras la proyección, ya que, según Cronenberg, en el personaje de *La mosca* conviven forzosamente varias personalidades y se cruzan los instintos humanos y animales, pero esa ansiada (al menos para mí) discusión cinéfilo-científica jamás tuvo lugar. El motivo, muy simple: al jefazo de la Fox le daban miedo las películas de terror y no pensaba verla. Nos deseó buena suerte y pidió otro White Horse, con mucho hielo y soda, para no esperar solo.

Hoy en día, David Cronenberg está (no quiero pensar que estuvo) mejor dotado intelectualmente para huir del silencio ensordecedor que arropa y acompaña su actual momento artístico, ese que ha transformado su *champagne* en gaseosa, su sentido del humor en tedio. Aún recuerdo la filosofía que

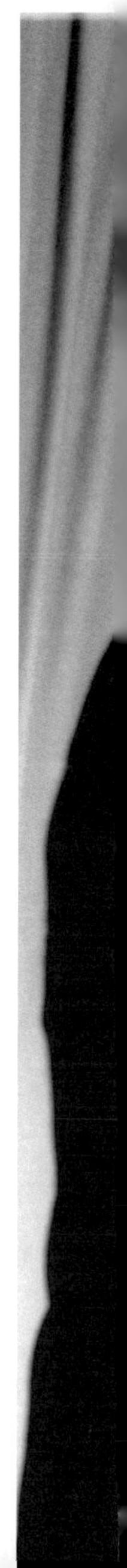

» Cronenberg, ese delicioso perturbado.

impregnaba su portentosa clarividencia fílmica y su profundo discurso en aquel lejano 1988: «El futuro no existe, no planifiques, en esta vida el azar lo cambia todo».

Siempre que pienso en esa frase, por el contrario, me viene a la memoria un viejo proverbio zulú que Cronenberg debería conocer: «Si quieres ir rápido ve solo, si quieres llegar lejos ve acompañado». Pues eso.

— Como actor —

1985. "Into the Night" (Cuando llega la noche), de John Landis.

1990. "Nightbreed" (Razas de noche), de Clive Barker.

1992. "Blue", de Don McKellar (CM).

1994. "Boozecan", de Nicholas Campbell. "Trial by Jury" (Traición al jurado), de Heywood Gould. "Henry & Verlin", de Gary Ledbetter.

1995. "To Die For" (Todo por un sueño), de Gus van Sant. "Blood & Donuts", de Holly Dale.

1996. "The Stupids" (La familia Stupid), de John Landis. "Extreme Measures" (Al cruzar el límite), de Michael Apted.

1998. "Last Night", de Don McKellar (Vídeo: "La última noche"). "The Grace of God", de Gérald L'Ecuyer.

1999. "Resurrection" (Resurrección), de Russell Mulcahy.

2001. "Jason X" (Jason X), de James Isaac.

2010. "Barney's Version" (El mundo según Barney), de Richard J. Lewis.

— Televisión —

1995. "Moonshine Highway" (Autopista del licor), de Andy Armstrong.
2001. "The Judge" (El juez), de Mick Garris.
2013. "Rewind", de Jack Bender.

— Realizaciones —

1966. "Transfer", con Rafe Macpherson, Mort Ritts. Cortometraje. (+ productor, guión, fotografía, sonido y montaje).

1967. "From the Drain", con Mort Ritts, Stefan Nosko. Cortometraje. (+ guión, fotografía y montaje).

1969. "Stereo", con Ronald Mlodzik, Jack Messinger, Iain Ewing, Clara Mayer, Paul Mulholland. (+ productor, guión, fotografía y montaje).

1970. "Crimes of the Future", con Ronald Mlodzik, Jon Lidolt, Tania Zolty, Jack Messinger, Paul Mulholland. (+ productor, guión, fotografía y montaje).

1975. "The Parasite Murders/Shivers" (Vinieron de dentro de..), con Paul Hampton, Joe Silver, Lynn Lowry, Allan Kolman, Barbara Steele. (+ guión y actor).

1977. "Rabid" (Rabia), con Marilyn Chambers, Frank Moore, Joe Silver, Patricia Gage, Susan Roman. (+ guión).

1978. "Fast Company", con William Smith, Claudia Jennings, John Saxon, Nicholas Campbell, Don Francks. (+ guión).

1979. "The Brood" (Cromosoma 3), con Oliver Reed, Samantha Eggar, Art Hindle, Henry Beckman, Susan Hogan. (+ guión).

1980. "Scanners" (Scanners), con Jennifer O'Neill, Stephen Lack, Patrick McGoohan, Lawrence Dane, Michael Ironside. (+ guión).

1982. "Vídeodrome" (Vídeodrome), con James Woods, Deborah Harry, Sonja Smits, Peter Dvorsky, Leslie Carlson. (+ guión y actor).

1983. "The Dead Zone" (La zona muerta), con Christophen Walken, Brooke Adams, Tom Skerritt, Herbert Lom, Martin Sheen.

1986. "The Fly" (La mosca), con Jeff Goldblum, Geena Davis, John Getz, Joy Boushel, Leslie Carlson. (+ guión).

1988. "Dead Ringers" (Inseparables), con Jeremy Irons, Geneviève Bujold, Heidi von Palleske, Barbara Gordon, Stephen Lack (+ productor, actor y guión).

1991. "Naked Lunch" (El amuerzo desnudo), con Peter Weller, Judy Davis, Ian Holm, Julian Sands, Roy Scheider. (+ guión).

1993. "M. Butterfly" (M. Butterfly), con Jeremy Irons, John Lone, Barbara Sukowa, Ian Richardson, Annabel Leventon.

1996. "Crash" (Crash), con James Spader, Holly Hunter, Elias Koteas, Deborah Kara Unger, Rosanna Arquette. (+ productor, guión y actor).

1999. "eXistenZ" (eXistenZ), con Jennifer Jason Leigh, Jude Law, Willem Dafoe, Ian Holm, Don McKellar. (+ productor y guión).

2000. "Camera", con Leslie Carlson, Daniel Magder, Marc Donato, Harrison Kane, Stephanie Sams. Cortometraje. (+ guión).

2002. "Spider" (Spider), con Ralph Fiennes, Miranda Richardson, Gabriel Byrne, Bradley Hall, Lynn Redgrave. (+ productor).

2005. "A History of Violence" (Una historia de violencia), con Viggo Mortensen, Maria Bello, William Hurt, Ashton Holmes, Stephen McHattie.

2007. "At the Suicide of the Last Jew in the World in the Last Cinema in the World", episodio del film colectivo Chacun son cinéma. (+ guión y actor). "Eastern Promises" (Promesas del Este), con Viggo Mortensen, Naomi Watts, Vincent Cassel, Armin Müller-Stahl, Sinead Cusack.

2011. "A Dangerous Method" (Un método peligroso), con Viggo Mortensen, Keira Knightley, Michael Fassbender, Vincent Cassel, Sarah Gadon.

2012. "Cosmopolis" (Cosmópolis), con Robert Pattinson, Paul Giamatti, Juliette Binoche, Samantha Morton, Mathieu Amalric. (+ guión).

2014. "Maps to the Stars" (Maps to the Stars), con Julianne Moore, Robert Pattinson, Mia Wasikowska, John Cusack, Olivia Williams. "The Nest", con Evelyne Brochu. Cortometraje. (+ guión y actor). "Consumed", con Evelyne Brochu. Cortometraje. (+ productor, guión y actor).

— Televisión —

1971. "Tourettes". Cortometraje. (+ guión, fotografía y montaje). "Letter from Michelangelo". Cortometraje. (+guión, fotografía y montaje). "Jim Ritchie, Sculptor". Cortometraje. (+ productor, guión, fotografía y montaje).
1972. "Lakeshore". Cortometraje. (+ guión, fotografía y montaje). "In the Dirt". Cortometraje. (+ guión, fotografía y montaje). "Secret Weapons", con Barbara O'Kelly, Norman Snider, Vernon Chapman, Ronald Mlodzik, Michael Spence. Cortometraje. "Don Valley". Cortometraje. (+ guión, fotografía y montaje). "Scarborough Bluffs". Cortometraje. (+ guión, fotografía y montaje). "Winter Garden", con Olga Roriz. Cortometraje. (+ guión, fotografía y montaje). "Fort York". Cortometraje. (+ guión, fotografía y montaje).
1975. "The Victim", con Cedric Smith, Janet Wright, Jonathan Welsh. Cortometraje. "The Lie Chair", con Susan Hogan, Richard Monette, Amelia Hall, Doris Petrie. Cortometraje.
1976. "The Italian Machine", con Gary McKeehan, Frank Moore, Hardee T. Lineham, Chuck Shamata, Cedric Smith. Cortometraje. (+ guión).

29

Harrison Ford

Una noche en Venecia o si bebes no conduzcas, y menos un helicóptero

«Tomorrow is the Song I Sing»
Richard Gillis
Música de Jerry Goldsmith

«California Dreamin'»
The Mamas & The Papas

Resulta curioso cómo en ocasiones la vida motiva casualidades y situaciones complejas que propician un encuentro inesperado, una relación nueva y, como en esta ocasión, una aventura extraña con un personaje que fue megaestrella cinematográfica en los ochenta y noventa del pasado siglo XX, que tan solo ha conseguido reverdecer viejos laureles con su aparición crepuscular en la última entrega de la saga *Star Wars*. La historia nos lleva a la Mostra del Cinema de Venecia del año 2005. Por aquel entonces, yo era asesor a la presidencia de Filmax, la compañía productora y distribuidora adquirida por los inimitables, vigorosos y taimados hermanos Fernández, que en la cresta de su particular ola de crecimiento y éxito fugaz habían producido *Frágiles* (*Fragile*, 2005), película dirigida por el gran Jaume Balagueró e interpretada por Calista Flockhart, a la sazón y también en la actualidad pareja sentimental de Harrison Ford.

Los Fernández habían tenido la delicadeza de invitarme junto a mi mujer —la más guapa en la alfombra roja con

Ford ha sido un digno sucesor de los galanes clásicos, pero ante todo un héroe con fuerza y alma.

su precioso e inolvidable vestido de Valentino— y a algunos banqueros amigos de los hermanos, hoy en día muy famosos en los programas informativos de prácticamente todas las cadenas de televisión. Como es normal en este tipo de circunstancias, el señor Ford cedió todo el protagonismo a su compañera sin querer eclipsar frente a la prensa el talento interpretativo de Calista.

Tras la proyección oficial de la película, que por cierto visioné junto a Florinda Bolkan, mito erótico italo-brasileño del cine de los años setenta, fuimos a cenar todos juntos con el resto del equipo artístico, Elena Anaya y Richard Roxburgh, brillante actor australiano e inolvidable villano del *Moulin Rouge* de Baz Luhrmann, también protagonistas del film.

El tiempo, la experiencia y la observación me suelen indicar cuándo debo iniciar la conversación con algún actor-estrella. En esta ocasión fue fácil, lo vi muy claro a partir de la cuarta copa de Chianti que se sirvió Harrison. El alcohol desata la lengua y provoca confesiones divertidas y en alguna ocasión hasta sinceras. Frente a su constante animadversión en hablar sobre *La guerra de las galaxias*, la trilogía de *Indiana Jones* o *Blade Runner*, opté por preguntarle sobre aviones y helicópteros, su otra gran pasión o, según creo, su única gran pasión.

Tras sufrir una enorme paliza de términos aeronáuticos mezclados con bourbon, supe que ese tipo no iba a contarme nada interesante, ni tan siquiera aclararme la famosa leyenda urbana que lo sitúa como carpintero del plató de *Star Wars* cuando improvisadamente le ofrecen el papel de Han Solo. Para mi enorme sorpresa, respondió: «Es verdad a medias, yo era actor y carpintero de escenografías. Tuve suerte». Y allí se acabó la explicación, porque lo que realmente le obsesionaba es que Calista no lo viera con una nueva copa en la mano y seguir con el coñazo de los helicópteros.

Cuando pensaba que la noche iba a languidecer, surgió la mejor anécdota. Apareció el por entonces presidente de Manga Films, Luis de Val López, un viejo amigo que el tiempo, las circunstancias y el entorno hicieron que nos alejásemos. En ocasiones, sin saber del todo el porqué, tu existencia se puebla de individuos cuya aparición efervescente parece focalizarlo todo. Luego, tras los efectos euforizantes de los primeros momentos, percibes que tan solo han compartido por interés un segmento de tu vida. Se instalaron de alquiler y se fueron sin devolver el *depósito ni el aval* de la amistad. Nos quedamos sin espacio para la poesía y la risa. Siempre he pensado que la vida es dura, que la vida mata, y Luis tal vez sea el mejor de los ejemplos.

El me pidió hacerse una fotografía con Harrison para su enorme colección de famosos, no se atrevía a pedírselo por el tono rojizo que había adquirido ya la nariz del actor y por el semblante serio y distante que lucía con todos los desconocidos.

Se lo pedí y accedió sin entusiasmo pero con profesionalidad. Nos hicimos tres fotos: una todos juntos y las otras tan solo ellos. Mi sorpresa fue mayúscula cuando mi examigo me comentó que Harrison, como quien no quiere la cosa, derramó todo el contenido de su copa sobre sus pantalones mientras pronunciaba el famoso *cheers* y sonreía pícaramente. Harrison tenía el aspecto del individuo que simula no darse cuenta de que su perro se está meando en la pierna de otro. Yo no podía creerlo hasta que vi el pantalón empapado de su esmoquin. Nuestra estrella de chispeante rostro se había cobrado la foto forzada y nunca deseada por él.

Ese día vi claras dos cosas: lo bellísima que estaba mi mujer y que es mejor no confiar en los héroes a partir de medianoche.

Sobre todo si beben.

— Cine —

1966. "Dead Heat in a Merry-Go-Round" (Ladrón y amante), de Bernard Girard.

1967. "A Time for Killing" (La cabalgada de los malditos), de Phil Karlson y Roger Corman. "Luv" (Luv quiere decir amor), de Clive Donner. "Journey to Shiloh", de William Hale.

1970. "Zabriskie Point" (Zabriskie Point), de Michelangelo Antonioni. "Getting Straight" (Camino recto), de Richard Rush.

1973. "American Graffiti" (American Graffiti), de George Lucas.

1974. "The Conversation" (La conversación), de Francis Ford Coppola.

1977. "Star Wars" (La guerra de las galaxias), de George Lucas. "Heroes", de Jeremy Paul Kagan (Vídeo: "Tan solo héroes").

1978. "Force 10 from Navarone" (Fuerza 10 de Navarone), de Guy Hamilton. "Hanover Street" (La calle del adiós), de Peter Hyams.

1979. "Apocalypse Now" (Apocalypse Now), de Francis Ford Coppola. "The Frisco Kid" (El rabino y el pistolero), de Robert Aldrich. "More American Graffiti", de B.W.L. Norton (Vídeo: "Más American Graffiti").

1980. "The Empire Strikes Back" (El imperio contraataca), de Irvin Kershner.

1981. "Raiders of the Lost Ark" (En busca del arca perdida), de Steven Spielberg.

1982. "Blade Runner" (Blade Runner), de Ridley Scott.

1983. "Return of the Jedi" (El retorno del Jedi", de Richard Marquand.

1984. "Indiana Jones and the Temple of Doom" (Indiana Jones y el templo maldito), de Steven Spielberg.

1985. "Witness" (Único testigo), de Peter Weir.

1986. "The Mosquito Coast" (La costa de los mosquitos), de Peter Weir.

1988. "Frantic" (Frenético), de Roman Polanski. "Working Girl" (Armas de mujer), de Mike Nichols.

1989. "Indiana Jones and the Last Crusade" (Indiana Jones y la última cruzada), de Steven Spielberg.

1990. "Presumed Innocent" (Presunto inocente), de Alan J. Pakula.

1991. "Regarding Henry" (A propósito de Henry), de Mike Nichols.

1992. "Patriot Games" (Juego de patriotas), de Phillip Noyce.

1993. "The Fugitive" (El fugitivo), de Andrew Davis.

1994. "Jimmy Hollywood" (Jimmy Hollywood), de Barry Levinson. "Clear and Present Danger" (Peligro inminente), de Phillip Noyce. "Les cent et une nuits" (Las cien y una noches), de Agnès Varda.

1995. "Sabrina" (Sabrina y sus amores), de Sydney Pollack.

1997. "Devil's Own" (La sombra del diablo), de Alan J. Pakula. "Air Force One" (Air Force One, el avión del presidente), de Wolfgang Petersen.

1998. "Six Days, Seven Nights" (Seis días y siete noches), de Ivan Reitman.

1999. "Random Hearts" (Caprichos del destino), de Sydney Pollack.

2000. "What Lies Beneath" (Lo que la verdad esconde), de Robert Zemeckis.

2002. "K-19: the Widowmaker" (K-19, the Widowmaker), de Kathryn Bigelow (+ productor).

2003. "Hollywood Homicide" (Hollywood: Departamento de Homicidios), de Ron Shelton.

2004. "Water to Wine", de Willie McMillon (MM).

2006. "Firewall" (Firewall), de Richard Loncraine.

2008. "Indiana Jones and the Kingdom of the Crystal Skull" (Indiana Jones y el reino de la calavera de cristal), de Steven Spielberg.

2009. "Crossing Over" (Territorio prohibido), de Wayne Kramer.

2010. "Extraordinary Measures" (Medidas extraordinarias), de Tom Vaughan (+ productor). "Morning Glory" (Morning Glory), de Roger Michell.

2011. "Cowboys & Aliens" (Cowboys y Aliens), de Jon Favreau.

2013. "42", de Brian Helgeland. "Paranoia" (El poder del dinero), de Robert Luketic. "The Fugitive: Thrill of the Chase", de Gary Leva (CM). "Ender's Game" (El juego de Ender), de Gavin Hood. "Anchorman 2: the Legend Continues", de Adam McKay (Vídeo: "Los amos de la noticia").

2014. "The Expendables 3" (Los mercenarios 3), de Patrick Hughes.

2015. "The Age of Adaline" (El secreto de Adaline), de Lee Toland Krieger. "Star Wars: the Force Awakens" (Star Wars: el despertar de la fuerza), de J.J. Abrams.

— Televisión —

1967. "The Intruders" (Los forajidos), de William A. Graham.
1975. "Judgement: the Court-Martial of Lieutenant William Calley", de Stanley Kramer.
1976. "Dynasty" (Dinastía), de Lee Philips.
1977. "The Possessed" (Satán, fuerza del mal), de Jerry Thorpe.

30 Sam Raimi

El chico que amaba a los monstruos

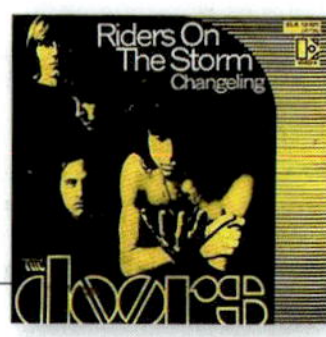

«Riders on the Storm»
The Doors

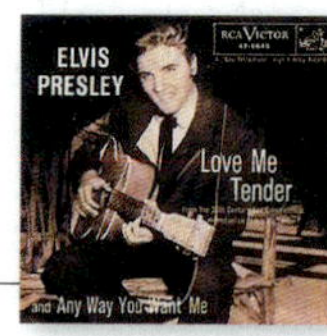

«Love me Tender»
Elvis

Me resulta muy gratificante contar la historia de Sam Raimi, aunque deba rebuscar en recónditos rincones de mi memoria debido al tiempo pasado. Su visita fue inolvidable y aún hoy la considero especial y extremadamente divertida.

En primer lugar, porque su ya clásico *Posesión infernal* (*Evil Dead*, 1981) fue un descubrimiento del Festival de Cinema Fantàstic de Sitges en mi primer año; y segundo, porque se estableció un bonito paralelismo entre la carrera profesional de Sam y el recorrido del propio Festival. Recuerdo que vi por primera vez *Evil Dead* en el Marchè International du Film de Cannes y de inmediato supe que esa iba a ser la película estrella de ese año.

›› Sam Raimi tiene una memoria prodigiosa que le permite recordar, más de treinta años después, sus días felices en el Festival. Se agradece.

Amb el suport

Pero empecemos por el principio.

Sam Raimi y Robert Tapert —su amigo de infancia y productor inseparable— eran poco más que dos adolescentes inquietos de Detroit que con pocos recursos económicos y mucha imaginación fundaron su productora, Renaissance Pictures, un ambicioso nombre para una compañía que con el tiempo se ha convertido, tanto en cine como en televisión, en un auténtico referente para el género fantástico. Juntos dieron forma, sin conocer todavía la magnitud y la repercusión de su trabajo, a una historia de fantasmas en casas —más bien chozas— encantadas, de invocaciones al maligno y de rebelión de la naturaleza. *Evil Dead* se empapó del conocimiento juvenil que Sam Raimi tenía del cine de terror italiano, de la frescura de directores como William Friedkin, George A. Romero, Wes Craven, Brian de Palma o Joe Dante, y la dotó de una arrebatadora banda sonora que, prodigiosamente, compartía protagonismo con los ingenuos jovencitos que aparecían en el film y con la negritud del bosque que los acogía.

La proyección de la película en Sitges fue un éxito enorme y hubo que atender dos desmayos entre los espectadores, que, atónitos, disfrutaban y sufrían a partes iguales. Mucho tiempo después, Sam y Robert me confesaron que aquella noche supieron que su vida profesional cambiaría. Que podrían dedicarse a trabajar en la industria del cine y que, además, les iría bien. La premonición/profecía se cumplió y ambos —siempre juntos— triunfan en Hollywood con franquicias como Darkman o Spiderman en cine y Xena en televisión.

Además, aquella edición del Festival marcó personalmente a nuestros amigos: Sam inició una relación con una periodista francesa —la dulce y desaparecida Sophie— y Rob —que no Bob— tuvo un idilio con la risueña y optimista Mónica, coordinadora del Festival. Hoy en día, casi treinta y cinco años después, ambos lo recuerdan con mucho cariño.

Para preparar su viaje nos preguntaron sobre la vestimenta adecuada para la proyección. Ni cortos ni perezosos, nosotros les dijimos que se trataba de una sesión de gala y ellos, en consecuencia, aparecieron vestidos con un impecable frac negro, de pechera y blanco corbatín, complementado con unos imprescindibles zapatos negros de charol.

Cuando vieron que tanto nosotros como el público íbamos con camisetas y *jeans*, corrieron a cambiarse, aunque llegaron tarde: todas las fotos los inmortalizaron vestidos de rigurosa gala, hechos un pincel.

Parecían algo así como dos pingüinos en el Mediterráneo.

Y siguen sin perdonarlo ni olvidarlo.

— Como actor —

1978. "Shemp Eats the Moon", de John Cameron. *Cortometraje.*

1980. "Stryker's War", de Josh Becker. *Mediometraje.*

1981. "Attack of the Helping Hand!", de Scott Spiegel. *Cortometraje.*

1982. "Cleveland Smith: Bounty Hunter", de Josh Becker. *Cortometraje.*

1983. "Hefty's", de Bill Premin y John Prusak.

1985. "Thou Shalt Not Kill... Except/ Stryker's War", de Josh Becker. "Spies Like Us" (Espías como nosotros), de John Landis.

1987. "Maniac Cop", de William Lustig (Vídeo: "Maniac Cop").

1988. "Intruder", de Scott Spiegel (Vídeo: "Intruso en la noche").

1990. "Maniac Cop 2", de William Lustig (Vídeo: "Maniac Cop 2"). "Miller's Crossing" (Muerte entre las flores), de Joel y Ethan Coen.

1992. "Innocent Blood" (Sangre fresca), de John Landis.

1993. "Journey to the Center of the Earth" (Viaje al corazón de la tierra), de William Dear. "Indian Summer", de Mike Binder (Vídeo: "Cuando llega el otoño").

1994. "The Hudsucker Proxy" (El gran salto), de Joel y Ethan Coen. "The Flintstones" (Los Picapiedra), de Brian Levant. "Terminal Force/Galaxis", de William Mesa.

2011. "Fanboy", de Gillian Greene. *Cortometraje.*

2013. "3 Geezers!", de Michelle Schumacher.

— Televisión —

1993. "Body Bags" (Bolsa de cadáveres), episodio de John Carpenter.
1994. "Mantis" (Mantis, un nuevo superhéroe), de Eric Laneuville. "The Stand" (Apocalipsis), de Mick Garris.
1997. "The Shining" (El resplandor), de Mick Garris.

— Como guionista —

1989. "Easy Wheels", de David O'Malley (Vídeo: "Motor Baby").
1992. "The Nutt House", de Adam Rifkin.
1994. "The Hudsucker Proxy" (El gran salto), de Joel y Ethan Coen.
2005. "The Man with the Screaming Brain", de Bruce Campbell.
2011. "Freddy vs. Jason vs. Ash", de Trent Duncan. *Cortometraje.*
2013. "Evil Dead" (Posesión infernal), de Fede Alvarez.

— Televisión —

1992. "Darkman", de Brian Grant.
1994. "Mantis" (Mantis, un nuevo superhéroe), de Eric Laneuville. "Darkman II: the Return of Durant" (Darkman II, el regreso de Durant), de Bradford May.

— Realizaciones —

1972. "Out West", con Chris Cornetta, Liz Larsen, Bill Ritter. *Cortometraje.*

1977. "It's Murder!", con Scott Spiegel, Sam Raimi, Cheryl Guttridge, Ted Raimi, Bruce Campbell. *Cortometraje.*

1978. "Clockwork", con Cheryl Guttridge, Scott Spiegel. *Cortometraje.* "Within the Woods", con Bruce Campbell, Ellen Sandweiss, Mary Valenti, Scott Spiegel. *Cortometraje.*

1982. "The Evil Dead" (Posesión infernal), con Bruce Campbell, Ellen Sandweiss, Betsy Baker, Hal Delrich, Sarah York.

1985. "CrimeWave" (Ola de crímenes, ola de risas), con Louise Lasser, Edward R. Pressman, Paul L. Smith, Brion James, Sheree J. Wilson.

1987. "Evil Dead 2: Dead by Down" (Terroríficamente muertos), con Bruce Campbell, Sarah Berry, Dan Hicks, Kassie Wesley, Theodore Raimi.

1990. "Darkman" (Darkman), con Liam Neeson, Frances McDormand, Colin Friels, Larry Drake, Nelson Mashita.

1992. "Army of Darkness: Evil Dead 3" (El ejército de las tinieblas), con Bruce Campbell, Embeth Davidtz, Marcus Gilbert, Bridget Fonda, Ian Abercrombie.

1995. "The Quick and the Dead" (Rápida y mortal), con Sharon Stone, Gene Hackman, Russell Crowe, Leonardo DiCaprio, Tobin Bell.

1998. "A Simple Plan" (Un plan sencillo), con Bill Paxton, Bridget Fonda, Billy Bob Thornton, Brent Briscoe, Chelcie Ross.

1999. "For Love of the Game" (Entre el amor y el juego), con Kevin Costner, Kelly Preston, John C. Reilly, Jena Malone, Brian Cox.

2000. "The Gift" (Premonición), con Cate Blanchett, Giovanni Ribisi, Keanu Reeves, Katie Holmes, Hilary Swank.

2002. "Spider-Man" (Spiderman), con Tobey Maguire, Kirsten Dunst, Willem Dafoe, James Franco, Cliff Robertson.

2004. "Spider-Man 2" (Spiderman 2), con Tobey Maguire, Kirsten Dunst, Alfred Molina, James Franco, Rosemary Harris.

2007. "Spider-Man 3" (Spiderman 3), con Tobey Maguire, Kirsten Dunst, James Franco, Thomas Haden Church, Topher Grace.

2009. "Drag Me to Hell" (Arrástrame al infierno), con Alison Lohman, Justin Long, David Paymer, Molly Cheek, Chelcie Ross.

2013. "Oz the Great and Powerful" (Oz: un mundo de fantasía), con James Franco, Mila Kunis, Michelle Williams, Rachel Weisz, Abigail Spencer.

›› Años más tarde, promocionando Sitges y amando a King Kong.

FESTIVAL INTERNACIONAL DE CINEMA

31 Gérard Depardieu

Desayuno inolvidable

«J'ai un probleme»
Johnhy Halliday & Sylvie Vartan

«Hymne à l'amour»
Édith Piaf

La edición de 1992, la última para mí como director del Festival, fue gloriosa por lo que a invitados internacionales se refiere: Ridley Scott, Quentin Tarantino, Peter Jackson, Wes Craven, Tim Roth, Martine Beswick, Stuart Gordon, Peter Weller, Tobe Hooper, Ellen Burstyn, Dolph Lundgren y Gérard Depardieu.

Yo ya estaba advertido. Pere Ignasi Fages, gran amigo, fallecido hace unos años y productor de *1492: La conquista del paraíso (1492: Conquest of Paradise*, 1992), me puso al día sobre la singular personalidad del personaje. Gérard es un gran profesional y trabaja duro para promocionar las películas; le gusta la vida y sobre todo los placeres que esta ofrece. Hasta ese punto todo era normal. Yo ya tenía más de diez años de experiencia en el trato de actores, estrellas, estrellitas e incluso leyendas; por tanto, nada creía que pudiera sorprenderme. Nada hasta que quedé para desayunar con Gérard Depar-

⌃ Nadie puede imaginar lo que llega a resistir el corpachón de Depardieu.

dieu. Nos citamos a las ocho de la mañana en la recepción del hotel. Esa era una hora terrible para mí, ya que él no era nuestro único invitado y yo solía acostarme tarde. Normalmente, los actores suelen despertarse bastante más tarde cuando no ruedan.

Nada en Depardieu denotaba cansancio, estaba fresco pese a estar de gira promocional de la película. Nos acompañó Pere y quiso que fuésemos al centro del pueblo y una vez allí que le recomendara el bar más viejo y auténtico de Sitges. Lo más parecido a una tasca. Ni Pere ni yo teníamos la menor idea de las tascas típicas de la población, por lo que dejé a la improvisación y en manos de la providencia el poder encontrar lo que Gérard quería. Y así fue, de pronto, en una de las travesías que cruzan la famosa calle del Pecado, apareció un bar bodega que yo no había visto jamás, pero que Pere se apresuró a elogiar sin reparos: «Es aquí, desayunaremos bien, tiene fama».

La primera sorpresa nos la dio el dueño del local. Miraba a Depardieu, pero no parecía reconocerlo. No lo ubicaba, sabía que era alguien conocido, incluso famoso, pero no acertaba en qué, ni quién.

Gérard, para empezar, pidió dos bistecs prácticamente crudos, una barra de pan y una botella de vino local —del Penedès— extra, extra, extra seco. Todo eso le duró unos escasos diez minutos. Se ventiló el plato en un plis plas. Luego repitió con otro bistec y dos vasos más de vino, aparte de la botella. Por un momento visualicé a Obélix devorando jabalíes y entendí por qué decía que pesaba ciento veinte quilos. En un alarde de simpatía extrema, nos confesó que hacía más de tres años que no se veía los pies y que ya no recordaba si tenía pene y testículos —bueno, él lo manifestó en otros términos, ciertamente más groseros—. Creo recordar que Pere pidió un café y yo un cortado sin azúcar.

Tras el atracón, Depardieu se fue al hotel a dormir un rato para estar fresco en la rueda de prensa. Sin embargo, preguntó a qué hora se comía en Sitges y si vendría Ridley Scott al almuerzo. Tras confirmarle la hora y la presencia de Scott, nos dejó con un *au revoir*, una sonrisa y un amigable gesto con la mano. Nosotros nos miramos sin decir palabra y con la boca abierta por lo que acabábamos de ver y vivir.

Yo creo que aún no he cerrado la mía recordando aquel desayuno y calculando cuántos litros de vino había hecho circular el orondo galo por su sistema renal.

— Cine —

1965. "Le beatnik et le minet", de Roger Leenhardt (CM). "Christmas Carol", de Agnès Varda (inacabada).

1970. "Le cri du cormoran le soir au-delà des jonques", de Michel Audiard.

1971. "Un peu de soleil dans l'eau froide" (Un poco de sol en el agua fría), de Jacques Deray. "La vie sentimentale de Georges le tueur", de Daniel Berger (CM). "Le viager" (Herencia a la francesa), de Pierre Tchernia.

1972. "Le tueur", de Denys de la Patellière (Vídeo: "El matón/El asesino"). "Nathalie Granger" (Nathalie Granger), de Marguerite

Duras. "La scoumoune" (El clan de los marselleses), de José Giovanni. "L'affaire Dominici" (El affaire Dominici), de Claude Bernard-Aubert. "L'an 01", de Jacques Doillon. "Au rendez-vous de la mort joyeuse" (Cita con la muerte alegre), de Juan Luis Buñuel.

1973. "Deux hommes dans la ville" (Dos hombres en la ciudad), de José Giovanni. "Rude journée pour la reine" (Dura jornada para la reina), de René Allio. "Les Gaspards", de Pierre Tchernia. "Les valseuses" (Los rompepelotas), de Bertrand Blier. "La femme du Gange", de Marguerite Duras.

1974. "Stavisky" (Stavisky), de Alain Resnais. "Vincent, François, Paul... et les autres" (Tres amigos, sus mujeres y los otros), de Claude Sautet. "Pas si mechant que ça", de Claude Goretta (Vídeo: "No tan malo").

1975. "Sept morts sur ordonnance" (Siete muertos por prescripción facultativa), de Jacques Rouffio. "Maîtresse" (Maîtresse), de Barbet Schroeder. "Je t'aime, moi non plus" (Te amo, pero yo no), de Serge Gainsbourg. "L'ultima donna" (La última mujer), de Marco Ferreri.

1976. "Novecento" (1900), de Bernardo Bertolucci. "Barocco", de André Téchiné (Vídeo: "Barroco"). "René La Canne", de Francis Girod. "Baxter, Vera Baxter", de Marguerite Duras.

1977. "Le camion", de Marguerite Duras. "Dites-lui que je l'aime", de Claude Miller. "La nuit tous les chats sont gris", de Gérard Zingg. "Préparez vos mouchoirs" (¿Quiere ser el amante de mi mujer?), de Bertrand Blier. "Ciao, maschio" (Adios al macho), de Marco Ferreri. "Violanta", de Daniel Schmid. "Die Linkshändige Frau" (La mujer zurda), de Peter Handke.

1978. "Le sucre", de Jacques Rouffio. "L'ingorgo" (El gran atasco), de Luigi Comencini. "Les chiens", de Alain Jessua (Vídeo: "Los perros").

1979. "Buffet froid", de Bertrand Blier. "Temporale Rosy" (Rosy el huracán), de Mario Monicelli. "Loulou" (Loulou), de Maurice Pialat.

1980. "Mon oncle d'Amérique" (Mi tío de América), de Alain Resnais. "Le dernier métro" (El último metro), de François Truffaut. "Inspecteur La Bavure", de Claude Zidi (Vídeo: "El inspector La Bavure"). "Je vous aime", de Claude Berri.

1981. "Le choix des armes", de Alain Corneau (Vídeo: "La decisión de las armas"). "La femme d'à côté" (La mujer de al lado), de François Truffaut. "La chévre" (La cabra), de Francis Veber. "Le retour de Martin Guerre" (El regreso de Martin Guerre), de Daniel Vigne.

1982. "Le grand frère", de Francis Girod (Vídeo: "El gran hermano"). "Danton" (Danton), de Andrzej Wajda. "La lune dans le caniveau", de Jean-Jacques Beineix (Vídeo: "La luna en el arroyo").

1983. "Les compères" (Compadres), de Francis Veber (+ productor). "Fort Saganne", de Alain Corneau (Vídeo: "Fort Saganne").

1984. "Le Tartuffe", de Gérard Depardieu. "Rive droite, rive gauche", de Philippe Labro (Vídeo: "Orilla izquierda, orilla derecha").

1985. "Police", de Maurice Pialat (Vídeo: "Police"). "Une femme ou deux", de Daniel Vigne (+ productor). "Jean de Florette" (El manantial de las colinas), de Claude Berri.

1986. "Tenue de soirée" (Traje de etiqueta), de Bertrand Blier. "Je hais les acteurs", de Gérard Krawczyk. "Rue du départ", de Tony Gatlif. "Les fugitifs" (Dos fugitivos), de Francis Veber.

1987. "Sous le soleil de Satan", de Maurice Pialat (Vídeo: "Bajo el sol de Satán").

1988. "Drôle d'endroit pour une rencontre", de François Dupeyron. "Camille Claudel" (La pasión de Camille Claudel), de Bruno Nuytten. "Deux", de Claude Zidi (+ productor).

1989. "Trop belle pour toi" (Demasiado bella para ti), de Bertrand Blier. "I Want to Go Home", de Alain Resnais (Vídeo: "Quiero ir a casa"). "Cyrano de Bergerac" (Cyrano de Bergerac), de Jean-Paul Rappeneau.

1990. "Green Card" (Matrimonio de conveniencia), de Peter Weir. "Uranus" (Uranus), de Claude Berri.

1991. "Merci la vie", de Bertrand Blier. "Mon père ce héros" (Mi padre, mi héroe), de Gérard Lauzier. "Tous les matins du monde" (Todas las mañanas del mundo), de Alain Corneau.

1992. "From Time to Time", de Jeff Blyth (CM). "1492: Conquest of Paradise" (1492: la conquista del paraíso), de Ridley Scott.

1993. "Hélas pour moi", de Jean-Luc Godard (Vídeo: "Hélas pour moi"). "Germinal" (Germinal), de Claude Berri.

1994. "My Father, the Hero" (Mi padre, ¡qué ligue!), de Steve Miner. "Una pura formalità" (Pura formalidad), de Giuseppe Tornatore. "Le colonel Chabert" (El coronel Chabert), de Yves Angelo. "La machine" (La machine), de François Dupeyron. "Les cent et une nuits" (Las cien y una noches), de Agnès Varda. "Elisa" (Elisa), de Jean Becker.

1995. "Le hussard sur le toit" (El húsar en el tejado), de Jean-Paul Rappeneau. "Les anges gardiens" (Ángeles guardianes), de Jean-Marie Poiré. "Le garçu", de Maurice Pialat.

1996. "The Secret Agent" (Agente secreto), de Christopher Hampton. "Bogus" (Bogus, el amigo imaginario), de Norman Jewison. "Unhook the Stars" (Volver a vivir), de Nick Cassavetes. "Hamlet" (Hamlet), de Kenneth Branagh. "Le plus beau métier du monde" (¡Qué suerte ser profe!), de Gérard Lauzier.

1997. "XXL", de Ariel Zeitoun.

1998. "The Man in the Iron Mask" (El hombre de la máscara de hierro), de Randall Wallace. "La parola amore esiste", de Mimmo Calopresti. "Bimboland", de Ariel Zeitoun. "Astérix et Obélix contre César" (Asterix y Obelix contra César), de Claude Zidi. "Un pont entre deux rives", de Gérard Depardieu y Frédéric Auburtin (+ productor).

1999. "Mirka" (Mirka), de Rachid Benhadj. "Les acteurs" (Los actores), de Bertrand Blier. "Tutto l'amore che c'é", de Sergio Rubini.

2000. "Vatel" (Vatel), de Roland Joffe. "Zavist Bogov", de Vladimir Menshov. "102 Dalmatians" (102 dálmatas), de Kevin Lima. "Le placard" (Salir del armario), de Francis Veber. "Concorrenza sleale" (Competencia desleal), de Ettore Scola.

2001. "CQ", de Roman Coppola. "Vidocq" (Vidocq), de Pitof. "Streghe verso sud", de Giovanni Veronesi. "Astérix et Obélix: mission Cléopatre" (Asterix y Obelix: misión Cleopatra), de Alain Chabat. "I Am Dina" (Dina), de Ole Bornedal.

2002. "Aime ton père", de Jacob Berger (+ productor). "Between Strangers", de Edoardo Ponti (Vídeo: "Entre extraños"). "City of Ghosts" (La ciudad de los fantasmas), de Matt Dillon. "Blanche", de Bernie Bonvoisin. "Le pacte du silence", de Graham Guit (Vídeo: "Silencio pactado"). "Crime Spree/Wanted", de Brad Mirman (Vídeo: "Wanted"). "Bon voyage" (Bon voyage), de Jean-Paul Rappeneau.

2003. "Nathalie..." (Nathalie X), de Anne Fontaine. "Tais-toi!" (¡Que te calles!), de Francis Veber. "Les clefs de Bagnole", de Laurent Baffie. "RRRrrr!!!" (¡¡¡Caverrrnícola!!!), de Alain Chabat.

2004. "San Antonio", de Frédéric Auburtin. "36 Quai des Orfèvres" (Asuntos pendientes), de Olivier Marchal. "Les temps qui changent" (Otros tiempos), de André Téchiné. "Nouvelle-France" (Tierra de pasiones), de Jean Beaudin. "Je préfére qu'on reste amis", de Olivier Nakache y Eric Toledano (Vídeo: "...Y tan amigos"). "La vie de Michel Muller est plus belle que la vôtre", de Michel Muller. "Boudu" (Tenemos un problema gordo), de Gérard Jugnot.

2005. "Combien tu m'aimes?" (¿Cuánto me amas?), de Bertrand Blier. "Olé!", de Florence Quentin. "Last Holiday" (Las últimas vacaciones), de Wayne Wang.

2006. "Paris, je t'aime" (Paris, je t'aime), episodio de Gérard Depardieu y Frédéric Auburtin. "Quand j'étais chanteur" (Chanson d'amour), de Xavier Giannoli. "La Môme" (La vida en rosa), de Olivier Dahan. "Michou d'Auber", de Thomas Gilou.

2007. "Astérix aux jeux olympiques" (Asterix en los juegos olímpicos), de Frédéric Forestier y Thomas Langmann. "Vsyo mogut koroli", de Aleksandr Chernyaev.

2008. "Disco", de Fabien Onteniente. "Sans arme, ni haine, ni violence", de Jean-

Paul Rouve. "Babylon A.D." (Babylon), de Mathieu Kassovitz. "L'instinct de mort", de Jean-François Richet (Vídeo: "Mesrine: Instinto de muerte"). "L'ennemi public n.º 1", de Jean-François Richet (Vídeo: "Mesrine: El enemigo público n.º 1"). "Bouquet final", de Michel Delgado. "Hello Goodbye", de Graham Guit. "Les enfants de Timpelbach" (Los niños de Timpelbach), de Nicolas Bary. "Diamant 13", de Gilles Béhat (Vídeo: "Diamond 13"). "Coco", de Gad Elmaleh.

2009. "Bellamy", de Claude Chabrol. "À l'origine", de Xavier Giannoli (Vídeo: "Crónica de una mentira"). "L'autre Dumas", de Safy Nebbou. "Mammuth" (Mammuth), de Gustave de Kervern y Benoît Delépine (+ productor).

2010. "Glenn, the Flying Robot", de Marc Goldstein. "La tête en friche" (Mis tardes con Marguerite), de Jean Becker (+ productor). "Potiche" (Potiche, mujeres al poder), de François Ozon. "Pozdnyaya lyubov", de Sabit Kurmanbekov. "Je n'ai rien oublié", de Bruno Chiche.

2011. "Grenouille d'hiver", de Slony Sow (CM). "Un baiser papillon", de Karine Silla.

2012. "Le grand soir", de Gustave de Kervern y Benoît Delépine. "Frank-Étienne vers la béatitude", de Constance Meyer (CM). "L'homme qui rit", de Jean-Pierre Améris. "Gabin le mime", de Cyril Rigon (CM). "Life of Pi" (La vida de Pi), de Ang Lee. "Astérix et Obélix: au service de sa Majesté" (Asterix y Obelix: al servicio de Su Majestad), de Laurent Tirard. "Moy greshny angel", de Talgat Temenov. "Turf", de Fabien Onteniente. "A Farewell to Fools", de Bogdan Dumitrescu.

2013. "Niente può fermarci", de Luigi Cecinelli. "La marque des anges - Miserere", de Sylvain White. "Les invincibles", de Frédéric Berthe. "Cadences obstinées", de Fanny Ardant.

2014. "La voix des steppes", de Gérard Depardieu y Ermek Shinarbaev. "Welcome to New York", de Abel Ferrara (Vídeo: "Welcome to New York"). "United Passions", de Frédéric Auburtin. "Viktor", de Philippe Martinez. "Sex, kofe, sigarety", de Sergei Oldenburg.

2015. "Valley of Love", de Guillaume Nicloux. "Le ruste et le juge", de Jean-Pierre Mocky (CM). "Agafia", de Jean-Pierre Mocky (CM). "Big House", de Jean Emmanuel Godart. "Le voyage", de Frank Dobrin. "La Dream Team", de Thomas Sorriaux.

2016. "Saint-Amour", de Gustave de Kervern y Benoît Delépine. "Creators: the Past", de Piergiuseppe Zaia. "Tour de France", de Rachid Djaidani.

— Televisión —

1970. "Tango", de Jean Kerchbron. "Le Cyborg ou le voyage vertical", de Jacques Pierre. "La pomme de son oeil", de François Villiers. "Nausicaa", de Agnès Varda. "Rendez-vous à Badenberg", de Jean-Michel Meurice. "Les aventures de Zadig", de Claude-Jean Bonnardot.
1973. "Un monsieur bien rangé", de Agnès Delarive. "L'inconnu", de Youri.
1974. "La chevauchée sur le lac de Constance", de Claude Régy.
1998. "Le comte de Monte Cristo" (El conde de Montecristo), de Josée Dayan.
1999. "Balzac" (Balzac), de Josée Dayan.
2000. "Bérénice", de Jean-Daniel Verhaage. "Les misérables" (Los miserables), de Josée Dayan (+ productor).
2002. "Ruy Blas", de Jacques Weber. "Napoléon" (Napoleón), de Yves Simoneau (+ productor).
2003. "Volpone", de Frédéric Auburtin.
2004. "La Femme Musketeer" (La mujer mosquetero), de Steve Boyum.
2005. "Les rois maudits", de Josée Dayan.
2008. "L'abolition", de Jean-Daniel Verhaeghe.
2010. "Le grand restaurant", de Gérard Pullicino.
2011. "Raspoutine", de Josée Dayan e Irakli Kvirikadze.
2013. "Le tourbillon de Jeanne", de Sandrine Veysset.
2015. "Capitaine Marleau: Philippe Muir", de Josée Dayan.

32

Ridley Scott

El lobo y el cordero

Tema principal de
Los siete magníficos
Elmer Bernstein

«Green Chimneys»
Thelonious Monk

Si Gérard Depardieu representaba al ser humano en su estado más primitivo, más básico, más elemental y arcano, Ridley Scott era el reverso de la moneda: un ser prácticamente endiosado, de afectadas formas y frases y sentencias que no admitían réplica.

De refinado comportamiento, elegantemente vestido y con una pétrea mueca de seriedad en el rostro, Scott estaba incómodo en Sitges. Había venido a promocionar una película de la que no estaba satisfecho como director. *1492: La conquista del paraíso* (*1492, The Conquest of Paradise*, 1992) se había convertido en un gran problema durante toda la producción y el rodaje. Para colmo, el resultado final no estaba a la altura de las anteriores películas de su director y él lo sabía. Pero aquello era un festival de cine y debía comportarse como un buen profesional, como a la postre así fue.

Nos citamos para almorzar en la por entonces famosa marisquería de Sitges El Vivero —hoy reconvertida en Lounge

⌃ Nunca supe por qué un director británico fue contratado por un productor catalán para escoger a un actor francés que interpretaba a un descubridor español que en realidad era italiano. Así es el cine.

Club—, montada literalmente sobre el mar, pensando que la singularidad del lugar sorprendería a nuestros invitados.

Fue una comida protocolaria a la que asistieron Ridley Scott, Gérard Depardieu, el productor francés del film Alain Goldman, Pere Ignasi Fages, como productor español, la agente internacional de la película en la gira, el secretario general del Festival y yo.

Comprendí desde el primer momento que aquel no iba a ser el lugar para hablar con Scott de lo que realmente me interesaba. Lancé dos preguntas al aire con rebuscada ingenuidad sobre *Los duelistas* (*The Duelists*, 1977) y sus inicios en el cine, y creo recordar que ni tan siquiera se dio por aludido. Siguió devorando langostinos como aperitivo a la inevitable paella. ¡Dios mío, cuántas paellas forzadas me habré comido durante mis festivales de Sitges! Por supuesto, a esas alturas del almuerzo, Depardieu ya iba por su segunda botella de vino blanco extra seco y sumaba casi cuatro en el día, cuando apenas eran las tres de la tarde. Como si bebiese agua, fresco y lúcido, nos comentó que había comprado unos viñedos en Francia para producir vino blanco. Lo que no aclaró es si pensaba beberse toda la cosecha él solito.

Mientras, Scott iba a la suya sin el menor rictus de simpatía. La esfinge devoradora de marisco estaba tan inmóvil, tan callado, que parecía dormido.

Ante mi evidente nerviosismo y decepción por la ocasión perdida, Pere Fages me insinuó que no me preocupase, que ya llegaría la hora del café y que él mismo se ocuparía de tirarle de la lengua.

El almuerzo acabó como empezó: fría cordialidad, profesionalidad, diplomacia y después cada uno por su lado. Depardieu a dormir —¡cómo no!—, nosotros a trabajar y los productores y Scott a dar un paseo. Antes de despedirnos, Pere me dijo que estuviera en media hora en el centro del pueblo, en el café Roy. Sin más pistas.

Y allí estaba yo, en uno de los locales más emblemáticos de Sitges, propiedad de la familia Matas, y centro neurálgico de tertulias y conferencias para los habitantes del pueblo con inquietudes intelectuales. Entrando al fondo y a la derecha estaban los productores, junto a Jordi Sasplugas —ya fallecido pero por entonces director de producción de TV3 y buen amigo mío—, y sobre todo, Pere, por supuesto. La sorpresa para mí fue encontrarme con un Ridley Scott más despierto, más atento y más persona.

Estuvimos hablando una hora —que me pareció un minuto— sobre todo lo que me interesaba: sus inicios en la publicidad, su salto al cine, *Los duelistas* (*The Duelists*, 1977) de nuevo, *Alien, el octavo pasajero* (*Alien*, 1979), *Blade Runner* (1982) o *Thelma & Louise* (*Thelma y Louise*, 1991), que prácticamente acababa de rodar. De entre todas sus historias, una me interesó especialmente, la que hace referencia al famoso monólogo de Rutger Hauer en *Blade Runner*: después de estar ensayando la escena más de tres horas y de haber convencido por completo a Hauer de que era un replicante totalmente deshumanizado, a este no se le ocurrió otra cosa que improvisar, y de pronto soltó: «Todos esos momentos se perderán en el tiempo como lágrimas en la lluvia». El texto no era así en el guión, pero Ridley se quedó tan fascinado con la réplica —nunca mejor dicho— que la frase ya ha pasado a la historia del cine.

Como digo, el señor Scott se había convertido en Ridley, y el lobo feroz dio paso a un amable corderito, simpático y dicharachero. Tengo claro que tan extraordinaria metamorfosis fue obra del buen hacer y de la estrategia psicológica de Pere Fages, gran conocedor de personalidades complejas y de egos de complicada gestión.

Otra, Pere; te debo otra.

Allá donde estés.

— Como productor —

1994. "Monkey Trouble" (Un ladrón de cuatro manos), de Franco Amurri. "The Browning Version" (La versión Browning), de Mike Figgis.

1997. "The Hunger" (El lado oscuro del deseo), de Tony Scott, Jake Scott y Russell Mulcahy.

1998. "Clay Pigeons" (Demasiado profundo), de David Dobkin.

1999. "RKO 281" (RKO 281), de Benjamin Ross.

2000. "Where the Money Is" (Donde esté el dinero), de Marek Kanievska.

2002. "Hostage", de John Woo (CM). "Beat the Devil", de Tony Scott (CM). "Ticker", de Joe Carnahan (CM).

2005. "In Her Shoes" (En sus zapatos), de Curtis Hanson. "Tristan + Isolde" (Tristán e Isolda), de Kevin Reynolds.

2007. "The Assassination of Jesse James by the Coward Robert Ford" (El asesinato de Jesse James por el cobarde Robert Ford), de Andrew Dominik.

2009. "Tell-Tale", de Michael Cuesta. "Cracks", de Jordan Scott.

2010. "Welcome to the Rileys", de Jake Scott. "Cyrus" (Cyrus), de Jay y Mark Duplass. "The A-Team" (El equipo A), de Joe Carnahan.

2011. "Life in a Day", de Kevin Macdonald y otros. "The Grey" (Infierno blanco), de Joe Carnahan.

2012. "Loom", de Luke Scott (CM). "Ghost Recon: Alpha", de François Alaux y Hervé de Crécy (CM). "Britain in a Day", de Morgan Matthews, Saranne Bensusan y Andrea Dalla Costa. "Japan in a Day", de Philip Martin, Gaku Narita, Hiroaki Aikawa y Michael Lovan. "The Polar Bears", de John Stevenson, Bruce Carter y David Scott (MM).

2013. "The East" (The East), de Zal Batmanglij. "Stoker" (Lazos perversos), de Park Chan-wook. "Welcome to the Punch", de Eran Creevy (Vídeo: "Cruzando el límite"). "Killing Kennedy", de Matthew Zymet. "Springsteen & I", de Baillie Walsh. "Out of the Furnace", de Scott Cooper.

2014. "1.24.14", de Jake Scott (CM). "Italy in a Day", de Gabriele Salvatores. "Before I Go to Sleep" (No confíes en nadie), de Rowan Joffe. "Annabel's: A String of Naked Lightbulbs", de Grey Fay. "Get Santa", de Christopher Smith.

2015. "Child 44" (El niño 44), de Daniel Espinosa. "Zero", de David Victori (CM). "Equals", de Drake Doremus. "Concussion", de Peter Landesman.

2016. "Morgan", de Luke Scott.

— Televisión —

1993. "Elephant", de Chris Hartwill.
2000. "The Last Debate" (El cuarto poder), de John Badham.
2002. "The Gathering Storm" (Amenaza de tormenta), de Richard Loncraine.
2006. "Orpheus", de Bruce Beresford.
2007. "The Company", de Mikael Salomon. "Law Dogs", de Adam Bernstein.
2008. "The Andromeda Strain" (La amenaza de Andrómeda), de Mikael Salomon.
2009. "Into the Storm" (Hacia la tormenta), de Thaddeus O'Sullivan.
2010. "The Real Robin Hood", de M. David Melvin. "The Pillars of the Earth" (Los pilares de la tierra), de Sergio Mimica-Gezzan. "Nomads", de Ken Sanzel.
2011. "Gettysburg", de Adrian Moat.
2012. "Coma" (Coma), de Mikael Salomon. "World Without End" (Un mundo sin fin), de Michael Caton-Jones. "Labyrinth", de Christopher Smith.
2013. "Killing Lincoln" (Matar a Lincoln), de Adrian Moat. "Killing Kennedy" (Matar a Kennedy), de Nelson McCormick.
2014. "Klondike", de Simon Cellan Jones. "Galyntine", de Greg Nicotero.
2015. "Killing Jesus", de Christopher Menaul.
2016. "Mercy Street", de Roxann Dawson.

— Realizaciones —

1965. "Boy and Bicycle", con Tony Scott. *Cortometraje* (+ productor, fotografía y guión).

1977. "The Duellists" (Los duelistas), con Keith Carradine, Harvey Keitel, Albert Finney, Edward Fox, Cristina Raines (+ operador).

1979. "Alien" (Alien, el octavo pasajero), con Tom Skerritt, Sigourney Weaver, Veronica Cartwright, Harry Dean Stanton, John Hurt.

1982. "Blade Runner" (Blade Runner), con Harrison Ford, Rutger Hauer, Sean Young, Edward James Olmos, M. Emmet Walsh (+ productor).

1985. "Legend" (Legend), con Tom Cruise, Mia Sara, Tim Curry, David Bennent, Alice Playten.

1987. "Someone to Watch Over Me" (La sombra del testigo), con Tom Berenger, Mimi Rogers, Lorraine Bracco, Jerry Orbach, John Rubinstein (+ productor).

1989. "Black Rain" (Black Rain), con Michael Douglas, Andy Garcia, Ken Takakuura, Kate Capshaw, Yusaku Matsuda.

1991. "Thelma & Louise" (Thelma y Louise), con Susan Sarandon, Geena Davis, Harvey Keitel, Michael Madsen, Christopher McDonald (+ productor).

1992. "1492: Conquest of Paradise" (1492: la conquista del paraíso), con Gérard Depardieu, Armand Assante, Sigourney Weaver, Ángela Molina, Fernando Rey (+ productor).

1996. "White Squall" (Tormenta blanca), con Jeff Bridges, Caroline Goodall, John

Savage, Scott Wolff, Jeremy Sisto (+ productor).

1997. "G.I. Jane" (La teniente O'Neill), con Demi Moore, Viggo Mortensen, Anne Bancroft, Jason Beghe, Daniel von Bargen (+ productor).

2000. "Gladiator" (Gladiator), con Russell Crowe, Joaquin Phoenix, Connie Nielsen, Oliver Reed, Richard Harris (+ productor y operador).

2001. "Hannibal" (Hannibal), con Anthony Hopkins, Julianne Moore, Gary Oldman, Ray Liotta, Frankie R. Faison (+ productor). "Black Hawk Down" (Black Hawk derribado), con Josh Hartnett, Ewan McGregor, Tom Sizemore, Eric Bana, William Fichtner (+ productor).

2003. "Matchstick Men" (Los impostores), con Nicolas Cage, Sam Rockwell, Alison Lohman, Bruce Altman, Bruce McGill (+ productor).

2005. "Kingdom of Heaven" (El reino de los cielos), con Orlando Bloom, Eva Green, Liam Neeson, Jeremy Irons, Brendan Gleeson (+ productor). "All the Invisible Children" (Los niños de nadie), episodio *Jonathan*, con David Thewlis, Kelly MacDonald, Jack Thompson.

2006. "A Good Year" (Un buen año), con Russell Crowe, Albert Finney, Marion Cotillard, Abbie Cornish, Didier Bourdon (+ productor).

2007. "American Gangster" (American Gangster), con Denzel Washington, Russell Crowe, Josh Brolin, Chiwetel Ejiofor, Lymari Nadal (+ productor).

2008. "Body of Lies" (Red de mentiras), con Leonardo DiCaprio, Russell Crowe, Mark Strong, Golshifteh Farahani, Oscar Isaac (+ productor).

2010. "Robin Hood" (Robin Hood), con Russell Crowe, Cate Blanchett, William Hurt, Max von Sydow, Mark Strong (+ productor).

2012. "Prometheus" (Prometheus), con Noomi Rapace, Charlize Theron, Michael Fassbender, Guy Pearce (+ productor).

2013. "The Counselor" (El consejero), con Michael Fassbender, Penélope Cruz, Cameron Diaz, Javier Bardem, Brad Pitt (+ productor).

2014. "Exodus: Gods and Kings" (Éxodus: dioses y reyes), con Christian Bale, Joel Edgerton, John Turturro, Aaron Paul, Ben Mendelsohn (+ productor).

2015. "The Martian" (Marte), con Matt Damon, Jessica Chastain, Kate Mara, Kristen Wiig, Sebastian Stan (+ productor).

— Televisión —

2013. "The Vatican", con Rebecca Ferguson, Matthew Goode, Kyle Chandler, Bruno Ganz, Ewen Bremner.

33 Michael Jackson

La historia del sándwich de salami

«Somewhere Over the Rainbow» **Judy Garland o Liza Minnelli**

«Bibbidy-Bobbidi-Boo» **Cinderella - La Cenicienta**

«Someone to Watch Over Me» **Ella Fitzgerald**

Mark Damon es un encantador, genial y persuasivo productor norteamericano que en sus inicios fue actor secundario de *spaghetti westerns* y péplums en Italia y España. Acompañado por un espectacular físico, el por entonces joven Mark rodó más de cincuenta películas en los años sesenta y setenta. Allí se fogueó en la producción de guerrilla y el siempre difícil arte del *marketing* de la venta de humo, técnicas que le valieron de mucho, según él mismo confiesa, a su regreso a Los Ángeles.

Con esos antecedentes, nada debería sorprendernos cuando aceptamos su invitación para asistir a una cena de trabajo sorpresa, según rezaba la invitación, en su mansión de Bel-Air aquella calurosa noche de otoño del 2001. Fuimos con mi mujer, Lucrecia Arias, y con el presidente de Manga Films y otros directivos de la distribuidora. Enseguida comprendimos que cuando Mark Damon organiza una *fiesta sorpresa*, la monta a lo

Junto a Lucrecia, a punto de conocer a dos leyendas. No nos defraudaron.

grande. En el jardín, en un entoldado anexo a la casa, dispuso una cena para más de cien personas, todas ellas importantes distribuidores venidos de los cuatro rincones del mundo. Algo iba a cocerse allí, algo que haría historia.

Como suele ser habitual en estos casos, tras los postres y el café, el señor Damon subió al estrado para explicarnos en qué consistía su nuevo proyecto. Magnífico comunicador, parecía un político en campaña a la hora de magnificar su propuesta. En resumen, esta consistía en ofrecer un paquete con cinco nuevas películas para producir que se irían rodando en los próximos cuatro años y que serían de temática familiar y juvenil. Los distribuidores interesados deberían comprometerse con los cuatro primeros títulos y aportar el 20 por ciento del total al inicio y el resto en «cómodos plazos» en el transcurso de los siguientes cuatro años. Como buen cantamañanas, Mark se reservaba una carta oculta, un as de corazones con el que estaba seguro de enmudecer y convencer a la audiencia. Su gran sorpresa y regalo para esa noche.

Quiso impresionarnos —y vaya si lo consiguió— cuando, una vez acabada la exposición, levantó los brazos en alto y dijo:

—Señoras y señores, es un placer para mí presentarles a mi socio y coproductor en este proyecto: el señor Michael Jackson.

Una gran ovación dio paso a la presencia frente al micrófono del rey del pop, vestido como era habitual en él en las fiestas nocturnas: todo de negro, con pedrería y lentejuelas también negras, y una blanquísima camisa de generoso cuello. En atención a los más *fashion*-adictos, debo decir que, en el mundo del vestuario y la moda, ese tipo de cuello se llama Peter Pan. Ideal para esa noche y para lo que Michael quería vendernos.

Como complementos lucía una colección de pulseras en ámbar y lapislázuli, todas montadas en platino. De no ser por los cabellos lacios del personaje, más de uno podría haberlo confundido con un torero goyesco antes de entrar en faena. Más tarde supe que sentía verdadera adoración por la chaqueta roja con galones y botones dorados que lucía Elvis Presley en la película *Frankie y Johnny* (*Frankie and Johnny*, 1966); de hecho, todos los modelos con distintos colores o variaciones que lució durante su vida se basaban en ella.

Con un tono de voz inaudible al principio pero con un *crescendo* considerable, a medida que explicaba las virtudes de la inversión, Michael vino a decir que él ponía su nombre y el de su productora, Neverland Productions, al servicio de un proyecto en el que creía: limpio, blanco y familiar. Un tipo de género cinematográfico de buenas intenciones apto para todos los públicos e ideal para cine, *home video* —en aquellos años ese era un derecho audiovisual importante— y, por supuesto, televisión. Por arte de magia —y nunca mejor dicho—, Michael se había convertido en el señor Jackson, un perfecto hombre armario dispuesto a estrechar mil manos, dejarse magrear y aparecer en las fotografías que hiciera falta con tal de conseguir el negocio.

Pero la noche no acabó ahí. Los distribuidores se fueron retirando poco a poco y, cuando ya pensábamos en regresar al hotel, Mark apareció de nuevo y nos hizo pasar a una habitación privada, donde colgaban de las paredes los carteles publicitarios de su filmografía como actor. Allí mismo, y bien repantigado en un mullido sofá, nos esperaba Michael Jackson acompañado de Elisabeth Taylor. Tuve que pellizcarme varias veces hasta comprender que estaba frente a un momento histórico e irrepetible. Vistos así, de cerca, nada parecía indicar que no fueran de carne y hueso; es más, hasta puedo asegurar que estaban zampándose ellos solitos dos bandejas de canapés y sándwiches, como el más común de los mortales.

Allí, semirreclinada, como si tuviera al pueblo egipcio a sus pies, Liz estuvo maternal con Michael y encantadora con nosotros. Pude admirar el famoso violeta de sus ojos y la hermosura de su rostro. Mi Cleopatra no defraudó mi recuerdo, y así permanece todavía, con aquel tono cálido de voz y su mayestática presencia. Sé que acudió para ayudar con su aportación a *vender el producto*, pero su aparición iluminó la noche.

Entretanto, tuve ocasión de aclararle a Michael que el sándwich que estaba devorando era de salami y no de salmón, como él creía. Su actitud fue impecable en todo momento, nada del hombre-burbuja que teme contaminarse. Hablamos unos minutos del proyecto y la inversión, y siempre fue un perfecto y educado *business man*. El Michael Jackson que yo conocí se alejaba del estereotipo enfermizo y endeble que el *marketing* nos vendía. Era blanco sí, más que yo, pero estaba o parecía estar sanísimo, aunque su aspecto ya no era muy humano. En un impensable derroche de amabilidad, tuvimos tiempo para recordar el rodaje de su *Thriller* (1982), del talento y la cortesía de John Landis y, en un alarde de adivinación, del futuro del vídeoclip en el mundo de la música.

Cuando nos disponíamos a marcharnos, una voz en forma de guinda se ofreció para el pastel:

—*Mrs. Taylor, Mrs. Taylor, please, do you remember me?*

Era nada más y nada menos que Faye Dunaway intentando acercarse a Elisabeth Taylor, quien por supuesto la reconoció y la abrazó. Por un instante vi en el rostro de Faye un reflejo de su pasado esplendor, de su estilo y de su clase innata. Recordé a Woody Allen y tuve envidia de las yemas de los dedos de Warren Beatty.

No sé si fue una noche perfecta, pero se le pareció mucho. Por cierto, el proyecto nunca se hizo, Michael Jackson volvió a la música y Mark Damon empezó a pensar en su siguiente fiesta.

La vida en Hollywood seguía reinventándose.

— Cine —

1978. "The Wiz" (El mago), de Sidney Lumet. "Wiz on Down the Road", de Elliot Geisinger y Ronald Saland (CM).
1983. "Thriller", de John Landis (CM) (+ productor y guionista).
1986. "Captain Eo", de Francis Ford Coppola (CM).
1987. "Bad", de Martin Scorsese (CM).
1988. "Moonwalker" (Moonwalker), de Colin Chilvers y Jerry Kramer (+ productor y guionista).
1992. "Remember the Time", de John Singleton (CM).
1997. "Ghosts", de Stan Winston (CM) (+ guionista).
2002. "Men in Black 2" (Hombres de negro 2), de Barry Sonnenfeld.
2004. "Miss Cast Away", de Bryan Michael Stoller (Vídeo: "Miss Naufragio").

— Televisión —

1985. "The Other Lover" (El otro amor), de Robert Ellis Miller.
1988. "Daddy Can't Read", de Gilbert Moses.
1999. "Swing Vote" (Voto decisivo), de David Anspaugh.

ELIZABETH TAYLOR - filmografía

— Cine —

1942. "There's One Born Every Minute", de Harold Young.

1943. "Lassie Come Home" (La cadena invisible), de Fred McLeod Wilcox. "Jane Eyre" (Alma rebelde), de Robert Stevenson.

1944. "The White Cliffs of Dover" (Las rocas blancas de Dover), de Clarence Brown. "National Velvet", de Clarence Brown (Vídeo: "Fuego de juventud").

1946. "Courage of Lassie", de Fred McLeod Wilcox (Vídeo: "El coraje de Lassie").

1947. "Cynthia", de Robert Z. Leonard. "Life with Father", de Michael Curtiz (Vídeo: "Recursos de mujer/Vivir con papá").

1948. "A Date with Judy" (Así son ellas), de Richard Thorpe. "Julia Misbehaves" (Julia se porta mal), de Jack Conway.

1949. "Little Women" (Mujercitas), de Mervyn Le Roy. "Conspirator" (Traición), de Victor Saville.

1950. "The Big Hangover", de Norman Krasna. "Father of the Bride" (El padre de la novia), de Vincente Minnelli.

1951. "Fathers's Little Dividend" (El padre es abuelo), de Vincente Minnelli. "A Place in the Sun" (Un lugar en el sol), de George Stevens. "Quo Vadis" (Quo Vadis), de Mervyn Le Roy. "Callaway Went Thataway", de Norman Panama y Melvin Frank.

1952. "Love Is Better Than Ever", de Stanley Donen (Vídeo: "Nunca el amor fue más bello"). "Ivanhoe" (Ivanhoe), de Richard Thorpe.

1953. "The Girl Who Had Everything", de Richard Thorpe.

1954. "Rhapsody" (Rapsodia), de Charles Vidor. "Elephant Walk" (La senda de los elefantes), de William Dieterle. "Beau Brummell"

(Beau Brummell), de Curtis Bernhardt. "The Last Time I Saw Paris" (La última vez que vi París), de Richard Brooks.

1956. "Giant" (Gigante), de George Stevens.

1957. "Raintree County" (El árbol de la vida), de Edward Dmytryk.

1958. "Cat on a Hot Tin Roof" (La gata sobre el tejado de zinc), de Richard Brooks.

1959. "Suddenly, Last Summer" (De repente, el último verano), de Joseph L. Mankiewicz.

1960. "Scent of Mystery", de Jack Cardiff. "Butterfield 8" (La mujer marcada), de Daniel Mann.

1963. "The V.I.P.s" (Hotel Internacional), de Anthony Asquith. "Cleopatra" (Cleopatra), de Joseph L. Mankiewicz.

1965. "The Sandpiper" (Castillos en la arena/Sonrisa amarga), de Vincente Minnelli

1966. "Who's Afraid of Virginia Woolf?" (¿Quién teme a Virginia Woolf?), de Mike Nichols.

1967. "The Taming of the Shrew" (La mujer indomable), de Franco Zeffirelli. "Doctor Faustus" (Doctor Fausto), de Richard Burton y Nevill Coghill. "Reflections in a Golden Eye" (Reflejos en un ojo dorado), de John Huston. "The Comedians", de Peter Glenville (Vídeo: "Los comediantes").

1968. "Boom!" (La mujer maldita), de Joseph Losey. "Secret Ceremony" (Ceremonia secreta), de Joseph Losey.

1969. "Anne of the Thousand Days" (Ana de los mil días), de Charles Jarrott.

1970. "The Only Game in Town" (El único juego de la ciudad), de George Stevens.

1971. "X, Y and Zee/Zee and Co." (Salvaje y peligrosa), de Brian G. Hutton. "Under Milk Wood" (Bajo el bosque lácteo), de Andrew Sinclair.

1972. "Hammersmith Is Out" (Pacto con el diablo), de Peter Ustinov.

1973. "Divorce His, Divorce Hers" (Se divorcia él, se divorcia ella), de Waris Hussein. "Night Watch" (Una hora en la noche), de Brian G. Hutton. "Ash Wednesday" (Miércoles de ceniza), de Larry Peerce. "Identikit/The Driver's Seat" (La masoquista), de Giuseppe Patroni Griffi.

1974. "That's Entertainment" (Érase una vez en Hollywood), de Jack Haley Jr.

1976. "The Blue Bird" (El pájaro azul), de George Cukor. "Victory at Entebbe" (Victoria en Entebbe), de Marvin J. Chomsky.

1977. "A Little Night Music", de Harold Prince (Vídeo: "Dulce Viena").

1979. "Winter Kills", de William Richert (Vídeo: "El invierno mata").

1980. "The Mirror Crack'd" (El espejo roto), de Guy Hamilton.

1988. "Il giovane Toscanini" (El joven Toscanini), de Franco Zeffirelli.

1994. "The Flintstones" (Los Picapiedra), de Brian Levant.

— Televisión —

1978. "Return Engagement" (Reencuentro), de Joseph Hardy.
1983. "Between Friends" (Entre amigas), de Lou Antonio.
1985. "Malice in Wonderland" (Malicia en el país de las maravillas), de Gus Trikonis. "North and South" (Norte y Sur), de Kevin Connor y Richard T. Heffron.
1986. "There Must Be a Pony" (Marcada por el amor), de Joseph Sargent.
1987. "Poker Alice" (Poker Alice), de Arthur Allan Seidelman.
1989. "Sweet Bird of Youth" (Dulce pájaro de juventud), de Nicolas Roeg.
2001. "These Old Broads" (Esas chicas fabulosos), de Matthew Diamond.

Epílogo
Probablemente innecesario

Hasta aquí la primera parte de *Entre dioses y monstruos*. La cantidad y, quiero pensar, la calidad de las historias que guardo en mis recuerdos hace necesario dividir las entregas.

Para un futuro no lejano quedan nombres como:

— RAY HARRYHAUSEN
— CAMERON DIAZ
— NEIL JORDAN
— MICHAEL POWELL
— CHARLTON HESTON
— THELMA SCHOONMAKER
— DAVID GILER
— CURT SIODMAK
— JACK ARNOLD
— RICHARD FLEISCHER
— GERARD BUTLER
— ANDY GARCIA
— RODDY McDOWALL
— SAMANTHA EGGAR
— RENNY HARLIN
— CARY ELWES
— ROBERT ENGLUND
— WES CRAVEN

— JON VOIGHT
— ELLEN BURSTYN
— STUART GORDON
— TOBE HOOPER
— ANDREW LLOYD WEBBER
— ANGIE DICKINSON
— CARMINE COPPOLA
— MARTIN SCORSESE

Y prácticamente «El British Horror» casi al completo:

— MICHAEL CARRERAS
— FREDDIE FRANCIS
— INGRID PITT
— ROY WARD BAKER
— PETER SASDY
— ROY ASHTON
— RALPH BATES
— MARTINE BESWICK

Todos ellos conforman un nuevo cúmulo de sensaciones, anécdotas y emociones que he tenido el privilegio de vivir. Pero antes necesito recuperarme de este intenso esfuerzo mental. He vaciado desde la evocación saltando en el tiempo los momentos culminantes de mi trayectoria profesional, he llegado a estrujar la memoria, solo o en compañía de otros. Me he divertido sin despistarme, como diría Thomas Pynchon, y pienso que ha valido la pena. Algunos de los protagonistas de esta obra son como los cuadros, las películas, los libros, las óperas y las obras teatrales: se sienten, se sueñan y acompañan nuestra existencia como parte de la música de nuestra vida. Brindemos, por tanto, por los viejos Dioses y Monstruos mientras espero con recobradas fuerzas superar el vacío que relaja mi cuerpo y me llena el alma, deseando rearmar la ilusión para volver a empezar.

Tiempo al tiempo.

Agradecimientos

Mi cariñoso recuerdo y mi profundo agradecimiento a Miquel Porter i Moix y a Antoni Kirchner i Masdeu. A ambos por darme la confianza y el apoyo necesario para dirigir el Festival Internacional de Cinema Fantàstic de Sitges, y a Antoni especialmente, por dar sentido a mi vida profesional desde la amistad.

La mayor parte de los detalles referidos a mis entrevistas y encuentros con las personas citadas en este libro se basan en mi memoria y en las notas que he ido tomando y guardando durante el tiempo. De forma especial, y en primer lugar, me gustaría resaltar el trabajo, el apoyo constante, la dedicación y el trato exquisito que siempre ha mostrado hacia mi persona Montse Arias Solanas. Ella ha sido capaz de trasladar, *traducir* y entender mis manuscritos mejor que yo mismo. Es más, puedo asegurar que sin ella este libro nunca hubiese visto la luz. De forma diferenciada y personal me gustaría agradecer y recordar a todos y cada uno de los equipos humanos que tuve el placer y el privilegio de dirigir en todas las ediciones del Festival Internacional de Cinema Fantàstic de Sitges. Me resulta imposible enumerarlos y me aterra la omisión involuntaria de cualquiera de ellos o de ellas. Fueron gente extraordinaria que me alegra haber conocido y que con su ilusión, trabajo y profesionalidad contribuyeron a engrandecer y dar sentido a la filosofía del Festival. Aunque ciertos vínculos sean sepultados por las arenas del tiempo, el recuerdo de los momentos felices siempre perdurará en mí. Como complemento, me gustaría agradecer al actual director del Festival Internacional de Cinema Fantàstic de Sitges, Àngel Sala, por las facilidades obtenidas para consultar cierta documentación, así como a nuestras entrañables reuniones para constatar parte de lo aquí escrito. Asimismo, querría citar a Josep M.ª Contel —heredero del archivo original de mis primeros años perteneciente al inolvidable y tristemente desaparecido fotógrafo y conservador Antón Giménez i Riba—, notario gráfico del Festival durante décadas y fotógrafo esencial del mismo por facilitarme parte de un material que yo creía perdido y que a la postre ha resultado ser de un gran valor histórico.

También quisiera mencionar la implicación de Ferran Freixa como fotógrafo y diseñador de la cubierta de este texto. Hace más de treinta años creó un cartel que fue considerado una obra de arte y en el 2016 lo ha perfeccionado y adaptado para el presente libro.

Por lo que respecta a los encuentros en cualquier ciudad del mundo y en épocas no referidas al Festival quisiera ponderar y valorar la memoria que tanto para el fondo como para la forma mantiene Lucrecia Arias, sin su aportación se hubieran perdido infinidad de detalles.

Quisiera mencionar a Olga Vallés Gómez, amiga personal y directora de Boulevard Literario, un magnífico y visitadísimo espacio cultural en las redes sociales, por sus constantes muestras de ánimo y su contagioso optimismo frente a cualquier tema relacionado con el mundo de los libros.

Mi entrañable recuerdo también para Javier García Salanova, inagotable fuente de experiencia musical y cordial amigo y asesor. Como Carlos Díaz, cinéfilo y magnífico detector de erratas en las relecturas finales. Su orden me da paz y confianza. No puedo olvidar a Tonda Marton, Emily Scott y Bryan Anthony por sus permanentes mensajes de cariño y lealtad para con el proyecto.

A Manel, mi Master & Commander en aguas turbulentas y en días de tormentas inacabables, por sus preciosas puntualizaciones, su culta conversación, sus sabios consejos y el afecto mostrado.

A Jaime y Fina, tíos, padres, abuelos, mentores, por llevarme a ver *Hatari!*, *Robin de los Bosques*, *La taverna del irlandés*, *Mon oncle*, *Ben-Hur*, *La conquista del oeste* y *Una noche en la ópera* cuando era un niño.

Como es normal debo también un permanente y leal recuerdo a todos y cada uno de los auténticos protagonistas del libro. He procurado recuperar y respetar al máximo los recovecos de mi memoria intentando trasladarla, plasmándola de forma amena y respetuosa. Como siempre, y como es normal, cualquier error o inexactitud es culpa mía, no de ellos.

Especialmente, me gustaría agradecer a Gregori Dolz Kerrigan, director de Alrevés y persona que confió en mí en esta nueva aventura profesional, a Carlos Pujol, mi editor y consejero literario por el tiempo dedicado y el extremo cariño mostrado. A Roger Clanchet, Ilya Pérdigo y a todos los profesionales de la editorial Alrevés, por su amabilidad y la permanente proximidad de la calidez de su trabajo. Finalmente, a Cristina Salvador, directora y fundadora de aPortada Comunicació, y a todo su equipo por su entrega y afecto para con el proyecto, en especial a Jordi Benavente, mi apreciado *community manager*, y a Jordi Trilla, consejero, *road manager* y mi divertido amigo y director de prensa.

No puedo dejar de agradecer a los lectores por dar una oportunidad a un libro extraño y diferente. No son memorias, ni es una biografía, ni tampoco estrictamente un ensayo. Gracias, por tanto, por leer a un autor desconocido con una propuesta misteriosa. Creo que sin vosotros nada de esto tendría sentido.

Acabando, no debo olvidar a Frederic Peidro Doménech, mi amigo y hermano, la persona que desde los años de loca infancia y adolescencia ha procurado y respetado mi pasión por el cine y con quien he visto un gran número de películas aquí citadas.

Y, como es lógico, a toda mi maravillosa familia y amigos por… Bueno, vosotros ya lo sabéis.